KB134999

유럽통합과
안보질서

'영구적 평화'를 향한 도전

이 저서는 2011년 정부(교육부)의 재원으로 한국연구재단의
지원을 받아 수행된 연구임(NRF-2011-812-B00015).

This work was supported by the National Research Foundation
of Korea Grant funded by the korean Government
(NRF-2011-812-B00015).

유럽통합과
안보질서

'영구적 평화'를 향한 도전

이종광 지음

머리말

　유럽 대륙에서 전쟁을 방지하기 위한 하나의 방안으로서 유럽 국가들을 하나로 통합시켜야 한다는 주장과 이를 추진하고자 하는 움직임은 혼란과 분열로 점철된 유럽사에서 이미 십 수 세기 전부터 있어왔다. 실제로 유럽 국가들은 다양한 형태의 수많은 전쟁을 겪으면서 크게 분열될 수밖에 없었으며, 물질적・도덕적으로 매우 피폐해졌고 지정학적 불안정성을 항상 지니고 있었다. 미래의 평화와 유럽의 결속 및 단합을 이룰 수 있는 방안들이 강구되기도 했으나 이미 역사적으로 갈등관계에 있고 분열되어 있는 유럽을 평화가 보장될 수 있는 '통합된 유럽'으로 발전시키지는 못하였다. 이처럼 유럽은 여전히 '지배 - 피지배'라는 세력 관계에 놓이게 되거나 또 다른 분열과 대립의 관계 속으로 빠져드는 역사를 반복하기에 이르렀다. 따라서 유럽통합은 유럽인들이 오래전부터 추구해왔던 '영구적인 평화 체제 구축'이라는 이상을 현실적으로 구현시키고자 하는 과정이자 제2차 세계대전 이후라는 시대적 상황에 따른 산물이라고 볼 수 있다.

　지난 20세기 전반에만 해도 유럽 대륙이 두 차례 일어난 세계대전의 발원지였던 만큼 유럽 국가들이 정치적・경제적・도덕적으로 입은 피해는 막대하였다. 세계대전의 결과는 세계적 차원에서 진행된 새로운 국제질서 형성에 지대한 영향을 미치게 되었을 뿐만 아니라 유럽 국가들의 자체적 변화는 물론 이들 사이의 관계도 크게 바꾸어 놓았다.

실제적으로 제1차 세계대전 후에 제기된 대부분 논의의 주안점은 베르사유 조약에 따른 전후 배상 문제와 독일에 의한 또 다른 전쟁 도발에 대비하기 위해 집단안보체제를 어떻게 확립할 것인가에 있었다.[1] 또한 제2차 세계대전이 끝난 직후 유럽 국가들에는 신속한 전후 복구라는 경제적 문제와 함께 유럽대륙에서 또 다른 전쟁을 일으킬 수 있는 요인들을 완전히 제거하고 평화를 확보할 수 있는 새로운 질서를 세워야만 한다는 정치적 과제가 주어졌다. 특히 미국을 중심으로 하는 자유주의 진영과 소련을 중심으로 하는 사회주의 진영 간의 동·서 대립, 즉 냉전체제가 구축되는 상황에서 정치적·경제적 약세에 처한 서유럽 국가들은 어떻게 소련의 세력 확장에 적절하게 대응하면서 정치적·경제적 연대성을 갖출 수 있는가 하는 문제에 직면하게 되었다.

이러한 관점에서 볼 때, 제2차 세계대전 이후 미국과 서유럽 국가들이 유럽 대륙을 통합시키고자 시도하게 된 이유에 대해서는 다양한 해석이 가능할 것이다. 동·서 양 진영 간의 대립이 날로 격화되고 냉전체제가 구축되는 상황에서 사회주의 진영에 대응하기 위해서는 분단된 유럽 대륙의 한 축인 서유럽을 강화시킬 수밖

---

1) Duroselle(Jean-Baptiste), *Histoire diplomatique de 1919 à nos jours*; Paris, Dalloz, 1985, pp.20~24, 62~98: 제1차 세계대전 이후 베르사유 조약에 따라 연합국들이 독일에 요구한 전쟁 배상 문제는 독일의 위협을 최소화시키고 독일의 전쟁 재발에 대비할 수 있는 안보체제를 확립하는 문제와 밀접하게 연관되어 있었다. 특히 프랑스가 독일에 의한 전후 배상 문제에 대해 영국이나 미국과는 달리 강경한 입장을 취한 것은 독일로 하여금 장기간에 걸쳐 가능한 한 많이 배상하도록 함으로써 독일이 또 다른 전쟁을 절대 일으키지 못하도록 한다는 의도가 작용했던 것이다.

에 없었던 미국의 입장, 그리고 독일에 의한 전쟁 재발을 미연에 방지하기 위해 독일을 '통합된 유럽' 아래에 묶어둠으로써 다자적 통제와 감시를 가능하도록 한다는 프랑스의 의도, 끝으로 소련의 위협에 직면해서 정치적·경제적으로 자신들의 세력을 강화해야만 했던 서유럽 국가들의 인식 등이 여기에 해당한다.

따라서 유럽통합 운동은 동유럽지역으로 세력을 확장한 소련의 위협에 대처하면서 형성된 냉전체제라는 상황과 밀접하게 연관되어 있을 뿐만 아니라 가깝게는 독일의 전쟁 재발 방지, 그리고 궁극적으로는 유럽 대륙에서 다시는 전쟁이 일어나지 않도록 '영구적 평화체제 구축'이라는 정치적 이상을 달성하고자 하는 간절한 요구에서 시작되었다고 볼 수 있다.

우선 냉전 형성 초기에 미국이 소련의 위협으로부터 유럽 안보를 확보하기 위한 전략의 일환으로 1947년 6월 당시 미국 국무장관 마셜(George C. Marshall)이 유럽에 대한 경제 원조를 하겠다는 '유럽부흥계획(ERP)', 소위 마셜 플랜(Marshall Plan)을 발표하였다. 물론 미국이 마셜 플랜을 시행하게 된 배경에 대해서는 다양한 설명이 있을 수 있겠으나, 가장 잘 알려진 것으로는 미국이 소련을 비롯한 공산세력의 확산에 대응하기 위한 전략적 산물이라고 보는 것이다.[2]

또한 제2차 세계대전 후 서유럽 국가들은 정치적·경제적 문제

---

2) 이승근·황영주, "초기 유럽통합 과정에서 냉전의 영향: 마셜 플랜과 슈만 플랜을 중심으로", 『국제지역연구』 제7권 1호, 2003.6, pp.260~263: 이 논문에서 필자는 미국이 마셜 플랜을 시행한 배경을 공산주의 세력의 확장으로부터 유럽을 지키는 것이 미국의 안보에 이익이 된다는 전략적 차원, 달러 부족으로 어려움을 겪고 있는 유럽 국가들의 경제를 회복시켜 미국의 경제 파트너로 삼고자 하는 경제적 차원, 유럽의 경제회복을 통해 유럽 국가 간의 협력을 극대화시킨다는 통합적 차원 등으로 설명하고 있다.

에 있어 자체적인 해결 능력을 갖추지 못하고, 대서양 건너에 있는 미국에 크게 의존할 수밖에 없는 형편이었다. 유럽 대륙에 냉전이라는 새로운 국제적 상황이 기정사실화되기 시작하고 1948년 2월 20일 체코슬로바키아를 공산세력이 장악하는 소위 '프라하 정변'이 발생하자 3월 17일 영국과 프랑스, 벨기에, 네덜란드, 룩셈부르크는 서방연맹(Western Union)을 창설하는 조약을 브뤼셀에서 체결하기도 했다. 그러나 실제로 서방연맹이 소련의 위협에 적절하게 대응하기에는 역부족이라고 판단한 미국은 6월 11일 '반덴베르그 결의안(Vandenberg Resolution)'을 가결하면서 1949년 4월 북대서양조약기구(NATO)를 창설하기에 이르렀다.

프랑스의 전후 경제를 재건하기 위한 계획 수립을 책임지고 있던 장 모네(Jean Monnet)가 1950년 4월 28일과 5월 4일 두 차례에 걸쳐 주요한 전략물자이자 독-불 간의 분쟁을 낳을 수 있는 석탄철강 부문에서 공동시장을 형성하도록 하자고 제안한 각서의 서문에도 이러한 측면은 잘 나타나고 있다. 여기서 모네는 당시 여론이 제2차 세계대전 발발의 불가피성과 고착되고 있는 냉전 상황을 그대로 받아들이려는 경향을 강하게 비판하면서 미-소로 양극화된 냉전체제하에서 통합된 유럽, 즉 '힘이 강한 유럽'을 만들어 이러한 유럽이 중재자적 역할을 할 수 있게 됨으로써 긴장완화와 평화유지에 기여할 수 있다고 주장하였다.[3] 모네의 각서를 토대로 1950년 5월 9일 당시 프랑스 외무장관 슈만(Robert Schuman)이 유럽석탄철강공동체(ECSC)의 결성을 공식적으로 제안하는 슈만 플

---

3) Monnet(Jean), *Memoires*, Paris, Fayard, 1976, pp.353~355.

랜을 발표하였고, 이 제안이 현실화되면서 유럽통합의 단초를 열었던 것이다. 유럽석탄철강공동체의 창설은 공산주의의 위협에 회원국들이 공동으로 대처하는 동시에 긴밀한 경제협력으로 서독과 프랑스 사이의 적대감을 해소하고 유럽통합이라는 초국가적 구조를 통해 독일을 실제적으로 감시하고 통제함으로써 장래 있을 수 있는 독일에 의한 전쟁 재발 위험을 사전에 차단하고자 하는 이중적인 효과를 얻을 수 있는 것이었다.[4]

1950년 6월 발발한 한국전쟁은 서유럽 국가들에 자신들도 공산세력의 침략에 직면할 수 있다는 위기감을 불러일으켰고, 서독의 신속한 재무장을 원했던 미국에 대해 반대 입장을 고수해오던 프랑스는 '유럽군에 통합되는 독일군'이라는 구상을 토대로 하는 유럽방위공동체(EDC) 창설 계획을 내놓게 되었다. 즉, 유럽석탄철강공동체와 같은 방식으로 유럽 방위 문제를 공동으로 해결한다는 것으로서 통합된 유럽의 정치적 제도인 유럽방위위원회의 감독과 통제를 받는 유럽군대를 창설한다는 것이었다. 그러나 유럽방위공동체 창설을 제안했던 프랑스가 1954년 8월 국내외 정치 상황의 변화로 인해 이 조약에 대한 비준을 거부하게 되자, 프랑스는 유럽 문제에 있어 주도권을 상당 부분 상실하게 되었을 뿐만 아니라 그후에 전개된 유럽 건설을 위한 논의에서 유럽 방위 문제는 거의 배제될 수밖에 없었다.

비록 유럽방위공동체 설립 계획이 실패한 후 서방연맹이 서독과 이탈리아를 회원국으로 가입시키면서 서유럽연맹(WEU)으로 전환

---

4) Schwabe (Klaus), "The Cold War and European Integration, 1947~1963", *Diplomacy & Statecgaft*, Vol.12, Issue4, 2001, pp. 20~21.

되었을지라도, 서유럽 국가들은 '영구적 평화체제 구축'을 위한 정치적 통합이라는 본질적 목적은 유보한 채 북대서양조약기구의 "보호받는 대륙"으로 남아 있을 수밖에 없었다. 결국 냉전체제라는 대립적 안보질서 속에서 추진된 유럽통합은 경제 부문에 치중할 수밖에 없었으며, 북대서양조약기구가 유럽 안보를 위해 주도적 역할을 담당하게 됨에 따라 '유럽인에 의한 유럽안보체제 확립'이라는 유럽 안보정체성은 크게 약화되기에 이르렀다.

1990년 냉전이 종식된 후에야 유럽인들은 유럽통합을 한층 더 발전시키면서 유럽인이 중심이 되는 안보질서를 구축하기 위한 기틀을 마련할 수 있게 되었다. 탈냉전시대를 맞아 사회주의 진영이 와해되고 바르샤바조약기구(WTO)가 해체되면서 새로운 안보 구도를 모색해야만 하는 시대적 상황 속에서 공동외교안보정책(CFSP)을 포함하는 유럽연합(EU)이 출범함에 따라 유럽연합은 한 축으로 유럽의 안보를 담당할 수 있는 기구로 자리 잡게 되었다. 이는 곧 유럽방위공동체 설립 실패 이후 중단되었던 정치적·군사적 통합에 대한 실제적 논의의 재개를 의미하는 것이었으며, 유럽연합은 공동외교안보정책을 근거로 안보방위 능력을 증대시킬 수 있는 전기를 맞게 되었다.

특히 탈냉전시대와 유럽연합의 출범이라는 유럽안보환경에서의 커다란 두 가지 변화로 인해 안보·방위 관련 다자간 기구들이 서로 중첩되어 있는 유럽 대륙에서 지금까지 적용되어 오던 동·서 진영 간의 세력균형원칙에 근간을 둔 안보개념은 이제 더 이상 적용될 수 없는 것이 되었다. 또한 유럽안보를 위해 절대적인 위치를 차지해 온 북대서양조약기구의 성격과 역할, 그리고 그 위상에 있어서의 변화뿐만 아니라 독자적 안보 수단을 필요로 하는 유럽연합의 공동외교안보정책 실행에 따른 유럽안보의 정체성 회복이라는 본질적 문제가 대두되었다는 것이다.

유럽연합의 안보 능력 강화는 유럽연합으로 하여금 냉전체제가 종식된 후 종전의 군사적 역할에 더하여 정치적 역할까지 하고 있는 북대서양조약기구와 '경쟁적 협력관계'를 형성하도록 해주었으며, 이러한 관계를 바탕으로 두 국제기구는 유럽과 대서양이라는 지역적 범위를 벗어나 세계적 차원에서 발발하는 분쟁에 개입하여 평화를 유지하는 역할을 담당하게 되었다. 실제적으로 이미 북대서양조약기구가 동유럽지역은 물론 중앙아시아지역으로도 진출하고 있는 한편, 유럽연합은 자신의 통합군과 경찰병력을 동유럽지역과 아프리카 및 중동지역, 그리고 아시아지역에까지도 평화유지를 위해 파견하고 있는 실정이다.

이처럼 제2차 세계대전 이후의 참담하고 불안정한 상황을 극복해야만 하는 절대적인 필요에 따라 시작된 유럽통합 운동이 지난 반세기 이상 동안 활발하게 진행되었지만, 역동적인 통합 과정의 이면에는 유럽 국가들이 공동체의 통합 방식이나 그 수준에 대해 뚜렷한 인식 차이를 드러냈을 뿐만 아니라 다양한 역내외적 장애요인으로 인해 야기된 많은 문제와 갈등이 있어왔던 것은 사실이다. 장 모네가 일찍이 "유럽은 위기 속에서 성장할 것이다. 유럽은 이 위기들에 대한 해결책들의 총체이다"5)라고 지적했던 것처럼 유럽 건설 자체가 심각한 위기에 처하게 되거나 실패를 겪기도 했지

---

5) *Europe 1984,* Les cahiers d'éducation civique, Paris, Union féminine civique et sociale, 1994, p. 4에서 재인용.

만, 회원국들 사이의 합의를 도출해 내면서 오히려 유럽통합이 한층 더 발전할 수 있는 전기를 맞기도 했던 것이다. 즉, 유럽통합을 위한 초창기의 시도에서부터 현재에 이르기까지 긍정적인 요소와 부정적인 요소가 함께 작용했지만, 이들을 융화시키고 극복할 수 있는 해결책을 모색하기 위한 60여 년의 노력에 힘입어 경제적 통합을 이루고 정치·군사적 통합을 위한 기틀을 마련하면서 유럽 대륙은 '하나의 유럽'이라는 모습을 갖추게 되었다는 것이다.

이러한 측면에서 볼 때, 유럽안보질서에 대한 연구는 제2차 세계대전 이후에 본격적으로 추진된 유럽통합이라는 큰 흐름 속에서 안보기구들이 어떠한 요인들에 의해 상호 연관성을 맺으면서 발전해왔고 어떻게 작동하는지를 총체적으로 분석해야만 할 것이다. 즉, 유럽통합이 발전하면서 유럽안보질서가 어떠한 방향으로 형성되어왔고, 이러한 과정들이 유럽에 "영구적인 평화체제 구축"이라는 궁극적인 목적을 달성하는 데는 어떠한 의미가 있는지에 대해서도 분석할 필요가 있다는 것이다. 따라서 본 저서는 다음과 같은 세 가지 중점 연구 주제를 설정하고, 유럽통합이 추구하는 이상과 유럽 안보질서가 상호관계를 지니고 작동하는 현실을 분석하고자 한다.

첫째, 본 연구는 냉전체제하에서 유럽통합 추진과 함께 유럽안보체제를 확립하고 유럽안보 정체성을 갖추고자 했던 서유럽 국가들의 다양한 시도들을 분석하고자 한다. 이를 위해 제2차 세계대전 이후 형성된 불안정한 유럽안보질서에 대처하고자 설립된 북대서양조약기구의 탄생 배경과 의미, 유럽통합 초창기에 시도된 유럽방위공동체 설립이 실패하게 된 배경 및 유럽통합에 미친 영향, 그리고 서방연맹의 서유럽연맹으로의 전환과 북대서양조약기구와의 관계 정립, 북대서양조약기구의 우월적 지위로 인해 약화될 수밖에 없었던 유럽안보 정체성 문제, 유럽정치협력(EPC)의 설립 필요성과 그 한계성에 대해 살펴본다.

둘째, 탈냉전시대를 맞아 출범한 유럽연합이 공동외교안보정책을 '제2 기둥'으로 포함하면서 명실상부한 유럽안보기구로 발전할 수 있는 근거를 갖게 되었으므로, 냉전체제 종식이 유럽안보질서에 가져온 대변혁에 대해 살펴보고자 한다. 이를 위해 유럽안보협력회의(CSCE)와 '집단안보'에서 '협력안보'를 위한 체제로 변화한 북대서양조약기구의 성격 및 역할을 고찰하고, 유럽연합이 공동외교안보정책을 수립하는 과정에서 제기되었던 다양한 논쟁은 물론 공동외교안보정책의 실체와 제도적 운영에 대해 논하고자 한다. 이를 통해 '경쟁적 협력관계'로 발전하게 되는 북대서양조약기구와 유럽연합 및 서유럽연맹의 역할 변화에 대해 구체적으로 분석할 수 있게 될 것이다.

셋째, 유럽연합이 공동외교안보정책을 추진하면서 서유럽연맹으로 하여금 '유럽연합의 방위 요소'로서의 역할을 부여함에 따라 유럽연합과 서유럽연맹 사이의 관계뿐만 아니라 북대서양조약기구와의 관계가 매우 복잡하고 애매모호한 상태 속에서 발전해왔다. 특히 북대서양조약기구가 과거 적대적 관계에 있던 바르샤바조약기구 회원국들과 '동반자적 우호 관계'를 형성하고 북대서양조약기구 – 유럽연합 – 서유럽연맹의 관계가 정립되면서 유럽연합은 공동외교안보정책을 통해 유럽안보방위정책(ESDP)을 시행할 수 있게 되었다. 이러한 점을 염두에 두고, 유럽연합이 유럽안보방위정책을 수립하는 과정과 북대서양조약기구와의 관계 발전을 체계적으로 밝히고, '영구적 평화체제 구축'이라는 목적을 달성하기 위해 유럽연합이 강화하게 된 안보전략의 일환인 유럽안보방위정책의 현황과 이에 따른 쟁점을 분석하고자 한다.

특히 2009년 12월 리스본 조약이 발효됨에 따라 유럽연합은 대내외적으로 자신을 대표하는 유럽이사회 상임의장(President of the European Council)과 연합 외교안보정책 고위대표(HR/VP)를 선임할 수 있게 되어 유럽연합의 대외적인 대표성과 대외정책의 일관성을 확보할 수 있게 되었다. 이러한 상황에서 유럽연합이 유럽안보방위정책을 공동안보방위정책(CSDP)으로 발전시켰고, 현재 28개국으로 구성된 유럽연합이 이를 적극적으로 추진할 수 있는 토대를 강화하였다는 점을 감안할 때, 유럽연합의 안보전략 강화 노력을 유럽통합 발전과 함께 분석한다는 것은 유럽안보 정체성 회복을 통한 '영구적인 평화체제' 구축이라는 유럽통합의 본질과 이상을 이해하는 데 있어 큰 도움이 될 것이다.

이종광

주요 약어표

CAP : Common Agricultural Policy 공동농업정책

CBMs : Confidence Building Measures 신뢰구축조치

CDE : Conference of Disarmament in Europe 유럽군축회의

CEEC : Committee of European Economic Cooperation, 유럽경제협력위원회

CESDP : Common European Security and Defense Policy 유럽공동안보방
위정책

CFE : Conventional Armed Forces in Europe 유럽재래식무기감축

CFSP : Common Foreign and Security Policy 공동외교안보정책

CIS : Commonwealth of Independent States 독립국가연합

CIVCOM : Committee for Civilian Aspects of Crisis Management 민간위기
관리위원회

CJTF : Combined Joint Task Forces 다국적통합특별군

CMPD : Crisis Management and Planning Directorate 위기관리계획총국

COMECON : Council for Mutual Economic Assistance 경제상호원조회의

CPC : Conflict Prevention Centre 분쟁방지센터

CPCC : Civilian Planning and Conduct Capability 민간계획 행동능력

CSBMs : Confidence-and Security-Building Measures 신뢰안보구축조치

CSCE : Conference on Security and Cooperation in Europe 유럽안보협력회의

CSDP : Common Security and Defence Policy 공동안보방위정책

DG DEV : Directorate General for Development 개발협력국

DG RELEX : Directorate General External Relations 대외관계총국

EAPC : Euro-Atlantic Partnership Council 유럽-대서양협력회의

EBRD : European Bank for Réconstruction and Development 유럽재건개발
은행

EC : European Community 유럽공동체

ECA : Economic Cooperation Act 경제협력법

ECSC : European Coal and Steel Community 유럽석탄철강공동체
EDA : European Defense Agency 유럽방위청
EDC : European Defence Community 유럽방위공동체
EEAS : European External Action Service 유럽대외관계청
EEC : European Economic Community 유럽경제공동체
EMU : Economic and Monetary Union 경제통화동맹
EPC : European Political Cooperation 유럽정치협력
ERP : European recovery program 유럽부흥계획
ESDC : European Security and Defence College 유럽안보방위대학
ESDI : European Security and Defence Identity 유럽안보방위정체성
ESDP : European Security and Defense Policy 유럽안보방위정책
ESS : European Security Strategy 유럽안보전략
EU : European Union 유럽연합
EUISS : European Union Institute for Security Studies 유럽연합 안보문제
    연구소
EUMC : European Union Military Committee 유럽연합 군사위원회
EUMS : European Union Military Staff 유럽연합 군사참모부
EUPM : European Union Police Mission 유럽연합 경찰임무
EUSC : European Union Satellite Centre 유럽연합 위성센터
FSC : Forum for Security Council 안보협력포럼
HR/VP : High Representative of the Union for Foreign Affairs and Security
    Policy 외교안보정책 고위대표
IFOR: Implementation Force 평화유지군
IGC : Intergovernmental Conference 정부 간 회의
INF : Intermediate-Range Nuclear Forces Treaty 중거리핵전력조약
ISPA : Instrument for Structural Policies for Pre-Accession 가입 전 구조적
    정책 수단
MRP : Mouvement des Républicains Populaires 인민공화파운동
NACC : North Atlantic Cooperation Council 북대서양협력위원회
NATO : North Atlantic Treaty Organization 북대서양조약기구
NPT : Nuclear Non-Proliferation Treaty 핵확산금지조약
ODIHR : Office for Democratic Institutions and Human Rights 민주제도인
    권사무소

OEEC : Organization for European Economic Cooperation 유럽경제협력기구
OSCE : Organization for Security and Cooperation in Europe 유럽안보협력
    기구
PfP : Partnership for Peace 평화를 위한 동반자 관계
PHARE : Poland and Hungary Assistance for Restructuring their Economies
    programme 폴란드·헝가리 경제재건지원 프로그램
PSC : Political and Security Committee 정치안보위원회
PU : Political Union 정치적 통합
RRF : Rapid Reaction Force 신속대응군
SAPARD : Special Accession Programme for Agriculture & Rural Development
    농업 및 농촌개발을 위한 특별 접근 프로그램
SEA : Single European Act 유럽단일법
START : The Strategic Arms Reduction Talks 전략무기감축협정
TEU : Treaty of the European Union 유럽연합에 관한 조약
WEAG : Western European Armaments Group 서유럽무기체계그룹
WEAO : Western European Armaments Organization 서유럽무기체계기구
WEU : Western European Union 서유럽연맹
WTO : Warsaw Treaty Organization 바르샤바조약기구

목 차

제2장 탈냉전시대 유럽안보질서의 변화와 유럽연합

제3장 유럽연합의 유럽안보방위정책 수립과 강화: '영구적 평화 체제 구축', 가능할 것인가?

■■■ 제1장

냉전체제와 유럽통합: 대립적 관계 속에서의 안정?

1. 냉전시대의 유럽 방위와 재건을 위한 시도

2. 유럽방위공동체 설립 실패: 초국가주의적 규범에 대한 국민국가적 현실의 승리?

3. 서유럽동맹의 탄생과 유럽 안보: '보호받는 대륙'으로의 전환?

1939년 9월 1일 독일이 폴란드를 침공하고 영국과 프랑스가 독일에 대해 선전포고함으로써 발발한 제2차 세계대전은 1945년까지 유럽, 아시아, 북아프리카, 태평양 등지에서 추축국과 연합국 사이에 벌어진 세계 규모의 전쟁이자 전면전의 양상을 띠게 됨에 따라 지금까지의 인류 역사에서 가장 큰 인명과 재산 피해를 낳은 전쟁이었다고 할 수 있다.

이러한 전쟁을 겪으면서 막대한 피해를 입게 된 유럽은 두 가지의 본질적인 문제를 동시에 해결해나가야 하는 어려운 국면에 놓이게 되었다. 하나는 세계대전으로 인해 거의 황폐화된 유럽 국가들이 어떻게 해서 기반시설과 생산 활동을 복원하고 이들 간의 경제적 연대성을 만들어 낼 것인가 하는 경제적인 문제였고, 다른 하나는 유럽뿐만 아니라 전 세계를 또 다른 갈등의 재현으로부터 벗어날 수 있도록 해주는 체제를 어떻게 만들어 나갈 수 있을 것인가 하는 정치적인 문제였다. 이러한 두 가지 문제를 해결하기 위해서는 '유럽인들 사이의 긴밀한 협력과 결합'이 절대적으로 필요하다는 인식이 일반적이었던 만큼 단합된 유럽을 형성하기 위해 끊임없이 노력해야 한다는 주장이 유럽에서 하나의 원칙처럼 받아들여졌던 것이다.

제2차 세계대전이 끝난 직후부터 미국과 소련이 유럽 대륙에서 군사적으로 직접 대치하는 상황은 유럽의 쇠퇴를 상징하는 것이었을 뿐만 아니라 유럽의 분단을 예고하는 것이었다. 이처럼 새롭게 등장한 두 초강대국 사이의 대립적 관계가 형성됨에 따라 유럽 국가들은 전쟁으로 인해 황폐화된 경제를 회생시키는 것은 물론 유럽이 종전에 행했던 국제적 역할과 영향력을 복원하고 전쟁 재발을 막을 수 있는 견고한 평화체제를 조직해야만 했다. 특히 경제적 복원을 추진하기 위해서는 미국의 도움에 의존할 수밖에 없었던 서유럽 국가들이 소련의 위협에 대처할 방안도 함께 모색해야 하는 상황에 놓이게 되면서 외교 및 군사부문에서의 협력을 강화하기 위해 정치적·경제적으로 통합해야 한다는 필요성을 인식하게 되었다.

이러한 동·서 진영 사이의 대립적 관계 속에서 미국은 1947년 유럽의 전후 경제 재건을 위한 마셜 플랜을 실시하였고, 서유럽국가들이 소련의 위협과 독일의 전쟁 재발 가능성으로부터 자신들의 안보를 스스로 지키기 위한 하나의 방안으로서 서방연맹을 창설하기도 했다. 또한 체코슬로바키아의 공산화에 이어 소련에 의한 서베를린 봉쇄가 있게 되자 서유럽국가들이 설립한 서방연맹으로는 소련의 위협에 적절하게 대처할 수 없다고 판단한 미국이 종전의 소극적인 입장을 바꾸어 북대서양조약기구(NATO)를 창설하는 데에 주도적 역할을 하게 되었다.

한국전쟁이 발발한 후 유럽석탄철강공동체(ECSC) 회원국들이 유럽의 안보 문제와 독일의 재무장 문제를 스스로 해결하고자 시도한 유럽방위공동체(EDC) 설립 계획은 정치적 통합이라는 본질에 해당되는 것이었지만, 너무나도 주권적인 영역에 속하는 분야였을 뿐만 아니라 전쟁 위기감이 완화되는 시대적 상황에서 프랑스의 비준 거부로 실패하게 되었다. 유럽방위공동체를 설립하고자 했던 당시의 문제가 그대로 남아 있는 상태에서 유럽석탄철강공동체 회원국들은 이들을 해소하기 위해 서방연맹을 서유럽연맹(WEU)으로 전환하게 되었다. 결국 유럽의 안보 문제에 대해 북대서양조약기구가 지배적인 역할을 담당하게 되었으며, 유럽은 "보호받는 대륙"으로 남아 있을 수밖에 없었던 것이다.

1. 냉전시대의 유럽 방위와 재건을 위한 시도

제2차 세계대전이 끝난 직후부터 세계는 자유주의 진영과 사회주의 진영으로 나누어졌고, 미국과 소련은 서로 다른 체제를 유지하고 강화하기 위해 서로에 대한 의구심을 표출하고 적대적으로 인식하면서 동·서 간의 대립이라는 새로운 국제질서를 형성하는 데에 주도적인 역할을 하였다.[1] 이미 소련이 폴란드와 헝가리, 그리고 체코슬로바키아 등 동유럽 국가들에 대해 지배적인 입지를 구축하고 있는 상황에서 그리스와 터키가 공산화될 수 있는 위기에 처하게 되자 미국은 공산주의 세력의 팽창을 좌시할 수 없었던 것이다.

또한 전쟁 직후 독일의 전쟁 재발 방지에 치중하던 서유럽 국가

---

[1] Morgenthau (Hans J.), *Politics among Nations: The Struggle for Power and Peace*, New York, Alfred A. Knopf, 1949, pp. 284~285.

들도 냉전이 격화되고 동유럽 국가들의 공산화가 현실적으로 이루어짐에 따라 소련의 위협에 대응할 수 있는 체제 설립의 필요성을 절감하게 되었던 것이다. 이러한 상황의 발전과 필요성에 따라 서유럽국가들은 전후 경제 복원과 공산주의 세력의 확산에 대응하기 위해 실시한 마셜 플랜을 받아들였고 서방연맹을 창설하였으며, 이 서방연맹이 미국의 군사적 지원을 절실히 필요로 했던 만큼 미국의 주도 아래 북대서양조약기구가 탄생하게 되었다. 또한 미국이 지속적으로 추진하고자 하는 서독의 재건과 재무장 문제에 대해 이중적 딜레마에 빠지게 된 프랑스는 유럽석탄철강공동체를 창설하기 위한 '슈만 플랜(Schuman Plan)'이라는 전략적 선택을 함으로써 서독에 대한 '감시와 통제'가 가능한 방책을 마련할 수 있었다.

1) 전후 유럽 상황과 서방연맹의 창설

서유럽 국가들, 특히 영국과 프랑스가 독일의 위협에 민감하게 대처했던 것은 제2차 세계대전 중에 소련과 체결한 조약에서는 물론 전후 영국과 프랑스의 관계에서도 잘 나타난다.

1942년 영국과 소련이 조약을 체결한 것과 마찬가지로 1944년 12월 프랑스와 소련은 전적으로 독일에 대항하는 동맹 조약을 체결하였다. 20년간 유효한 것으로 정해진 이 조약의 주요 내용을 보면, 양국이 최종 승리할 때까지 전쟁을 수행한다고 약속하면서 독일의 전쟁 위협을 제거하기 위해 필요한 모든 조치들을 취하고, 독일이 두 국가 중 어느 한 나라를 침공할 경우 다른 나라는 즉각적

으로 모든 지원을 시행할 것을 정하고 있다.[2]

이러한 프랑스와 소련 사이에 독일을 가상의 적으로 하는 조약이 체결된 후 영국과 프랑스 사이에도 1947년 3월 덩케르크(Dunkerque) 조약이 체결되었다. 이 동맹 조약은 유효 기간을 50년으로 정하고 있으며, 어느 한 국가의 안보가 독일로부터 위협을 받게 되는 경우 모든 수단을 동원하여 지원할 것을 주요 내용으로 하고 있다. 이처럼 1947년까지만 해도 영국과 프랑스는 소련이 주도하는 공산주의 세력의 위협에 대처하는 방안을 마련하기 보다는 독일이 또 다시 침략하는 경우에 대비하는 데에 치중하였던 것이다.

그러한 반면, 1946년 2월 스탈린(Joseph Stalin)이 자본주의 진영과의 필연적인 대결을 강조하게 되자, 영국 수상이었던 윈스턴 처칠(Winston Churchill)은 즉각 소련이 '철의 장막(Iron Curtain)' 뒤에서 동유럽의 공산체제 구축을 획책하고 있다고 비난하였다. 또한 처칠은 그 해 9월 당시 정치지도자 중에서는 처음으로 유럽 국가들의 화해와 통합의 필요성을 공식적으로 역설하였다. "만약 유럽이 공동의 유산을 향유하기 위해 화해한다면, 3억 내지 4억의 유럽인이 누릴 수 있을 행복, 번영, 긍지는 무한할 것이다… 우리는 일종의 유럽합중국을 건설해야만 한다… 서로 다른 국민들에게 좀 더 폭넓은 애국심과 모두에게 공통되는 민족적 감정 같은 것을 느끼게 해 줄 유럽차원의 연합이 왜 이루어질 수 없을 것인가?…"[3] 제2차 세계대전 후에 정치적·경제적으로 재건되어야만 하는 새로운 유럽에 대해 큰 관심을 지니고 있던 처칠은 스탈린의 중동부유럽

---

2) Duroselle (Jean-Baptiste), *op. cit.*, p. 398.

3) Fontaine (Pascal), *L'Union européenne*, Paris, Eds. du Seuil, 1994, pp. 19~20에서 재인용.

에 대한 점령과 예상되는 위협적인 공산주의 세력의 팽창정책에 대한 국제사회, 특히 유럽 국가들의 주의를 환기시키면서 유럽통합의 당위성을 내세웠던 것이다. 특히 그는 영국이 유럽정치질서에서 과거에 행해오던 '이간정책'을 포기하고 소련의 패권주의적 위협에 대응하기 위한 유럽 국가들의 집단적 안보체제 형성에 적극적으로 참여해야 한다고 강조하였다.

영국과 프랑스를 비롯한 서유럽 국가들이 1947년까지 독일의 침략에 대응하기 위해 체결했던 동맹 관계에 변화가 있게 된 것은 소련의 공산화 위협이 점증하고 특히 1947년 6월 미국이 발표한 마셜 플랜을 소련과 소련의 압력을 받은 동유럽 국가들이 거부한 것이 그 계기가 되었다. 소련은 마셜 플랜 발표 직후에는 긍정적으로 받아들이면서 1947년 6월 27일 파리에서 열린 회의에 참여했으나, 미국이 마셜 플랜을 실행하기 위한 선행조건으로 요구한 공동기구 창설을 위한 프랑스 측의 제안을 거부하면서 마셜 플랜 자체를 비난하였다. 소련의 주장에 따르면, 마셜 플랜에 따른 미국의 지원을 사용하기 위해 미국이 수혜 국가들에 내건 조건인 재건계획의 공동 입안과 미국의 지원을 효율적으로 관리하기 위한 통합적 기구인 지도위원회 구성, 그리고 자금 사용의 통제를 위한 미국 관리의 수혜국 주둔 등이 수혜국들의 주권을 침해하는 요구라는 것이다.[4] 또한 소련은 소련과 동유럽 국가들이 이미 자체적으로 시행하고 있는 경제계획을 변경시킬 수 없으며, 만약 수혜국들이 경제계획을

---

4) Duroselle (Jean-Baptiste), *op. cit.*, p. 475; Dinan(Desmond), *Europe Recast: A History of European Union*, London, Lynne Reinner, 2004, pp. 19~21: 체코슬로바키아는 마셜 플랜을 수용하면서 회의에 참석할 대표까지 선임했으나, 공산주의자인 고트발트(Clement Gottwald) 수상이 모스크바에 호출되어 갔고 더 나은 지원을 제의 받은 후 마셜 플랜에서 빠지게 되었다.

조정하거나 마셜 플랜을 시행하기 위해 집단적으로 협력하지 않아도 된다면 미국의 지원을 수용할 수 있다고도 했다.

실제로 마셜 플랜은 공산세력으로 인하여 직접적인 위협에 직면하고 있던 그리스와 터키에 대하여 미국이 경제적·군사적으로 지원하겠다는 취지로 1947년 3월 발표한 트루먼 독트린(Truman Doctrine)을 경제적인 부문에서 구체화한 것이라고 볼 수 있다. 미국이 마셜 플랜 발표를 통해 유럽에서 반소·반공산주의 공세를 강화하게 되자 마셜 플랜을 거부한 소련은 이를 미국이 자신의 자본주의 시장 체제 가치를 유럽에까지 확대시킴으로써 대서양을 넘어 자본주의 지배를 강화하고자 하는 제국주의적 획책이라고 비난하기에 이르렀다. 소련은 마셜 플랜에 대항하기 위해 소련 공산당 주도 하에 폴란드·체코슬로바키아·헝가리·루마니아·불가리아·유고슬라비아·프랑스·이탈리아 등 9개국의 공산당 및 노동자당 대표를 폴란드의 바르샤바에 모이도록 하였고 1947년 9월 코민포름(Cominform, 정식 명칭은 'Communist Information Bureau', 즉 공산주의자 정보국)을 창설하였다. 이러한 코민포름은 미국을 중심으로 한 서유럽의 반공 체제와 투쟁할 것을 선언하고 여기에 참여한 각국 공산세력들이 행동을 통일하고 정보 및 경험을 교환하며 서로의 활동을 조정하는 것을 목적으로 만들어진 지역 조직이었다.

소련과 동유럽 국가들이 참여를 거부한 상태에서 7월 12일 마셜 플랜을 검토하기 위해 열린 파리 회의에는 영국, 프랑스, 이탈리아, 오스트리아, 벨기에, 덴마크, 그리스, 아일랜드, 아이슬란드, 룩셈부르크, 네덜란드, 노르웨이, 포르투갈, 스웨덴, 스위스, 터키 등 16개국이 참석하였다. 이 국가들은 마셜 플랜에서 요구하는 일원화된 세부 부흥계획을 세우기 위해 유럽경제협력위원회(CEEC)를 결성하였고, 그 이듬해 4월 미국에서 통과된 경제협력법(ECA)에 따라 본격적으로 마셜 플랜이 시작될 수 있게 되자 기존의 유럽경제협력위원회를 유럽경제협력기구(OEEC)로 개편하였다.

이처럼 미국에 의한 마셜 플랜의 시행과 소련의 이에 대한 참여 거부와 비난은 이미 양분되기 시작했던 유럽 대륙을 두 블록으로 완전히 나누어지도록 했으며, 1947년 가을부터 양 세력 간의 긴장이 고조되면서 상대방에 대해 노골적으로 적대시하게 됨에 따라 냉전이라는 새로운 국제적 상황은 기정사실화되고 말았다.5)

이러한 상태에서 소련의 조종을 받은 체코슬로바키아의 공산당 출신 각료들이 1948년 2월 20일 비공산계 각료들을 사임하도록 만드는 무혈 쿠데타에 성공하여 정부를 완전히 장악하게 된 소위 '프라하 정변'은 서유럽 국가들로 하여금 공산화 위협에 대한 강박관념을 갖도록 하는 데에 충분한 사건이었다. 특히 당시 독일의 미국 점령지역 사령관이었던 클레이(Lucius Clay) 장군이 우려했던 바와 같이 서방 진영 내에는 "전쟁이 극적이고도 급작스럽게" 일어날 수 있다는 고도의 위기감이 감돌았다.6)

실제적으로 1947년 3월 덩케르크 조약을 체결하면서 독일의 전쟁 재발에 대항하기 위한 상호방위협력구조를 갖추게 된 영국과 프랑스는 벨기에, 네덜란드, 룩셈부르크 등에 이 조약에 참여할 것을 1948년 1월 21일부로 제안해 놓고 있었다. 이러한 상태에서

---

5) Bitsch(Marie−Thérèse), *Histoire de la construction européenne: De 1945 à nos jours*, Paris, Eds. Complexe, 2008, p.39.

6) Mélandri(Pierre), *Les Etats−Unis face à l'unification de l'Europe 1945~1954*, Paris, Pedone, 1980, p.163.

1948년 2월 발생한 프라하 정변은 베네룩스 3국으로 하여금 영국과 프랑스와의 외교·군사 부문에서의 협력을 위한 협상을 더욱 가속화시키는 계기가 되었다. 이러한 제안이 받아들여짐에 따라 영국, 프랑스, 그리고 베네룩스 3국은 3월 4일부터 12일까지 브뤼셀에서 회담을 개최하였고, 베네룩스 3국은 정치적 협정에 군사적 합의를 포함시켜 보완할 것을 요구하였다. 3월 17일 브뤼셀에서 열린 5개국 대표 회담은 이미 각국의 정부에서 승인된 조약안에 서명하였고, 이 브뤼셀 조약(the Bressels Treaty)에 따라 서방연맹(Western Union)이 창설되었다.

50년을 유효 기간으로 정하고 있는 브뤼셀 조약은 한편으로 체결국 사이의 경제적·사회적·문화적 협력을 정하면서도, 다른 한편으로는 "체결국 중 어느 한 국가가 유럽 대륙에서 위협을 당하거나 독일의 공격을 당할 경우 자동적으로 개입한다"는 것을 명시하면서 다른 대륙에서 공격을 당할 경우에는 서명국들이 자문을 한다는 것을 규정하고 있다.[7] 이렇게 볼 때, 브뤼셀 조약에 참여한 국가들이 지목하고 있는 공통적인 가상 적국은 독일이며, 서방연맹은 조약 체결국 가운데 어느 한 국가가 침공을 당할 경우 상호 군사적으로 지원한다는 것을 주요 목적으로 하는 유럽 최초의 집단방위 기구가 된다. 또한 브뤼셀 조약에 따라 탄생한 서방연맹은 체결국들이 국방·안보 영역에서 주권을 초국가적인 기구에 양도하는 것이 아니라 자신의 주권을 그대로 유지하면서 사안별로 정책

---

7) Toulemon(Robert), *La construction européenne*, Paris, Eds. de Fallois, 1994, p. 18: 이러한 조약의 주요 내용은 브뤼셀 조약의 공식적인 명칭인 '경제·사회·문화 협력과 집단적 자위에 관한 조약(Treaty on Economic, Social and Cultural Collaboration and Collective Self-Defence)'에서도 잘 나타나고 있다.

을 긴밀하게 협의하는 정부 간 협력체의 형태를 취했다.[8]

이처럼 브뤼셀 조약은 앞으로 있을 수 있는 독일의 침략정책 부활에 대해 공동으로 대응한다는 명시적인 내용을 담고 있을 뿐만 아니라 소련에 의한 공산주의 세력의 확산이라는 잠재적 위협에 대해서도 회원국들이 공동으로 대처할 수 있는 근거를 마련하는 것이었다. 그러나 브뤼셀 조약이 당시에 이미 냉전 상황이 고착화되고 소련의 위협이 가시적으로 드러나고 있는 상황이었음에도 불구하고 소련을 "잠재적 위협의 주체"로만 상정하면서 반소 동맹에 관한 내용을 조약에 명시적으로 포함시키지 않은 것은 시대착오적이었다는 비판을 받을 수 있다.[9]

다른 한편으로, 비록 브뤼셀 조약 체결을 주도한 것이 서유럽 국가들이었을지라도 군사적 임무를 지니는 서방연맹의 창설이 유럽 방어를 위한 유럽인들 스스로의 노력이 있는 경우에 한해서 자신도 개입하겠다는 명확한 입장을 밝히고 있던 미국의 원칙과 전략과 연계되어 추진되었음을 간과할 수 없다.[10] 특히 미국 국무장관이었던 마셜은 덩케르크 조약과 같은 지역 차원에서의 조약으로는 소련의 위협에 효과적으로 대응할 수 없을 것이므로, 미국이 유럽에 개입할 수 있는 충분한 근거가 되지 못한다고 명확히 밝혔다. 또한 베네룩스 3국은 덩케르크 조약이 지나치게 독일을 적대시하

---

8) 강원택·조홍식, 『하나의 유럽. 유럽연합의 역사와 정책』, 서울, 푸른길, 2009, p. 54.

9) 이승근·황영주, "초기 유럽통합과정과 냉전의 영향: NATO의 성립과 EDC의 실패를 중심으로", 『대한정치학회보』 제13집 1호, 2005, p. 124.

10) Mélandri (Pierre), op. cit., p. 162: 당시 영국 외무장관 베빈과 프랑스 외무장관 비도가 미국이 참여하지 않는 한 서방측의 민주주의 체제가 존재할 수 없다는 주장을 했을 때, 서유럽 국가들에 대해 지지할 준비가 되어 있던 미국 국무장관 마셜은 1947년 9월 미주 국가들이 공동 방위를 위해 체결한 '리우 조약'을 모델로 하여 유럽 국가들이 상호 지원할 수 있는 조약을 먼저 체결하는 것이 미국 의회의 동의를 얻기 위한 최선의 방책이 될 것이라고 밝히기도 했다.

고 있다고 지적하면서 군사적 차원에서 일반적인 동맹관계를 형성하고 유럽의 당면한 경제적·사회적 문제도 다룰 수 있는 상설기구가 되어야 한다고 주장했다.11) 이렇게 볼 때, 브뤼셀 조약을 위한 논의 과정에서 소련의 위협은 항상 주요한 고려 대상이 될 수밖에 없었다.

그럼에도 불구하고, 브뤼셀 조약문에 독일에 의한 침략의 경우를 명시하면서도 당시 명약관화하게 나타나고 있는 공산주의 세력의 위험을 언급하지 않은 것은 소련을 자극할 수 있는 가능성을 배제하고 유럽의 분열을 더욱 심화시켰다는 비난을 피하고자 하는 의도에서 비롯되었다고 볼 수 있다.

2) 북대서양조약기구 창설의 배경과 의미: '유럽주의'에서 '대서양주의'로

제2차 세계대전 이후 형성된 냉전은 소련이 동독과 동베를린을 점령하고 폴란드나 헝가리뿐만 아니라 다른 동유럽 국가들에 일당독재의 공산당 정권을 세워 위성국으로 만들면서 이들을 지배하려는 야심을 가지고 있을 뿐만 아니라 전 세계로 공산주의 세력을 확산시키고자 한다는 것을 미국이 분명하게 인식하게 되면서 시작되었다고 볼 수 있다. 미국이 소련의 이러한 야심으로 인해 서유럽 국가들이 공산화되는 것을 막기 위해 '봉쇄정책(Containment Policy)'을 추진하게 되었는데, 이것이 트루먼 독트린과 마셜 플랜으로 나

---

11) Bitsch (Marie‑Thérèse), op. cit., pp. 40~41.

타났던 것이다. 다시 말하자면, 그리스와 터키가 공산화될 위기에 처한 순간에 미국이 트루먼 독트린을 발표하면서 이 국가들을 지키기 위해 경제적·군사적으로 개입하였고, 전쟁으로 황폐화된 유럽 경제의 복원을 지원하기 위해 실시한 마셜 플랜 역시 소련이 주도하는 공산주의 세력의 확산을 차단하고자 하는 의도에서 비롯되었다는 데에서 당시 미국이 소련과의 직접적인 대결을 감수하고자 했다는 것을 알 수 있다.

이처럼 미국이 19세기에는 물론 제1차 세계대전 이후 국제연맹에 참여하는 것을 거부하면서까지 고수하고자 했고 종전 직후에도 지키고자 했던 외교정책의 전통적 특징인 고립주의를 버리고 유럽에 대한 개입정책을 추진하게 된 사실은 제2차 세계대전 이후 유럽 대륙에 새로운 질서를 형성하는 데에 매우 중요한 요소로 작용하였다. 또한 당시 자신의 외교정책 노선을 변경하면서까지 유럽의 현실적인 문제에 개입하게 된 미국은 자신들의 지원을 효율적으로 활용하기 위해서는 유럽 국가들이 단합해야 한다는 것을 항상 강조해왔다.

실제로 이러한 미국의 요구에 비추어 볼 때, 영국과 프랑스, 그리고 베네룩스 3국 등 5개국이 체결한 브뤼셀 조약에 따라 서방연맹을 탄생시켰다는 것은 공동방위를 위한 서유럽 국가들의 의지를 확연히 드러내는 것이었다. 그러나 현실적으로 볼 때, 전쟁으로 황폐화되어 국력이 쇠약한 상태에 있던 프랑스, 유럽 대륙 국가가 아니라 바다 건너 있는 영국, 그리고 소규모 국가들에 지나지 않는 베네룩스 3국 등 5개국이 창설한 서방연맹이 미국의 도움 없이 독일의 전쟁 재발이나 소련의 위협에 대응한다는 것은 기대하기 어려운 것이었다.

그동안 유럽 스스로의 노력과 협력을 항상 요구해왔던 미국으로
서는 서방연맹의 창설을 계기로 유럽의 안보를 지키기 위해 좀 더
적극적인 군사적 정책을 구상할 수 있는 근거를 찾게 되었다. 왜냐
하면, 현실적으로 당시 서방연맹 5개 회원국의 정치적·경제적 상
황에 비추어 볼 때, 이 국가들이 비록 공동으로 방어하기 위한 동
맹체를 결성했다고 하더라도 자신들의 군사력만으로 소련의 침략
위협에 적절히 대응하는 것이 불가능하므로 미국의 지원이 당연히
필요하다는 것을 미국도 잘 알고 있었기 때문이다.

다시 말하자면, 서방연맹은 만들어졌지만 제대로 힘을 가지고 활
약할 수 있게 되기 위해서는 오로지 미국의 지원이 있어야만 했던
것이다. 이러한 점들을 감안하면, 서방연맹의 창설이 유럽 대륙에
대한 미국의 군사적 지원을 유도해 내기 위한 방편이 될 수 있었다
는 설명은 상당히 설득력이 있다고 볼 수 있다.12) 실제로 브뤼셀
조약을 체결하자마자 서명국들은 미국과 함께 방위체계를 구축해
야만 한다는 생각을 피력하였던 것이다. 즉 이 조약을 체결한 당일
인 1948년 3월 17일에는 물론 그다음 달인 4월 17일에도 조약 체
결을 주도했던 영국의 외무장관 베빈(Ernest Bevin)과 프랑스의 외
무장관 비도(Georges Bidault)가 미국 국무장관 마셜에게 서유럽
국가들과 미국 사이에 '좀 더 폭 넓은 협정'을 맺기 위한 논의를 시
작하자고 요구하였다. 이러한 제안에 대해 미국은 유럽 국가들이
먼저 모든 침략에 대응할 수 있는 방위체계를 조직해야 한다는 선

---

12) Melissen(Jan) and Zeeman(Bert), "Britain and Western Europe, 1945~51: opportunities lost?",
International Affairs, vol.63, No.1, 1987, p.89.

행조건을 제시하기도 했다.13)

특히 독일에 대한 점령국들 사이의 입장 차이는 양 진영 사이의 관계를 더욱 첨예하게 대립하도록 만들고 말았다. 미국, 영국, 프랑스와 함께 독일을 분할 점령하고 있던 소련이 서방 3개국으로 하여금 베를린을 떠나도록 강요하기 위해 서독과 서베를린 사이의 모든 관계를 군사적으로 통제하고자 하였지만, 오히려 서방 3개국은 1948년 6월 7일 런던에서 회담을 개최하고 그들의 점령지역을 통합하고 이 지역에 새로운 화폐인 '도이치 마르크(Deutsche Mark)'를 통용시킨다는 것을 결정하였다. 서방측의 단일통화 도입에 대해 소련은 이 결정이 논리적 타당성이 없고 일방인 것이라고 비난하면서 곧바로 서독과 서베를린 사이의 육로 통행을 금지시키는 조치, 소위 말해서 '베를린 봉쇄'를 취하게 되었다.

이러한 사태를 맞아 베를린은 양 진영의 의지와 힘의 사용을 입증해 보일 수 있는 하나의 대결의 장이 되었고, 미국이 전쟁 발발의 위험을 무릅쓰고서라도 유럽에서 발발한 위기에 직면해서 군사적 개입을 시도할 것인지를 시험하는 순간이기도 했다. 독일 지역에 주둔하고 있는 병력면에서 완전히 열세에 놓여 있던 서방측은 핵무기를 사용하지 않고는 소련에 대한 승리를 기대할 수 없었다. 이처럼 지상전을 통한 해결이 불가능했던 상황에서 결국 미국과 영국의 공군은 1945년 11월의 협정에 의해 인정된 '공중회랑(air corridors)'을 이용하여 약 1년 간 서베를린 지역 주둔 군인들에 대

---

13) Duroselle (Jean-Baptiste), *op. cit.*, pp. 496~497; 브뤼셀 조약이 체결되자 미국 트루먼 대통령은 "스스로 방어하고자 하는 유럽의 자유주의 국가들의 결정이 미국이 그들을 도우기 위한 결정을 취하는 데에 큰 반향을 불러일으킬 것이라고 나는 확신한다"고 선언했다(Mélandri)(Pierre), *op. cit.*, p. 163에서 재인용).

한 군수품과 서베를린 시민을 위한 생필품 등을 공수하는 작전을 성공시켰다. 서방측에 비해 월등히 우세한 지상군을 가지고 있음에도 불구하고 이를 전혀 활용할 수 없었던 소련은 결국 1949년 5월 12일 베를린 봉쇄를 포기하게 되었다.[14] 냉전 상황에서 처음 벌어진 양 진영 간의 대립에서 서방측이 승리할 수 있었던 것이 자유주의 진영에서 지도적 역할을 맡고 있던 미국의 강력한 정치적 의지와 적극적인 군사적 개입이 있었기에 가능했던 만큼 이 사태를 통해 서유럽 국가들이 얻은 심리적 효과와 안정감은 대단히 큰 것이었다.

영국, 프랑스, 베네룩스 3국 등 서유럽 국가 5개국이 서방연맹을 창설하면서 다른 나라의 침략 행위, 특히 독일의 전쟁 도발에 대해 공동으로 대처한다는 '집단적인 정당 방어'를 천명하였더라도, 이들이 거대한 규모의 군사력을 가진 소련의 공산화 획책에 적절하게 대응할 수 없다는 것은 명약관화한 사실이었다. 무엇보다도 베를린 봉쇄 사태에서 드러난 바와 같이 서유럽의 자유주의 진영에 대해 공산주의를 확대시키려는 소련의 도발적 위협이 언제 또 다시 발생할지 모르는 상황에서 미국은 좀 더 명확한 정치적 의지를 표명하고 이를 뒷받침할 수 있는 현실적인 장치를 갖추어야만 했다.

비록 미국이 서유럽 국가들에 대해서 요구해왔던 것처럼 이 국가들이 자신을 방어하기 위한 방위기구인 서방동맹을 공동으로 창설하였다고 할지라도, 이 국가들만으로 소련의 위협에 대처하기에는 역부족이라고 우려해 오던 미국은 종전의 입장을 명시적으로 바꾸

---

14) 김계동, 『현대유럽정치론: 정치의 통합과 통합의 정치』, 서울, 서울대학교 출판부, 2007, pp. 44~47.

게 되었다. 즉 미국은 제2차 세계대전 이후 전쟁이 일어난 경우를 제외하고는 미주 대륙 밖의 그 어떤 국가와도 동맹을 맺지 않는다는 고립주의적 외교정책을 줄곧 유지해왔으나, 1948년 6월 11일 미국 상원은 고립주의를 탈피하고 미국 정부가 평화 시에도 미주 대륙 밖의 다른 국가들과 동맹을 체결할 수 있도록 허용해주는 반덴베르그 결의안을 찬성 64표 대 반대 4표로 가결하기에 이르렀다.[15]

이와 같은 변화는 그야말로 미국 외교정책에 있어 일대 혁명이었다. 왜냐하면, 반덴베르그 결의안이 채택됨으로써 그 직후인 7월에는 미국이 런던에서 열린 서방연맹 상임위원회 회의에 국방부 전략조사위원회 소속의 렘니처(Lyman Louis Lemnitzer) 장군을 전격적으로 참석시켰으며, 그 해 여름 내내 서방연맹과 미국, 그리고 캐나다를 포함하는 '대서양 협정'의 성사 가능성에 대한 논의가 전개될 수 있었기 때문이다. 10월 25~26일 이틀 동안 열린 회의에서 서방연맹 5개국 외무장관들은 북대서양의 안보 문제에 대해 사전 검토를 한 후 대서양 방어협정을 체결한다는 원칙에 전적으로 동의한다고 선언하였다. 곧 이은 29일에는 캐나다도 여기에 동의하였으며, 미국 대선에서 예상을 깨고 트루먼이 재선에 성공함에 따라 미국 역시 외교정책에서 연속성을 가질 수 있게 되었다. 12월 10일에는 서방연맹 5개국이 미국에 제출한 대서양 협정 초안에 대한 협상이 워싱턴에서 진행되었으며, 상임조사위원회를 설치한다는 것이 결정되기도 했다.

다른 한편, 서방연맹 회원국들과 미국의 적극적인 자세에 힘입어

---

15) Hudson (Daryl Jack), *Perspectives on the Vandenberg Resolution*, Thesis, University of Texas at Austin, 1975, pp. 125~127.

대서양에 걸친 안보체계를 구축하기 위한 다자간 협상이 1948년 12월부터 본격적으로 시작되고 있는 상황에서 마셜 플랜에 참여하는 것을 거부했던 소련이 자신의 정치적·군사적 통제 하에 있는 동유럽 국가들을 평등, 호혜, 내정 불간섭 원칙 아래 결합시키게 되었다. 이로써 1949년 1월 소련을 포함한 공산권 10개국이 상호 간의 경제·기술 협력과 교역 증진 등을 통하여 가맹국의 경제 발전을 도모하는 것을 목적으로 하는 경제상호원조회의(COMECON)가 탄생되었던 것이다.[16]

이처럼 유럽 대륙은 양 진영으로 나뉘어져 서로 대립하는 체제를 구축하게 되었고 확연히 다른 각자의 길을 가게 되면서 미국과 서유럽 국가들 사이에 이루어지고 있던 협상은 급속하게 진행될 수밖에 없었다. 1949년 3월이 되자 대서양 안보를 위한 조약문이 완성되었고, 브뤼셀 조약 체결 5개국의 외무장관, 국방장관, 재정장관 등이 참석한 가운데 서방연맹의 자문위원회가 그동안 준비한 조약문의 내용을 검토하는 기회를 가질 수 있었다. 이 조약의 내용을 수용한 미국, 캐나다, 그리고 브뤼셀 조약을 체결한 5개국은 3월 15일 덴마크, 아이슬란드, 이탈리아, 노르웨이, 포르투갈 등에 대해서도 여기에 동참할 것을 권유하였으며, 이들 12개국은 1949년 4월 4일 워싱턴에서 북대서양조약기구를 창설하는 조약에 서명하게 되었다.

---

16) Fontaine (Pascal), *L'Union européenne. Histoire, institutions, politiques*, Paris, Editions du Seuil, 2012, p. 80.

[지도 1] 제2차 세계대전 직후 양분된 유럽

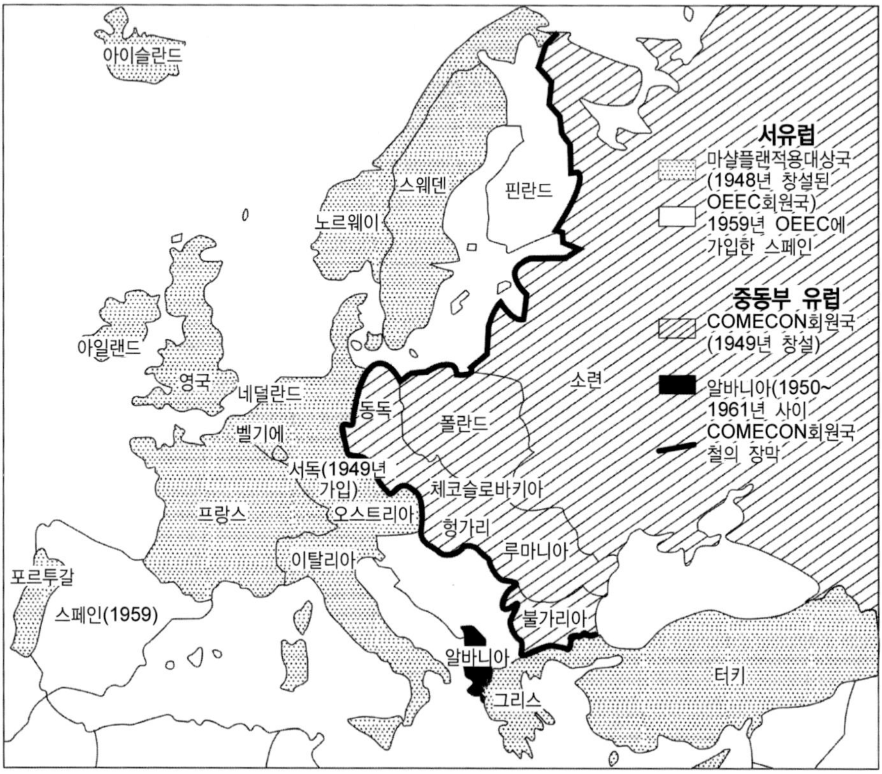

서유럽
마샬플랜적용대상국
(1948년 창설된
OEEC회원국)
1959년 OEEC에
가입한 스페인

중동부 유럽
COMECON회원국
(1949년 창설)

알바니아(1950~
1961년 사이
COMECON회원국
철의 장막

아이슬란드
스웨덴
핀란드
노르웨이
아일랜드
영국
네덜란드
벨기에
동독
폴란드
소련
서독(1949년
가입)
오스트리아
프랑스
체코슬로바키아
헝가리
루마니아
이탈리아
포르투갈
스페인(1959)
불가리아
알바니아
그리스
터키

출처: Malterre (Jean-François), Pradeau (Christian), *L'Union européenne en Fiches*, Rosny, Bréal, 1995, p. 16.

북대서양 조약의 서문에는 조약 체결국들의 평화에 대한 열망과 함께 서구 민주주의체제와 법치를 보호해야만 한다는 결의가 강조되어 있다. 이를 위해 회원국 상호 간에 행복을 증진시켜 나갈 필요성이 있다는 것을 제2항에 명시하고 있지만, 이 조약의 본질은 제4항과 제5항에서 밝히고 있는 군사적인 조치에 관한 내용에 있다.

이 조약은 위협과 침략을 구분하고 있는 특징을 지닌다. 우선 위협의 경우에는 조약 체결국들이 서로 자문하도록 하는데, 이러한 위협을 규정하는 것은 어느 한 조약 체결국이 자신에 위협이 가해지고 있다고 선언하는 것으로 충분하다는 것이다. 그리고 침략 행위로는 유럽, 북미, 알제리, 북회귀선 북쪽의 대서양에 있는 섬들, 그리고 조약 체결국의 선박과 항공기에 가해지는 공격으로 정하고 있다.

이러한 공격을 받을 경우 군사적인 지원이 자동적으로 이루어지는 것이 아니라 각 조약 체결국이 정당 방어라는 목적을 위하여, 그리고 유엔헌장 제51조의 규정에 입각해서 다른 회원국의 동의하에 개별적으로 필요하다고 판단되는 행위를 취할 수 있다는 것이다. 북대서양 지역에서 안보를 복원하고 유지하기 위해 있게 될 이러한 행위는 군사력의 사용까지 포함하고 있는 만큼 각 회원국이 자유롭게 결정하는 지원책이 군사적인 것일 경우 이 회원국은 침략국을 대상으로 전쟁을 한다는 것을 의미한다.[17) 따라서 북대서양 조약기구는 명백하게 '집단방어(Collective Defense)'를 위한 군사적 기구로 정의될 수 있는 것이다.

---

17) Duroselle(Jean‒Baptiste), *op. cit.*, p.499.

이와 같은 통합된 군사조직인 북대서양조약기구의 설립으로 인해 유럽 대륙에는 서방연맹과 함께 두 개의 안보기구가 존재하게 되었으나, 서방연맹보다 적용 범위가 넓고 더욱 강력한 힘을 가진 북대서양조약기구가 1950년 12월 20일부터 서방연맹의 부속기구들을 점차 흡수하기 시작하면서 서방연맹은 거의 유명무실한 상태에 머무르게 되었다. 이로써 유럽에는 자율적인 군사 작전을 할 수 있는 수단이 사라지게 되었고, 유럽은 미국의 지배적인 영향 하에 놓여있는 통합된 군사동맹의 보호 아래에 들어가고 말았다.[18]

제2차 세계대전 이후 미국이 고립주의적 외교정책을 탈피하고 서유럽에 적극적으로 개입하게 됨에 따라 서유럽 국가들은 종전에 주로 의존해오던 공간적 개념인 '유럽'을 벗어나서 '대서양'이라는 개념을 수용하게 된 것이다. 특히 북대서양조약기구가 설립되면서부터 서유럽 국가들은 안보에 관한 자신들의 문제를 미국에 크게 의존하게 되었고, 미국이 유럽 군대가 통합된 군사 구조에서 강한 영향력을 행사할 수 있는 가운데[19] 캐나다 및 또 다른 대서양 연안 국가들과 함께 국제질서를 운영하는 데에 동참할 수 있는 토대를 갖추게 되었다.

---

18) Colson (Bruno), *Europe: Repenser les alliances*, Paris, Economica, 1995, p. 51.

19) Sanguinetti (Antoine), "Dès les années 50, l'hypothèque de l'OTAN", *Le Monde diplomatique*, juillet 1993, p. 8.

3) 슈만 플랜에 따른 유럽석탄철강공동체 창설: 프랑스의 전략적 선택

1948년에 유럽경제협력기구와 서방연맹이 설립되고 그 이듬해에는 북대서양조약기구가 창설되었지만, 미국은 소련의 계속되는 팽창정책에 맞서기 위한 하나의 주요 거점으로 서독을 고려하면서 서독을 가능한 한 빨리 재무장시키고 경제적으로도 발전시키고자 원했다. 이러한 상황에서 독일의 전쟁 재발 방지를 위한 장치를 마련한다거나 독일과 프랑스 사이의 관계 개선을 포함한 본질적인 문제를 유럽 자체적으로 다루고 그 해결방안을 모색하게 되리라는 것을 기대한다는 것은 어려웠다.

그 당시 프랑스는 미국의 지원에 크게 의존하고 있었으므로, 미국이 서독에 대해 추진하고자 하는 정책에 대해서 자신의 견해를 강력하게 내세우기에는 너무나 취약했다. 그렇다고 해서 프랑스가 자신을 위한 확고한 안보 장치가 갖추어지지 않은 상태에서 추진되는 서독의 경제적 부흥이나 군사적 재무장을 받아들일 수 있는 것도 아니었다.

또한 미국의 지원 없이, 그리고 서독이 무장 해제된 상태에서 나머지 서유럽 국가들의 군사력만으로 소련의 위협에 적절하게 대응할 수 있는 것도 아니었다. 특히 독일에 관한 문제 해결의 주도권이 미국이나 영국으로 넘어가는 것을 프랑스로서는 절대 좌시할 수 없었다. 이처럼 이중적 딜레마에 빠진 상태에서 프랑스는 독일의 전쟁 재발 가능성에 대한 감시와 통제가 가능하고 동시에 유럽의 경제를 부흥시키기 위해 필요한 수단이 될 수 있는 적절한 해답을 찾아야만 했다.

제2차 세계대전이 끝난 후 프랑스의 경제 부흥과 재건 계획을 수립하는 데에 전념하고 있던 장 모네는 프랑스가 당면하고 있는 문제를 해결하고 유럽에서 또 다른 갈등의 소지를 없애기 위한 주요 방편으로 석탄 철강 부문에서의 공동시장을 제안하였다. 그는 자신이 이러한 각서를 작성하여 제출하게 된 이유를 1950년 4월 28일과 5월 3일 두 차례에 걸쳐 당시 내각 수반이었던 비도와 외무장관이었던 슈만에게 그 내용에서 소상히 밝히고 있다.[20]

첫째, 모네는 당시 여론이 제2차 세계대전 발발의 불가피성을 점점 더 인정하면서 냉전 상황을 그대로 받아들이려는 경향을 띠고 있으며, 독–불 간의 문제에서는 물론 유럽차원에서나 세계적인 차원에서도 프랑스의 입장이 곤경에 처해 있다고 밝혔다. 그에 의하면, 유럽이 직면하고 있는 중요한 문제에 국한시켜 이를 해결할 수 있는 "제한적이지만 결정적인 부분에 대해 구체적이고도 과감한" 방안을 마련하고 실행함으로써 유럽에는 근본적인 변화가 있게 될 것이며, 이러한 변화를 통해서 복잡하게 얽힌 문제들에 대한 총체적인 접근이 가능하리라는 것이다.

둘째, 모네는 비록 유럽 국가들이 종전 이후 정치적·경제적 군사적인 협력체계를 이루기 위해 많은 노력을 해왔을지라도, 유럽을 확고한 조직체로 만들거나 유럽에서의 경제발전 또는 평화를 보장받기 위한 집단 안보 실현이라는 목적 달성에는 크게 미치지 못하

---

20) "Mémorandum adressé par J. Monnet à G Bidault et à R Schuman, 3 mai 1950", *Le Monde*, 9 mai 1970.

고 있다고 생각하였다. 또한 미―소로 양극화된 냉전체제하에서 미국과 소련 사이에 갈등이 발생할 경우 '통합된 유럽'이 중재자적 역할을 할 수 있는 "제3의 세력"을 형성함으로써 긴장완화와 평화유지에 기여할 수 있으리라는 것이 그의 판단이었다. 따라서 장래의 평화를 보장하기 위해서는 유럽 국가들이 단순하게 모여 있는 집합체로서의 유럽이 아니라, 국가들에 의해 받아들여지는 새로운 주권적 권위를 지니면서 유럽 스스로가 자신에 대해 신뢰할 수 있는 '힘이 강한 유럽'을 창조하도록 해야 한다고 모네는 주장했다.

셋째, 실제적으로 프랑스의 경제적 활성화는 유럽이 경제적으로 균형 있는 발전을 이룰 수 있게 될 때에 가능할 것이므로, 이러한 유럽 건설을 위한 제안과 행동을 프랑스가 주도해야만 한다는 것이 모네의 주장이다. 만약 그러하지 못하면, 미국은 미국을 중심으로 유럽을 조직하고 결합시킬 것이며, 이는 곧 냉전 상황의 고착화를 의미할 뿐만 아니라 미국의 막대한 지원을 받게 되는 서독이 이루어 낼 경제적·군사적 급성장은 프랑스에 대해 오히려 치명적인 위협을 가할 수 있는 요소가 될 수 있다고 모네는 판단했다.

그가 아무리 서독의 경제적 복원과 경제적 차원에서의 독―불 간 균형 추구에 대해 우호적인 생각을 가지고 있었다 하더라도, 1950년 초 프랑스 조사단이 미국의 지원 하에 급성장을 이루고 있는 독일의 철강 생산이 과다한 것으로 미루어 볼 때 독일의 세력 팽창이 예상된다는 보고서를 발표하게 되자 모네 역시 이에 대한 우려감을 강하게 표시했다. 그는 "독일에 의한 수출 덤핑, 프랑스 산업의 보호주의, 자유 교역의 중단 혹은 위장, 전쟁 전에 형성되었던 카르텔의 재형성, 정치적 협정 체결의 전조로서 동유럽에 대한 독일의 세력 팽창 가능성" 등으로 인해 생겨날 수 있는 극단적인 경쟁은 자칫 유럽에 또 다른 갈등을 일으킬 수 있다고 경고했다.[21]

이러한 측면들을 고려할 때, 모네가 석탄·철강 분야에서의 통합을 주창하게 된 것은 냉전이라는 당시의 세계적 상황에서 어떻게 유럽의 안보를 지키고 새로운 갈등을 일으킬 수 있는 요소들을 사전에 제거하면서 평화체제를 구축할 것인가 하는 절박한 필요성에서 비롯되었다고 볼 수 있다. 왜냐하면, 제2차 세계대전 이후 미국과 소련이라는 두 초강대국을 중심으로 한 양 진영의 구축과 동맹관계의 발전, 중국의 공산화, 독일에 세워진 두 개의 국가, 소련의 핵실험, 군비 경쟁의 재개 등은 또 다른 세계대전을 일으킬 수 있는 충분한 요소들이 된다고 모네가 크게 우려하고 있었기 때문이다. 따라서 그가 구상한 독－불 간의 화해와 신뢰를 통한 관계 개선, 석탄 및 철강 생산과 판매의 공동관리, 그리고 이를 위한 초국가적 기구의 설립 등을 핵심내용으로 삼고 있는[22] 유럽통합은 경제적인 의미보다는 평화 유지라는 정치적 의미를 더욱 강하게 지니고 있는 것이다.

당시 프랑스 외무장관 슈만은 모네가 각서를 제출하기 이전부터 서독과 프랑스 사이에 생겨난 정치적 어려움을 해결하고자 하는 의지를 가지고 있었다. 즉 많은 프랑스인들은 서독이 세워지면서 자신들이 느끼는 위험도를 줄이기 위해 명확한 지방분권을 토대로 하는 연방국가를 원했지만 기대치에 미치지 못했다는 강박 관념을 지니고 있었고, 반면 독일인들은 자국의 경제 복원과 주권 회복을

---

21) Bitsch (Marie-Thérèse), *op. cit.*, pp. 65~66.
22) Monnet (Jean), *op. cit.*. pp. 343~353.

방해하는 것으로 간주되는 점령국들의 세력을 최소화해야 한다는 생각을 가지고 있었다. 이러한 곤궁을 벗어날 수 있는 방안을 모색하고 있던 슈만은 유럽 차원에서의 기구를 만들고 이를 통해 안보 확립 문제를 포함하는 '화해 정책'을 시행하기를 원하고 있었다.

1949년 가을 무렵부터 미국은 슈만에게 서독을 유럽 경제체제에 최대한 통합시킬 수 있는 방안을 모색하는 데에 주도적으로 임하도록 권하면서 이를 위해 필요한 방식과 절차를 프랑스가 선택할 수 있다는 입장을 밝혔다. 그해 겨울 동안에 양국 사이의 논의가 계속되었고, 미국은 서독의 철강 생산 증대 문제를 협의하기 위해 1950년 5월 12일로 예정된 런던에서의 회의가 있기 이전에 프랑스가 어떠한 방안을 제안하도록 요청하였다.[23]

시간이 촉박함을 느낀 슈만은 모네가 이미 자신과 비도 내각 수반에게 제출했지만 그동안 별다른 반응을 보이지 않고 있었던 제안을 토대로 하여 독-불 간의 관계를 개선하고 프랑스의 국익을 보호하면서도 미국을 만족시킬 수 있는 계획, 즉 유럽석탄철강공동체의 결성을 제안하는 '슈만 플랜'을 5월 9일 공식적으로 발표하기에 이르렀다. 슈만 플랜을 통해 프랑스는 소련의 위협을 사전에 봉쇄하기 위해 회원국들이 단결하도록 하는 한편, 급성장하고 있는 서독에 대해 '철과 석탄 생산과 사용의 투명성'을 확보하여 감시와 통제가 가능하도록 하고 주요 전략물자이자 독일이 막대한 양을 가지고 있는 석탄과 철을 공유하고자 하는 의도를 가지고 있었다.[24] 이렇게 볼 때, 독-불 간의 화해를 전제로 한 슈만 플랜은 프

---

23) Poidevin (Raymond), *Robert Schuman, homme d'Etat 1886~1963,* Paris, Imprimerie Nationale, 1986, pp. 246~252.

랑스 정부의 경제적 회복을 위한 외교적 전략의 선택일 뿐만 아니라 '하나의 유럽 건설'이라는 이상주의를 추구한 결과라고 할 수 있다.25)

또한 공동체에 참여하는 회원국들의 동등한 권리를 보장하는 것을 근간으로 하는 이 계획은 서독의 정치지도자들이 유럽 차원에서 프랑스와 화해할 경우 서독에 불리한 내용이 강요될 수 있다고 그동안 우려해왔던 바를 완전히 불식시키는 데에 크게 기여했다. 슈만 플랜의 발표가 있게 되자 당시 서독의 수상 아데나워(Konrad Adenauer)는 독-불 간의 적대관계가 대대로 내려오는 것이라는 개념은 시대착오적인 것이며, 양국 간의 관계 개선은 명확해졌다고 하면서 이 계획을 환영하였다.26) 서독이 프랑스가 제안한 슈만 플랜을 전격적으로 수용한 데에는 그만한 이유가 있었던 것이다. 첫째, 아데나워 역시 유럽통합이라는 이상을 가지고 있었다는 것이다. 특히 전범국가인 독일이 침략대상국이었던 프랑스와 협력하고 화해함으로써 유럽통합에 기여할 수 있다고 그는 판단하고 있었다. 둘째, 아데나워는 서독이 슈만 플랜에 참여함으로써 국제사회의 일원으로 활동할 수 있는 동등한 자격을 얻게 되고 국제적 위상을 회복하게 된다고 보았다. 셋째, 그는 제2차 세계대전 이후 프랑스의 점령 하에 있었고 1947년 말에는 친프랑스 정권이 수립된 자르(Saar)를 되찾아 서독의 주권을 완전히 회복시킬 수 있는 하나의 방편으로 슈만 플랜을 고려했다는 것이다.27)

---

24) 이승근·황영주(2003), 앞의 글, pp.268~269.

25) Khan(Sylvain), *Histoire de la construction de l'Europe depuis 1945*, Paris, PUF, 2011, p.67.

26) Legoli(Paul), *Konrad Adenauer et l'idée d'uneification européenne. jqnvier 1948~mai 1950*, Berne, Peter Lang, 1989, p.167.

서유럽 국가들의 통합을 목표로 하는 슈만 플랜이 발표됨에 따라 제2차 세계대전이 끝난 이래 미국이 마셜 플랜을 유럽에 제공하면서 내세운 유럽 국가 간 협력에 대한 요구와 동·서 냉전체제로의 고착이라는 유럽 외적인 요소에 의해 주로 추진되어 오던 유럽통합운동은 획기적인 전기를 맞게 되었다. 슈만 플랜은 중요한 전략물자이자 독일과 프랑스 간에 분쟁의 한 요인으로 작용해왔던 석탄과 철강의 생산 및 판매를 초국가적인 성격을 지니는 유럽석탄철강공동체에 맡긴다는 것이었다. 유럽 국가들의 자발적인 의지에 의한 주권의 양도를 토대로 구성되는 새로운 조직인 유럽석탄철강공동체는 회원국들의 권리와 의무 관계를 동등하게 해준다는 정치적 본질을 담고 있는 제안이었다. 이처럼 '유럽인에 의한 유럽의 건설'을 표방하고 있는 이 구상은 무엇보다도 독-불 간의 오래된 대립관계를 해소시키고 재화합과 긴밀한 협력을 증진시켜 전쟁 재발을 사전에 예방하고자 하는 근본적인 의도를 지니고 있었다. 그리고 궁극적으로는 이 공동체를 통해 유럽의 항구적인 평화기반을 조성하고 아울러 평화 보존에 필요불가결한 유럽통합의 초석을 이루도록 한다는 것이다.

슈만 플랜에서 제시되고 있는 유럽통합 방안은 회원국 정부에 대해 완전히 독립적인 기구를 설치하고 여기서 내린 결정이 회원국들을 구속하게 되는 만큼, 유럽 건설이 연방주의적 방식을 따르고 있음을 알 수 있다. 비록 이것이 석탄과 철강의 공동관리라는 제한적이고 확정적인 분야에서의 초국가적 권한이지만, 슈만과 모

---

27) 이승근·황영주(2003), 앞의 글, pp.270~271.

네는 유럽석탄철강공동체로부터 얻을 수 있는 경험을 토대로 해서 장차 다른 모든 분야로 통합의 영역을 확장시킨다는 의도를 처음부터 갖고 있었다. 즉 유럽석탄철강공동체를 출발점으로 삼아 향후 전체 경제 분야에 걸친 유럽통합을 추진할 수 있도록 한다는 구체적인 목적에서 이와 같은 기능주의적 통합방식을 결정했던 것이다. 이처럼 슈만 플랜이 보다 큰 야심에서 출발하고 있다는 것은 "이 제안이 평화 보존에 필요불가결한 유럽연방의 구체적이고 중요한 기초들을 실현시킬 것"이라는 선언문의 내용을 보더라도 알 수 있다. 따라서 유럽석탄철강공동체의 창설은 공동체적인 유럽 건설의 시발점이 되는데, 이는 곧 종전까지 정부 간 협력에 토대를 두고 있던 전통적인 외교관계가 초국가적인 기구에 의한 공동이익과 회원국 이익을 결합시켜 실현하게 되는 독창적인 법적 체계로 대체되는 것을 의미했다.28)

유럽의 모든 국가가 참여할 수 있는 공동체를 건설하기 위한 프랑스의 제안이 독일, 이탈리아, 그리고 베네룩스 3국에 의해 받아들여진 반면, 영국은 초국가적 통합에 반대하면서 이를 거부했다. 이들 6개국 사이에 유럽석탄철강공동체 창설을 위한 회담이 1950년 6월 24일 파리에서 개최되었으며, 약 10개월에 걸친 협상을 거쳐 1951년 4월 18일 앞으로 50년 동안 유효할 '유럽석탄철강공동체 설치에 관한 조약(파리조약)'이 조인되었다. 그 이듬해 8월 10일부터 정식으로 업무를 개시한 유럽석탄철강공동체는 관세 제거를 통한 석탄과 철강의 자유로운 교역 보장과 생산 목표 결정, 생

---

28) Fontaine (Pascal), 1994, *op. cit.*, p. 27.

산 자원의 안정된 공급 보장, 생산 가격의 공시와 평준화, 생산의 현대적 체계를 위한 지원, 그리고 근로자들의 권리 보전과 노동조건 개선을 통한 생활 향상 등의 주요 정책들을 구체적으로 시행하게 되었다.

이상에서 살펴본 바와 같이, 석탄·철강 분야에서의 공동 생산 및 관리를 목표로 하는 슈만 플랜은 냉전체제하에서 서유럽 국가들이 단합하여 '강한 유럽'을 형성하여 또 다른 갈등의 발생을 막고, 특히 프랑스가 서독의 경제적 급성장과 재무장이 자신에 대해 가져올 외교적·군사적 위협을 초국가적인 기구를 통해서 감시하고 통제하여 평화를 확보할 수 있도록 하자는 목적을 지니고 있는 것이다. 결국 유럽석탄철강공동체의 창설은 프랑스와 서독은 물론 신속한 서독의 경제적 복원과 재무장을 통해 소련의 위협에 효율적으로 대처할 수 있게 되기를 원하고 있던 미국의 이익에도 부합하는 것이었다.

2. 유럽방위공동체 설립 실패: 초국가주의적 규범에 대한 국민국가적 현실의 승리?

슈만 플랜이 발표된 후 몇 개월이 지난 1950년 10월 프랑스의 내각 수반 플레벤(René Pleven)은 모네로부터 영향을 받고 외무장관 슈만의 동의를 얻은 후 유럽통합의 두 번째 계획인 '플레벤 플랜(Pleven Plan)'을 발표했다. 이 계획에서 플레벤은 유럽방위공동체(EDC)를 만들어 '유럽 국방장관의 통솔을 받는 유럽 군대'를 창설할 것을 제안했는데, 이는 군사적인 부문을 초국가적인 방식으로 통합한다는 것이었다. 즉 플레벤 플랜은 석탄·철강 분야에 국한되었던 프랑스의 첫 번째 계획을 '방위'라는 군사적인 영역으로 넓힌다는 의미를 지니고 있었고, 슈만 플랜의 연장선상에서 제안되었던 만큼 '확대된 슈만 플랜'이라고 불리기에 충분했다.

그 당시 대부분의 정치지도자들이 정치적 또는 군사적 분야에서의 유럽통합은 경제적 통합이 성공한 후에 장기적인 관점에서 점진적으로 접근해야 할 문제라고 인식하고 있었음에도 불구하고 플레벤이 정치군사적 공동체 형성을 제안하게 된 것은 1950년 6월 한국전쟁 발발이 직접적인 계기가 되었다.

서유럽국가들의 방어를 위해 공동체를 창설하도록 한다는 플레벤 플랜이 발표된 후 석탄·철강이라는 경제적 통합과는 달리 너무나도 개별국가의 주권과 직결되는 유럽 군대 창설이라는 정치적·군사적 부문에서의 통합에 대한 논의는 심각한 갈등 양상을 낳게 되었다. 결국 유럽석탄철강공동체(ECSC)의 나머지 5개 회원국 모두가 비준을 마쳤음에도 불구하고 유럽방위공동체 창설을 주도적으로 제안했던 프랑스가 비준에 실패함에 따라 플레벤 플랜은 무산되고 말았다. 이와 같은 유럽방위공동체 설립 실패는 그동안 전후 유럽 건설과 통합운동을 주도해오던 프랑스의 리더십에 큰 상처를 안겨주게 되었고, 유럽통합은 주권과 본질적으로 관련되는 분야는 회피하면서 자연스럽게 기능주의적인 분야에 치중해서 이루어지게 되었다.

1) 유럽방위체제 창설 필요성 논의와 한국전쟁 발발의 영향

1950년 6월 25일 발발한 한국전쟁은 냉전체제하에서 동·서 양 진영이 현실적으로 대립하는 것이었으므로, 한국과 마찬가지로 분단되어 있던 유럽 대륙 역시 전쟁 발발 가능성이라는 측면에서 예외가 될 수 없었다. 즉 한국전쟁이 서유럽 국가들에는 자유주의 진영에 대한 공산주의 진영의 도발로 간주되었고, 유럽도 공산세력의 도발적인 위협에 직면할 수 있다는 위기감이 서방 세계에 확산되면서 서유럽 국가들은 재무장의 긴박성을 절감하게 되었다.

유럽의 재무장, 특히 독일의 재무장 문제는 한국전쟁이 발발하기 이전에 동·서 양 진영 사이에 긴장이 고조되면서 이미 부각되어왔고, 특히 미국은 서독이 재무장하지 않은 상태에서 서유럽 국가들의 군사력만으로 소련의 공격에 대응한다는 것은 불가능하다고 판단하고 있었다. 브뤼셀 조약이 체결될 당시에도 미국은 향후 서독도 서방연맹에 참여시키도록 해야 한다는 견해를 가지고 있었다. 1948년 6월 소련이 베를린 봉쇄를 시도하는 상황에 직면해서 미국은 서독의 재무장이 절대적으로 필요하다는 자신의 판단을 더욱 확신하게 되었고, 서독이 재무장할 경우 서독의 보병사단을 서유럽 국가들의 군사 동맹체에 통합시킬 수 있다는 예상도 하고 있었다.[29]

전쟁이 끝나고 나서 이로 인해 심한 충격을 받은 독일 국민들은 평화를 강하게 원하면서 제2차 세계대전 당시까지 가지고 있던 독

---

29) Bitsch(Marie – Thérèse), *op. cit.*, p.82.

일국방군(Wehrmacht)과 같은 군대를 다시 창설하는 것을 원하지 않았다. 그러나 자국의 안보를 등한시할 수 없었던 서독 정부는 서유럽 지역의 방위에 참여하겠다는 입장을 가지고 있었다. 1949년 12월 서독의 아데나워 수상은 독일국방군을 창설하거나 독일 자위대가 무슨 용병대처럼 외국 군대에 편입되는 것에 반대하면서도 "유럽연방이 대륙의 방위를 위해 서독이 협력할 것을 요구한다면 우리는 기꺼이 이를 수용할 수 있다"[30]고 밝히기도 했다. 이처럼 아데나워가 유럽의 범주 내에서 이루어지는 서독의 재무장에 대해 호의적인 입장을 가지고 있었던 것은 이를 통해 서독이 전승국들에 대해 동등한 권리를 획득할 수 있고 완전한 주권 회복을 이룰 수 있게 되리라고 판단한 데에 기인한다.

그러한 반면, 서독의 인접국들, 특히 프랑스는 전쟁이 끝난 지 기껏 5년밖에 지나지 않은 상황에서 서독이 재무장한다는 것은 미래의 새로운 위험 요소를 잉태하는 데에 불과하다고 반발하면서 서독의 재무장을 위한 일체의 시도에 반대했다. 독일과의 화해에 우호적이었던 슈만조차도 독일 군국주의의 부활 가능성에 대해 의구심을 가지면서 서독의 재무장은 물론 재무장한 독일군을 북대서양조약기구(NATO)에 통합시키는 문제에 대해서도 강하게 반대했다. 특히 슈만은 독일의 군국주의가 완전히 사라진 이후에야 서독이 서유럽 국가들의 정치적·경제적 통합에 참여할 수 있다고 주장하면서 아데나워가 제안하고 있는 유럽연방에 통합되는 서독의 재무장에 대해서도 반발했다. 그에 따르면, 유럽 군대를 창설한다

---

30) Adenauer (Konrad), *Mémoires*, Paris, Hachette, 1965, t. 1, p. 345.

는 것이 여전히 요원한 문제인 만큼 여기에 통합되는 것을 전제로 하는 서독의 재무장 자체를 받아들일 수 없다는 것이다.[31]

슈만의 이러한 입장에 대해 프랑스의 여론에서는 물론 군대 내에서는 상당한 논란이 있었던 것은 사실이다. 특히 대부분의 고위 군 지휘관들이 독일의 재무장에 대해 반대한 반면, 군 참모부급 장교들은 서유럽을 효율적으로 방어하는 데에 있어 독일의 재무장이 필수적으로 요구된다고 주장했다. 또한 일반 여론에서도 서독을 군사적인 기구에서 배제한 채 정치적 · 경제적 기구에 전적으로 참여시키는 것이 불가능하다는 점이 크게 부각되기도 했다. 무엇보다 1949년 북대서양조약기구를 창설하는 워싱턴 조약을 체결한 후에는 독일이 재무장하고 북대서양조약기구에 가입하도록 하는 것이 서유럽의 안전에 절대적으로 필요하다는 주장이 더욱 힘을 얻게 되었다.

1949년 말부터 본격적으로 서독 재무장의 당위성을 더욱 강하게 주장하기 시작했던 미국은 한국전쟁이 일어나자 서독을 더 이상 패전국의 지위에 둘 것이 아니라 신속하게 정상적인 국가로 재건하여 가속화시켜 서독으로 하여금 1949년 4월에 조인된 북대서양조약기구의 범주에서 조직된 서방 진영의 방위에 참여할 수 있도록 해야 한다고 주장했다.[32] 왜냐하면, 한국전쟁에 개입하게 된 미국은 서유럽의 안보를 보장하기 위한 노력을 동시에 기울이지 않을 수 없었고, 유럽인들 역시 그들의 군사력을 증강시키는 동시에 가능한 한 유럽 대륙의 동쪽 지점, 즉 라인 강이 아니라 엘바 강까

31) Poidevin (Raymond), *op. cit.*, p. 308.

32) Toulemon (Robert), *op. cit.*, p. 22.

지를 방어선으로 설정하는 것이 바람직하다는 주장이 제기되기도
했다. 이러한 주장은 곧 서독의 참여를 포함하고 있는 것으로서 서
독의 재무장을 수용하는 것이었다.[33)]

한국전쟁이 일어난 후 독일의 재무장에 대해 미국과 서유럽 국가
들을 중심으로 전개된 논의의 주요 내용은 독일이 침략 당할 경우
스스로를 방어하기 위한 수단을 갖추고 유럽 방위에도 참여하도록
해야 한다는 것이었다. 이러한 의견들에 대해 아데나워 수상은 전적
으로 동의하면서 1950년 8월 29일 각서를 발표하게 되었다. 여기서
그는 서독 내에 주둔하고 있는 동맹군의 강화, 서독이 참여하는 유
럽 군대의 창설, 서독에서 군대를 위장하고 있는 것처럼 간주되고
있는 경찰력과 균형을 이룰 수 있는 군대의 설립, 서독에 대한 점령
국의 지위 변경 등을 요구했다.[34)] 또한 9월이 되자 미국은 그 당시
유럽에 배치를 하고 있던 북대서양조약기구 동맹군에 통합되는 독
일 군대를 10~12개 사단으로 구성할 것을 고려하면서 독일의 재무
장 문제에 대해 우호적인 입장을 강하게 드러냈다.[35)]

이러한 분위기 속에서 프랑스 외무장관 슈만은 독일의 재무장이
서독에서는 군국주의 정신을 부활시킬 수 있고 공산 진영에는 적
대적인 반발을 야기할 수 있을 것이며, 프랑스인들에게는 심리적으
로 수용될 수 없을 뿐만 아니라 정치적으로도 위험하다고 주장하
면서 반대의 입장을 명확히 밝혔다. 특히 그는 모네의 조언을 받아
들여 독일이 재무장하게 될 경우 유럽석탄철강공동체의 운영을 위

---

33) Bitsch (Marie-Thérèse), *op. cit.*, p. 83.

34) Adenauer (Konrad), *op. cit.*, pp. 354~358.

35) Bitsch (Marie-Thérèse), *op. cit.*, p. 84.

태롭게 만들 수도 있다고 경고했다.36) 그러나 미국의 압력에 직면하고 있던 프랑스는 자신의 견해와 다른 방향으로 서독에 대한 결정이 즉각적으로 취해질 수 있는 최악의 상황은 피해야만 했고, 이러한 문제들을 해결하기 위해 미국이 제의한 주도적인 역할을 담당하지 않을 수 없었다.

독일이 재무장할 경우 유럽이라는 범주 내에서만 이루어져야 한다는 입장을 견지하고 있던 프랑스는 자국의 안보를 지킬 수 있는 보호 장치가 이루어지지 않는 상태에서 추진되는 독일의 재무장이란 결코 받아들일 수 없다는 것과 한국전쟁과 같은 공산세력(특히 소련)의 침공 위협으로부터 서유럽을 방어하는 데에 적극적으로 참여해야 한다는 이중적인 난제를 안게 되었다. 모네 역시 유럽 방위를 위해서는 서독의 참여가 필요하다는 것을 받아들일 수밖에 없지만 문제의 본질은 방식의 선택에 있다고 강조했다. 즉 그는 서독이 서독이라는 국가적인 차원에서 재무장을 한다면 서독은 모든 주권적 권한을 회복하게 되고 이러할 경우 유럽은 또 다시 분열되고 약화될 뿐이라고 판단했다. 그에 따르면, 서독이 재무장해야만 하는 상황이라면, 재무장한 서독의 군대는 "확대된 슈만 플랜의 초국가적인 유럽의 범주에서 조직되어야 한다"고 주장했다.37)

이 두 문제를 동시에 해결할 수 있는 방안으로 프랑스는 '유럽군에 통합되는 독일군'이라는 구상을 내놓았다. 당시 프랑스의 내각 수반 플레벤은 모네의 제안을 토대로 해서 유럽의 공동방위를 위

---

36) Poidevin (Raymond), *op. cit.*, pp. 311~312.

37) Vial P., "Jean Monnet, un père pour la CED", in Girault (René) et Bossuat (Gérard), *Europe brisée, Europe retrouvée; Nouvelle réflexion sur l'unité européenne au XXe siècle*, Paris, Publications de la Sorbonne, 1994, pp. 249~253.

한 계획을 작성하여 1950년 10월 24일 하원에 제출하였다. 이 계획은 유럽석탄철강공동체와 같은 방법으로 유럽 방위 문제를 해결한다는 것으로서, 통합된 유럽의 정치적 제도에 포함되어 결부되고 공동방위를 목적으로 하는 표준화된 유럽군대의 창설을 도모한다는 것을 주요 내용으로 하고 있다. 즉, 이 군대는 유럽 방위장관의 책임 하에 놓이게 되며, 또한 공동 군사예산을 통해 유럽의회의 통제를 받도록 한다는 것이었다.[38]

   유럽방위공동체의 창설 조약을 준비하기 위한 회담이 네덜란드를 제외한 유럽석탄철강공동체의 5개 회원국이 참가한 가운데 1951년 2월 15일 파리에서 처음으로 열렸다(네덜란드는 10월부터 참여). 거의 1년에 걸친 힘든 협상 과정을 거쳐 1952년 2월 1일 단일 지휘체계를 갖춘 통합된 방위군을 창설하고 회원국의 동등한 권리를 보장하며 회원국이 침략을 당할 시 회원국 전체가 공동 대처한다는 내용의 조약안이 발표되었다. 그러자 회원국들의 국내여론, 특히 프랑스와 서독의 정계는 찬반세력으로 양분되는 양상을 드러냈다.

   그럼에도 불구하고, 5월 25일 리스본에서 열린 북대서양조약기구 이사회가 유럽방위공동체와 북대서양조약기구의 연계성을 예상하면서 유럽방위공동체 계획안에 대해 동의해 주었고, 이 계획안이 각국 의회의 동의를 받게 됨에 따라 50년이라는 유효기간을 설정해놓고 있는 유럽방위공동체의 창설을 위한 조약은 5월 27일 파리에서 유럽석탄철강공동체 6개 회원국 사이에 체결될 수 있었다. 이

---

38) Grosser (Alfred), "L'échec de la CED(30 août 1954)", *Le Monde,* 30 août 1984.

로써 유럽방위공동체는 북대서양조약기구의 범주 내에서 회원국들의 안보를 보장하게 되었고, 어느 한 회원국이 침략을 받는 경우 나머지 회원국들은 그들이 할 수 있는 한 최대한의 수단을 통해 지원한다는 것을 정하였다.

이 조약에 따르면, 각 회원국 군대에 속하는 40개 사단으로 구성되고 1만 3천 명의 병력을 가지는 통합 유럽군이 구성되어 유럽방위위원회의 감독과 통제를 받도록 되어 있는 만큼 유럽 방위 문제를 초국가적인 방식으로 해결한다는 것이었다.[39] 이를 위해 프랑스는 유럽방위공동체 운영의 효율성을 갖추기 위해 프랑스 군대 내에서 가장 중요한 역할을 하고 있던 14개의 사단을 제공해야 했고, 서독 12개, 이탈리아 11개, 베네룩스 3국이 3개의 사단을 제공하게 되었다. 이 통합된 유럽군은 북대서양조약기구의 최고사령부 휘하에 위치하는 한편, 서독을 제외한 나머지 회원국들은 식민지 관리 또는 국제적 차원에서 필요한 경우에 대비하여 자국의 군대를 유지할 수 있었다.

또한 서독에 대해서는 상당한 차별적 조치가 포함되었는데, 서독 군대는 유럽방위공동체에 속하는 12개 사단으로 제한되었고 생화학 무기의 제조를 포기해야 했으며, 북대서양조약기구의 회원이 아니었던 만큼 서독은 단지 유럽 군대를 통해서만 간접적으로 북대서양조약기구의 활동에 참여할 수 있게 되었다. 그러한 반면, 유럽방위공동체 내의 모든 기구에서 서독은 다른 회원국과 동등한 권리와 의무를 부여받을 수 있었다.

---

39) Fontaine (Pascal), 1994, *op. cit.*, p. 28.

모네의 자문을 받아 플레벤 수상이 제안했던 유럽방위공동체 창설은 참여국들의 동등한 권리 보장, 불가피한 서독의 재무장에 대한 통솔, 서방 진영의 방위 확보, 전쟁 방지, 미-소 간의 극한적 대립 해소 등을 위해 서독과 프랑스가 공동의 군대를 만들어 함께 협력한다는 것을 목적으로 정하고 있다.[40] 이러한 주된 내용들은 이미 모네가 석탄철강 분야에서의 공동체 설립을 위해 제출한 각서에서 밝힌 이유들과 일맥상통하다는 것을 알 수 있다.

2) 유럽의 정치적 공동체 설립 시도와 좌절

당시 유럽에서 전개되고 있던 유럽통합운동이 슈만 플랜에서는 물론 플레벤 플랜에서도 그 근원으로 작용하지 못했을지라도, 유럽 석탄철강공동체와 유럽방위공동체가 창설되는 과정에서 이에 대해 상당히 우호적인 방향으로 전개되기는 했다. 이러한 두 공동체의 창설에 대해 초국가적 통합을 강하게 주장하고 있던 연방주의자들은 분야별로 추진되는 유럽통합이 진정한 연방체로 발전할 수 있을지에 대해 매우 회의적인 견해를 가지면서 유럽석탄철강공동체와 유럽방위공동체를 통솔할 수 있는 정치권력을 신속하게 만들기를 원했다. 특히 유럽 군대를 창설하고자 하는 계획에 대해 스피넬리(Altiero Spinelli) 같은 연방주의자들은 군사적으로는 높은 수준에서 통합을 하면서도 연방주의적 권력은 만들지 않는다고 비판하면서 이탈리아 정부에 유럽방위공동체를 위한 정치적 권력을 창출

---

40) Joly (Marc), *Le mythe Jean Monnet*, Paris, CNRS éditions, 2007, p. 50.

할 필요가 하다는 것을 지적했다. 이를 토대로 이루어진 이탈리아의 제안이 받아들여짐에 따라 유럽방위공동체에서 행해질 정치적 권력을 의회에 부여하는 제38조가 도입될 수 있었다.

유럽방위공동체 창설 조약의 제38조는 유럽방위공동체 의회에 이 기구가 운영되고 난 후 6개월 이내에 유럽의 다양한 기구들을 연방주의적이거나 또는 국가연합적 차원에서 조직화시키는 제도로 변경시킬 수 있는지에 대해 검토할 의무를 부과했다. 이 조항으로 인해 연방주의자들이 우선적으로 보기에 유럽방위공동체가 정치적 유럽을 더욱 활성화될 수 있는 계기가 되는 것이었다.

다른 한편, 연방주의자들에게 있어 이 조항은 크게 만족스러운 것이 되지는 못하였는데, 그 이유는 정치적 계획의 진전이 아마도 오랜 시간이 걸릴지도 모르는 유럽방위공동체 조약의 비준에 종속되어 있었기 때문이다. 이러한 문제는 벨기에 수상과 외무장관을 역임한 스파크(Paul-Henri Spaak)가 의장을 맡고 있던 '유럽운동'이 그의 영향을 받아 1952년 9월에 열릴 유럽석탄철강공동체 각료이사회에서 제38조에 따라 정해진 임무를 앞으로 언제 창설될지 모르는 유럽방위공동체가 아니라 유럽석탄철강공동체의 공동의회에 부여하도록 요구했다. 룩셈부르크에서 개최된 유럽석탄철강공동체의 첫 각료이사회에서 이러한 제안이 수용되자 공동의회는 유럽방위공동체 조약에서 정해진 것처럼 구조를 확대하는 조치를 취해야 했을 뿐만 아니라 유럽정치공동체(EPC)를 설립하는 계획을 마련해야 했다.[41] 이러한 결정에 따라 유럽석탄철강공동체 공동의

---

41) Leuvrey (Bernard), *Le rôle de l'Assemblée commune de la CECA*, Thèse, Strasbourg III, 1993, pp. 58~64.

회는 6개월 이내에 계획을 수립하여 회원국 정부에 제출할 수 있도록 작업하는 데에 적절한 의회 조직으로 개편하기도 했다.

독일 상원 의원이자 공동의회 의원인 브렌타노(Heinrich von Brentano)가 의장을 맡은 위원회가 구성되었고, 그를 비롯한 22명의 위원들은 새로운 안을 구상하기 보다는 '유럽운동' 내에 조직된 위원회가 1952년 봄에 마련한 유럽 차원에서의 헌법의 내용을 대부분 원용했다.[42] 이 위원회가 마련한 조약안이 1953년 2월 말에 22명의 위원 중 찬성 21명, 반대 1명으로 채택된 후 3월 9일에는 공동의회 총회에서 거의 만장일치로 통과되어 각료이사회에 회부되었다. 이 조약안은 우선 유럽방위공동체의 의회 구성에서 적용하기로 한 가중치에 따라 회원국별로 배분되는 의석에 대해 회원국 국민들에 의한 직접보통선거로 선출되는 국민의회와 회원국 의회에서 선임하는 상원을 두면서 양원제를 채택하고 있으며, 이 두 의회는 "초국가적인" 집행부의 활동을 민주적으로 통제하기 위해 예산, 입법, 정책 부문에 대한 권력을 가지게 된다. 그리고 집행부는 유럽집행위원회와 각료이사회라는 두 개의 요소로 구성되는데, 의회에 대해 책임을 지고 향후 유럽정부로 발전하게 될 유럽집행위원회는 각료이사회의 동의를 얻는 것을 전제로 해서 중요한 결정을 내릴 수 있도록 했다. 유럽석탄철강공동체의 경우와 유사하게 사법재판소와 자문기구인 경제사회위원회를 역시 두고 있는 이 제도는 특히 의회에 강력한 역할이 주어져 있다는 점에서 연방주의적 성격을 두

---

42) Dumoulin (Michel), "La Belgique et les débuts de la construction européenne: zones d'ombre et de lumière", Dumoulin (Michel)(dir.), *La Belgique et les débuts de la construction européenne, de la guerre aux traités de Rome*, Louvain-la-Neuve, CIACO, 1987, p. 26.

드러지게 드러내고 있다고 볼 수 있다.[43)]

이처럼 개별 회원국의 정치적·외교적 이해관계를 보다 명확하게 조정하고 유럽석탄철강공동체와 유럽방위공동체가 지니는 책임을 이행하는 데에 적합한 권력을 가지는 공동기구인 유럽정치공동체 창설 계획이 마련되고 각료이사회에 회부되었지만, 유럽석탄철강공동체 회원국 정부는 유보적인 태도를 취하면서 제대로 논의를 진행하지도 않았다.

또한 이 계획에 대해 강하게 반발해오던 민족주의적 우파 정치세력들은 물론 공산주의자들조차도 막상 조약안이 제출된 상황에서는 큰 관심을 두지 않았고, 일반 여론도 별다른 반응을 보이지 않았다. 유럽정치공동체를 만들기 위한 조약안이 마련된 지 6개월이 지난 8월이 되어서야 6개 회원국 외무장관들이 이 제안을 검토할 위원회를 구성하고 1953년 겨울 즈음부터 3개월 동안 파리에서 개최하도록 한다는 데에 합의했다. 그러나 이 위원회의 최종 보고서가 각료이사회에서 전혀 다루어지지 않음에 따라 유럽정치공동체 창설 계획은 1954년 8월 30일 프랑스 의회가 유럽방위공동체 조약안에 대해 비준을 거부하기 이전에 이미 포기된 것이나 마찬가지였다.

---

43) Lorson (Pierre), "Vers l'unité politique de l'Europe", *Europe. Utopie et réalisme(Préface de Jacques Delors)*, *Etudes,* Hors série, 2011, pp. 38~40.

3) 유럽방위공동체 조약안에 대한 논쟁과 프랑스의 비준 실패

유럽정치공동체 창설 계획에 대한 논의가 진행되는 동안에 플레벤 플랜을 제안했던 프랑스에서는 이에 적극 반대하는 여론이 형성되었다. 1950년 10월 플레벤 플랜이 발표된 직후부터 공산주의자, 드골주의자, 반독 성향을 강하게 지니는 민족주의자 등 정치세력의 좌파 또는 우파의 구분도 없이 이 플랜을 신랄하게 비난했다. 또한 다수파 내에서 유보적인 입장을 취하는 사람들도 영국이 참여하지 않는 초국가적인 군사 기구의 창설에 대해 우려하는 견해를 표명하는 사람들이 많았다. 결국 1952년 2월 프랑스 하원은 사회주의자들이 원칙적으로 제기한 4개의 선제조건, 즉 서독이 독일국방군을 창설하지 않고 또한 북대서양조약기구에 가입하지 않는다는 것을 보장하기 위한 추가 조치, 유럽 대륙에 미군을 계속 유지시킨다는 미국의 약속, 유럽방위공동체와 긴밀한 협력관계를 가진다는 영국의 약속, 그리고 분야별 공동체에 지나지 않는 유럽석탄철강공동체와 유럽방위공동체를 함께 통솔할 수 있는 정치권력의 형성 등을 해결한다는 전제 하에서 이 조약안을 인준해주었다.

유럽석탄철강공동체 회원국들에 의해 조약이 공식적으로 체결되고 이 조약에 대한 비준을 받기 위해 의회에 제출되자 유럽방위공동체에 대한 논쟁은 본격적으로 전개되었다. 이 논쟁은 독일의 재무장과 프랑스 군대의 독립성이라는 문제를 두고 여론은 물론 정치권까지 찬반 양 진영으로 나뉘어져 이데올로기적 측면으로 발전하면서 격렬하게 진행되었다. 프랑스 국민들의 여론 추이를 보면, 1952년 말경 이 조약안에 대해 찬성하는 여론이 과반 정도까지 되었으나 1954년 8월경에는 30%대로 낮아졌던 반면, 반대 여론은 여전히 30%를 상회하면서 그 비율이 높아지는 추세였고 의견을 표명하지 않았던 사람들이 또한 약 1/3이나 되었다.44) 이러한 여론의 변화 추이는 애당초 프랑스가 서독이 재무장할 경우 이를 견제하고 감시할 수 있는 수단을 갖고자 군사적 공동체 창설을 제안했지만, 이러한 프랑스의 의도와는 달리 유럽방위공동체가 설립되면 서독의 재무장은 공식적으로 인정되고 프랑스 군대가 서독의 감시를 받을 수도 있다는 의구심이 프랑스 내에 확산된 결과이다.

이 조약안에 대해 찬성 입장을 취한 정치세력은 블룸(Léon Blum)이 주도한 '인민전선(Front populaire)'에 참여했던, 소위 '제3세력(Troisième force)'45)이라고 불리는 정당들을 중심으로 형성되었다. 이들은 무엇보다 유럽방위공동체가 창설되면 독일 문제를 해결할 수 있고 또한 서유럽 국가들의 관계를 더한층 발전시킬 수 있는 계기가 된다는 점을 강조하였다. 즉 찬성주의자들은 이 조약안이 지니고 있는 초국가적인 성격에 초점을 맞추면서 설령 서독이 자체적인 군대를 재구성하게 되더라도 유럽방위공동체가 설립될 경우 이에 대한 최선의 보장을 확보할 수 있다는 것이다. 또한 서독을 서유럽 국가들과 확고한 관계 속에 두게 되면 서독은 소련의 위협

---

44) Rabier (J. – R.), "L'opinion publique et l'intégration de l'Europe dans les années 50", in Serra (Enrico), *La relance européenne et les traités de Rome*; Milan, Giuffré, 1989, p. 573.

45) '제3세력'이란 우파(보수)와 좌파(진보)의 대립에서 중간지대를 형성하는 정치세력을 말하는데, 1947년 11월 프랑스의 레옹 블룸이 우파인 드골주의자와 좌파인 공산주의자들을 제외한 모든 중간세력을 규합하여 연립내각을 구성하면서 '제3세력'에 기초를 둔 정부라고 언급한 데에서 생겨난 말이다.

에 대응하는 것을 최우선 목표로 삼을 수 있다는 것이다. 따라서 유럽방위공동체는 독-불 간의 화해와 유럽의 일체성을 상징하는 것이 되는 동시에 서유럽의 안보를 보장하고 미국과의 우호관계도 증진시키게 될 것이라고 찬성주의자들은 주장했다.

그러한 반면, 드골주의자, 공산주의자, 다수의 전통적인 우파뿐만 아니라 급진파 일부 등 이질적인 세력으로 구성된 반대파들은 유럽방위공동체가 만들어질 경우 서독은 재무장하게 되는 반면 프랑스 군대는 이 새로운 구조에 적응하게 되면서 크게 약화될 수밖에 없다고 주장했다. 특히 그 당시 프랑스 군대가 서독에 비해 우세한 위치를 차지하고 있었는데, 유럽방위공동체의 틀 속에서 서독이 재무장하게 된다면 약화된 프랑스 군대가 오히려 열세에 놓일 수도 있다는 우려를 표명했다.

이러한 우려는 프랑스가 독립을 쟁취하고자 하는 베트남 공산주의자들과 벌이고 있던 인도차이나 전쟁 상황이 악화됨에 따라 더욱 증폭되었다. 왜냐하면, 1949년 공산화에 성공한 중국이 바로 그 다음 해부터 베트남의 공산주의적인 독립운동단체인 베트민(Viet Minh)에 대해 대규모 원조를 하였고, 1951년에 접어들자 전세는 프랑스에 매우 어렵게 전개되었기 때문이다. 물론 프랑스가 미국의 지원을 받기도 했지만, 식민지 전쟁을 잘 이끌어 나가기 위해서는 충분한 군사적 수단이 추가적으로 필요했는데 이는 곧 본토에 있는 강한 군대를 멀리 있는 아시아 지역에 파병하는 조치를 취해야 한다는 것이었다. 이는 곧 프랑스가 유럽 대륙에서 독일에 대해 군사적으로 열세에 놓일 수 있는 위험에 처하게 된다는 것을 의미했으며, 유럽방위공동체 창설에 대한 반대파의 주장은 시간이 지나면서 인도차이나 전쟁의 악화로 인한 프랑스 군대의 지위 약화에 대한 우려와 함께 영향력을 확대해나갔다.

유럽방위공동체 창설 조약의 비준이 1953년 초부터 서독을 필두로 하여 다른 나라에서도 별다른 어려움 없이 진행되었지만, 프랑스는 유럽 군대의 창설에 대한 찬반세력간의 치열한 정치적·이데올로기적 논쟁을 여전히 겪고 있었다. 반대세력들은 유럽방위공동체가 창설될 경우 프랑스 군대는 유럽과 미국의 통제 하에 놓이게 되며, 이로 인해 프랑스의 군사지휘권이 양분될 위험에 처할 수 있다고 주장하기도 했다. 이러한 정치적 상황을 볼 때 프랑스가 의회의 조약 비준을 얻을 가능성이란 상당히 낮았다.

당시의 국제 정세 변화 역시 이러한 가능성을 더욱 희박하게 만들었다. 왜냐하면, 유럽방위공동체 계획이 제안된 주요 계기 중의 하나인 한국전쟁이 1953년 초부터 진정국면에 접어들면서 7월에는 휴전협정을 체결했고 이보다 앞선 3월 5일에는 스탈린이 사망했으며, 1954년 초에는 인도차이나 전쟁을 협상하기 위한 제네바 회담이 열리게 됨에 따라 냉전 상황이 크게 완화될 수 있었기 때문이다. 이러한 급작스런 상황 변화로 인해 서독의 재무장은 서두르지 않아도 되는 문제가 되었고, 유럽방위공동체 역시 크게 유용한 것으로 인식되지 않게 되었다.[46] 즉 이러한 사실들이 조약안에 대해 반대해 오던 세력들에 또 다른 하나의 빌미를 제공해 준 셈이 되었다.

특히 유럽방위공동체 창설 조약에 대한 격렬한 논쟁이 벌어지고 있는 시점에서 1953년 1월 겪게 된 프랑스의 국내정치적 변화는

---

46) Bitsch (Marie-Thérèse), *op. cit.*, p. 93.

이 조약의 비준을 더욱 어렵게 만드는 방향으로 전개되었다. 그동안 슈만의 유럽정책을 거의 전적으로 지지하면서 기독민주당인 '인민공화파운동(MRP)' 중심의 연립내각에 참여하고 있던 사회당과 급진당의 각료들이 인민공화파운동의 국내정책에 반발하면서 사임하는 사태가 발생했다. 이 이후 유럽통합에 대한 반대 세력인 드골파의 지지 하에 구성된 메이어(René Joël Simon Mayer) 연립내각이 1953년 1월 7일 슈만 대신에 유럽의 정치적 통합에 대해 유보적인 태도를 취해오던 비도를 외무장관에 임명하게 됨에 따라 정부 내에서의 유럽방위공동체 지지 세력은 더욱 약화될 수밖에 없었다.

메이어 정부는 유럽방위공동체 창설 조약에 서명한 나머지 5개국에 프랑스가 군 병력을 소유하는 데에 있어 좀 더 자유롭게 결정할 수 있고 해외영토를 방어하기 위해 필요한 무기를 생산할 수 있도록 해주는 내용을 두고 협상을 진행했다.[47) 이를 통해 1954년 4월에는 유럽방위공동체와 영국 사이의 협력 방식을 명시하는 협정과 미국으로 하여금 유럽 대륙의 안보가 확립될 때까지 미군을 가능한 한 오래 유지시킨다는 약속을 하도록 한다는 협약을 체결할 수 있었다. 이러한 협상 결과는 프랑스 의회가 그동안 요구해 온 바를 충족시키는 내용이었다.

계속되는 제4공화국 내각의 불안정으로 인해 1954년 6월 18일에는 여전히 드골주의자들이 참여하는 망데스 프랑스(Pierre Mendès

---

47) Poidevin (Raymond), "La France devant le problème de la CED: incidences nationales et internationales(été 1951~été 1953)", *Revue d'histoire de la 2e guerre mondiale*, 1983, No.129, pp. 52~54.

France) 연립내각이 출범하였는데, 외무장관직을 겸한 망데스 프랑스는 당시 진퇴유곡에 빠져있던 유럽방위공동체 문제 해결보다는 인도차이나 반도를 비롯한 여타 식민지에서 평화를 회복하는 것과 프랑스 경제 발전을 가져올 수 있는 방안을 강구하는 것이 더 시급한 과제로 인식했다. 따라서 유럽방위공동체 창설에 관한 문제는 망데스 프랑스가 이끄는 정부의 정책에서 우선적인 위치를 차지하지도 못했고 중요하게 다루어지지도 못했다.[48] 그러나 만약 유럽방위공동체 창설 계획이 실패할 경우 프랑스 안보에 대한 보호 장치가 마련되지 않은 상태에서 독일의 재무장이 이루어질 것이라는 사실을 충분히 잘 알고 있던 그로서는 유럽방위공동체 문제를 방치할 수 없었고 오히려 신중하게 접근해야만 했다.

유럽방위공동체 조약에 대한 논쟁으로 국내 여론은 물론 거의 모든 정치세력들이 완전히 분열되어 있는 상황을 감안할 때, 이 조약이 의회의 비준을 얻을 수 없게 되리라고 판단한 망데스 프랑스는 유럽방위공동체 조약에 대해 반대하는 세력을 염두에 두고 일종의 타협안을 마련했다. 유럽방위공동체에 통합되는 프랑스 병력을 제한한다는 것을 주요 내용으로 하는 프랑스의 수정안이 1954년 8월 20일 브뤼셀에서 열린 6개국 회담에 제출되었다. 이탈리아를 제외하고 이미 의회의 비준을 마친 상태였던 4개국은 프랑스가 연속적으로 요구하는 수정안에 대해 결코 호의적일 수 없었고, 특히 유럽방위공동체 설립을 기다리고 있던 미국으로부터 강경하게 대처하도록 권유받은 이 국가들은 망데스 프랑스의 제안을 거부하였

---

48) Khan (Sylvain), *op. cit.*, p. 72.

다. 실제적으로 유럽에 군사적 공동체가 형성되는 것을 기대했던 미국은 프랑스 정부가 연이어 수정안을 제출하면서 이 조약안에 대한 의회 비준을 계속 연기하는 태도를 취하자 크게 반발하고 있던 상황이었다.49) 따라서 유럽방위공동체 창설 조약은 원안 그대로 프랑스 의회에 회부될 수밖에 없었다.

유럽방위공동체 창설에 대해 찬성하고 있는 다수의 프랑스 하원 의원들은 망데스 프랑스가 이 조약안에 대한 비준을 위해 하원에 회부하면서 부결될 경우 내각이 책임을 지고 사퇴하는 형태인 '신임문제'와 결부시키기를 원했다.50) 이러한 비준 절차는 하원에서의 토론이 필요 없게 되므로 조약안이 매우 신속하게 처리될 수 있다는 점에서 설득당한 당시 미 국무장관이었던 덜레스(John Foster Dulles)는 미국의 지원을 수정할 수 있다는 위협과 함께 이러한 절차를 따르도록 과감하게 압력을 행사했다.51)

유럽방위공동체 창설 조약이 체결된 후 2년 이상이나 지난 1954년 8월에 하원에 회부되었으나, 망데스 프랑스는 찬반세력이 함께 하고 있는 그의 내각이 사임하게 될 수도 있는 비준 절차를 선택할 의향이 전혀 없었다. 이 조약안으로는 프랑스가 새로운 보장을 얻

---

49) 이승근·황영주(2005), p. 137.

50) 프랑스 헌법 제49조는 내각과 하원과의 정치적 관계를 규정하고 있다. 수상은 각료회의의 토론을 거친 후 일반 정책이나 법안의 투표를 두고서 하원에 대해 정부의 신임을 물을 수 있다. 이러한 '신임투표'의 경우 하원이 24시간 이내에 불신임 결의를 제출하지 않거나 48시간 내에 불신임 결의를 통과시키지 못하게 되면 정부가 제출한 일반 정책이나 법안은 하원에서의 토론과 투표 없이도 채택된 것으로 간주된다. 이 경우 만약 하원이 불신임을 결의하게 되면 해당 내각은 사임해야만 하고 제출된 정책이나 법안은 자동적으로 폐기된다. 이렇게 볼 때, 하원이 행하는 불신임결의가 하원의 내각에 대한 공세적 권력이라면, 신임투표는 정부가 중요한 사안을 신속하게 처리해야 할 때 하원에 대해서 취할 수 있는 주요 수단이 된다.

51) Bitsch (Marie-Thérèse), op. cit., pp. 93~94: 이러한 미국의 압력 행사가 결국 조약안에 대해 반대하는 사람들을 크게 분노하게 만들고 말았다.

을 수 없다고 생각하고 있던 그는 개인적으로도 영국이 참여하지 않는 초국가적 공동체를 만드는 일에 대해 부정적인 견해를 가지면서 여기에 대해 별다른 중요성을 부여하지 않고 있었다. 따라서 망데스 프랑스는 이 조약안에 대한 비준 신청은 정부의 지지나 결정을 통해서 이루어진 것이 아니기에 비준에 실패하더라도 내각이 사임할 필요가 없다는 점을 명확히 밝혔다.[52]

4년 전에 프랑스에 의해 제안된 유럽방위공동체 창설 계획은 1954년 8월 30일 프랑스 하원에서 토론 여부를 묻는 사전 동의 절차에서 찬성 319표, 반대 264표로 부결됨에 따라 신중한 논의를 해보지도 못하고 안건으로 상정되지도 못한 채 실패로 끝나고 말았다. 투표 결과가 발표되자 이 조약안에 대해 찬성하는 의원들이 이에 항의하면서 회의장을 떠났던 반면, 전혀 어울릴 수 없는 두 정치세력인 공산주의자와 드골주의자가 함께 프랑스 국가인 '라 마르세이예즈(La Marseillaise)'를 불렀다는 사실은 정치적 유럽통합의 민감성을 잘 보여주고 있다.

이러한 "비극적" 결과를 초래한 것은 앞에서도 설명했다시피 민족적 감정과 독일에 대한 불신, 프랑스 정부에 대해 압력을 행사한 미국에 대한 반감, 인도차이나 전쟁을 치르고 있는 상태에서 유럽방위공동체가 만들어진다면 프랑스 군대가 우위를 점할 수 없다는 우려, 그리고 군사적 부문에서의 초국가적 유럽통합에 대한 적대감 등 다양한 요소가 복합적으로 작용한 데에 기인한다. 이렇게 볼 때, 석탄철강 분야에서의 유럽통합이 이루어진 직후에 한 국가에서 주

---

52) George (Stephen), Bache (Ian), *Politics in European Union*, Oxford, Oxford University Press, 2001, p. 71: 이승근・황영주(2005), 앞의 글, p. 137 참조.

권과 독립성의 상징인 군대를 유럽 차원에서 통합한다는 것은 지나치게 성급한 시도였고, 당시 인도차이나 전쟁에서 곤경에 처해 있던 프랑스로서는 행동의 자유가 제한되는 것을 전혀 원하고 있지 않았다는 점이 실패의 본질이라고 볼 수 있다. 즉 서유럽 국가들의 독립을 강화하고 안보와 권리를 지키기 위한 근원적인 수단으로 간주했던 초국가적 규범에 따른 공동의 방위기구 창출은 국민국가적 정치 현실에 바탕을 두고 있는 회원국 정부에 의해 전혀 중요하게 다루어지지 못하게 됨에 따라 수포로 돌아가고 말았던 것이다.

유럽방위공동체 설립 계획의 좌초는 유럽통합 과정에서 안보 방위와 같은 주권과 직결되는 민감한 사안에 대한 양보가 결코 쉽지 않다는 점을 보여주는 것으로써 그 이후의 유럽통합 발전 방향에도 매우 큰 영향을 미치게 되었다. 즉 정치적·군사적 공동체 창설이 불가능하게 됨에 따라, 애당초 정치적 동기에 의해 출발했던 유럽통합운동은 기능주의와 기술적인 이행을 추구하는 방향으로 접어들게 되었다. 물론 유럽통합을 추진하면서 그동안에 많은 결과를 얻을 수 있었던 것도 사실이지만, 그러나 이러한 결과들은 유럽통합이라는 이상에 견주어 볼 때 상당한 희생을 치른 대가라고 할 수 있을 것이다. 왜냐하면, 유럽방위공동체 계획의 실패로 인한 후유증으로 말미암아 유럽 방위 문제는 그 이후의 유럽 건설을 위한 논의에서 거의 배제되었기 때문이다. 물론 서유럽 국가들이 미-소의 영향력을 가능한 한 최소화시키면서 유럽의 정치적 통합을 시도하기 위한 계획들을 내놓기도 했지만, 적어도 1980년대 초까지는 유럽공동체(EC) 12개 회원국 간의 단순한 정치적 협력을 통한 대외정책에서의 조화라는 범주 내에서만 일련의 안보문제를 점진적으로 다룰 수 있었다.

3. 서유럽동맹의 탄생과 유럽 안보: '보호받는 대륙' 으로의 전환?

유럽방위공동체(EDC) 창설 계획이 실패한 후에도 서유럽 국가들은 여전히 소련의 위협에 대응하기 위한 서독의 재무장이라는 문제를 안고 있었다. 특히 이 국가들은 미국이 강하게 요구하는 것처럼 서독이 재무장할 경우 제2차 세계대전과 같은 또 다른 전쟁을 독일이 일으킬 수 있다는 두려움을 조금도 버리지 못하고 있었다. 이러한 우려에도 불구하고 전후 재건을 위해 필요한 경제적 지원을 미국으로부터 받고 있었고, 북대서양조약기구(NATO)가 창설된 이후에는 자신의 안보를 미국에 의존할 수밖에 없었던 서유럽 국가들은 서독에 대한 미국의 요구를 거절할 수 있는 형편이 되지 못했다.

이러한 상황에서 브뤼셀 조약 체결국들은 그동안 전혀 역할을 하지 못하고 있던 서방연맹을 서유럽연맹(WEU)으로 전환시키면서 여기에 서독과 이탈리아가 참여시키는 방안을 마련했고, 목적 그 자체를 변경시키기에 이르렀다. 또한 유럽 대륙의 안보 문제에 있어 북대서양조약기구가 지속적으로 역할을 확대시켜 나갈 수밖에 없게 됨에 따라 유럽 대륙은 자체적인 안보 능력을 작추지 못한 채 "보호받는 대륙"으로만 남아있게 되었고, 서유럽연맹은 군사적인 영역에서보다 오히려 다른 영역에서 자신의 역할을 찾아 나갔다. 또한 유럽공동체(EC) 회원국들은 서로 간의 정치적 협력을 강화하기 위한 계획을 제출하기도 했지만, 유럽방위공동체 창설 실패를 계기로 매우 민감한 사안임이 드러났던 안보·방위 분야에서의 통합에 관한 논의는 제기된 적조차 없었던 것이다.

1) 서방연맹의 서유럽연맹으로의 전환

서유럽 국가들은 비록 미국의 지원 하에 추진되었던 유럽방위공동체 창설이 실패했을지라도 여기서 추구했던 목표를 달성할 수 있고 이를 대체할 수 있는 방안을 모색해야만 했다. 즉 서독을 재무장시켜 소련의 위협에 대해 최전방에 위치시킨다는 것과 재무장한 서독 군대에 대해 통제와 감시가 가능할 수 있는 체제를 서유럽 국가들, 특히 프랑스는 마련해야만 했다. 왜냐하면, 프랑스는 재무장한 서독 군대를 북대서양조약기구의 틀 안에 두고 통제한다는 미국의 구상이 충분하지 않으므로, 이보다 더 강력한 통제권을 행사할 수 있는 체제가 필요하다고 믿었기 때문이다.

특히 유럽방위공동체 창설 계획이 프랑스에 의해 무산되었다고 해서 이것이 "유럽 이념"의 실패를 의미하는 것은 전혀 아니었다. 왜냐하면, 이 계획 자체가 처음부터 유럽을 독립적인 지위에 이르도록 하는 수단으로는 전혀 고려되지 않았고, 오히려 유럽 군대는 유럽방위공동체 내에서 미국이 주도하는 북대서양조약기구의 통솔에 의존하는 것이었기 때문이다.53) 무엇보다 그 당시 국제적 긴장 관계가 완화되기 시작했다고 해서 서독의 재무장 문제가 저절로 해결될 수 있었던 것은 아니었다. 소련의 위협에 대응하기 위한 서독의 재무장을 계속 견지해 오던 미국이 유럽방위공동체 창설이 실패하게 되자 서독을 북대서양조약기구에 편입시키는 방향으로 고려하게 되었다.

이처럼 어려운 상황을 헤쳐 나가기 위한 방안을 모색하면서 서유럽 국가들, 특히 영국과 프랑스는 독일의 재무장 문제를 해결하기 위한 국제적 협상을 진행하게 되었다. 이 협상은 유럽방위공동체와는 다른 범주에서 서독이 재무장하는 것과 이미 1952년 5월 26일의 '본 조약'을 통해 서독에 약속한 주권 회복에 관한 문제를 동시에 다루는 것이어야 했다. 여기서 나온 대안으로는 브뤼셀 조약에 의해 창설되었으나 북대서양조약기구가 설립된 후 잊혀져왔던 기구인 서방연맹을 다시 활성화시키는 것이었다.54) 이 해결책은 프랑스가 더 이상 고립되는 상황에 놓이는 것을 원하지 않고 여기에 동의해 줄 것이라는 기대와 함께 논의할 수 있는 방안 중 하나였다.

유럽방위공동체 창설을 위한 조약안 비준이 프랑스 하원에서 거부되기 이전인 8월 24일 프랑스 내각 수반 망데스 프랑스는 브뤼셀에서 서독의 아데나워 수상을 만난 후 영국의 처칠 수상과 외무장관 이든(Robert Anthony Eden)을 만나기 위해 런던으로 갔다. 다른 한편, 잘 이루어질 수 있었던 유럽방위공동체(EDC) 창설 계획이 프랑스의 거부로 실패한 데에 대해 강한 불만을 가지고 있던 미

---

53) Coolsaet (Rik), *Histoire de la politique étrangère belge*, Bruxelles, Vie Ouvrière, 1988, p. 159.

54) Colson (Bruno), *op. cit.*, p. 52.

국의 덜레스 국무장관은 9월 15일부터 유럽을 순방하면서 파리 방문은 거절한 채 런던과 본을 차례로 방문했다. 이러한 연쇄적인 회담이 있은 후 북대서양조약기구에 대한 미국의 지원 중단을 우려하고 있던 이든은 유럽석탄철강공동체(ECSC)의 6개 회원국과 영국, 미국, 캐나다 등 9개국 회담을 제안했고, 이들이 모두 참여하는 런던 회담이 1954년 9월 28일에서 10월 3일까지 개최되었다.

이 회담에서 영국은 북대서양조약기구 창설 이후 점차 자신의 부속기구들을 여기에 흡수시켜오던 서방연맹에 독일과 이탈리아를 참여시킬 것을 제안했고, 이 안이 채택됨에 따라 당시 서유럽 국가들이 해결의 실마리를 찾지 못하고 있던 많은 문제들이 해소될 수 있었다. 특히 이 회담에서는 서독과 프랑스에 대해 일련의 결정들이 취해졌다. 서독은 군대를 창설하는 것을 승인받았고, 서방의 군사동맹인 브뤼셀 조약과 북대서양 조약에 가입할 수 있게 됨에 따라 다른 동맹국들과 동등한 지위를 얻을 수 있었다. 종전까지만 해도 수용하지 않고 있던 독일의 재무장에 대해 동의해준 프랑스는 그 대신에 보완 장치들을 얻어낼 수 있었다. 하나는 초국가적이지 않은 범주에서 긴밀하게 협력하는 것을 선호하는 영국으로부터 유럽 대륙에 자신의 군대를 유지시킨다는 약속을 받아낸 것이고, 다른 하나는 서독의 군사력을 제한하고 서방연맹을 강화하여 서독을 통솔하도록 한다는 것이다. 이에 덧붙여 서독은 생화학 무기와 같은 특정 무기는 물론 전함과 폭격기 등을 보유하지 못하게 되었다.55)

런던 회담에서 이루어진 합의를 기초로 해서 작성된 조약안은

---

55) Duroselle (Jean - Baptiste), *op. cit.*, pp. 570~571.

1954년 10월 23일 기존 브뤼셀 조약을 맺고 있던 영국, 프랑스, 베네룩스 3국과 여기에 참여하도록 허용된 독일과 이탈리아 등 7개국에 의해 파리에서 체결되었다. 일명 '수정 브뤼셀 조약'이라고도 불리는 '파리 협정(Paris Agreements)'이 당시 성공적이라는 평가 속에 운영되고 있던 유럽석탄철강공동체나 아니면 창설에 실패한 유럽방위공동체에 비해 초국가적인 성격을 훨씬 덜 지니는 것이었지만, 영국과 군사적인 면에서 계속 긴밀하게 협력할 수 있게 되었다는 점에서 대다수의 유럽인들을 만족시키기에 충분하였다.

또한 파리 조약은 그 당시 서독이 안고 있던 문제를 해결하는 데에 중요한 계기가 되었다. 우선 영국, 미국, 프랑스, 그리고 서독 등 4개국은 서독에 주권을 회복시켜주고 북대서양조약기구 동맹군의 지위를 부여하기 위해 1952년 체결한 '본 조약'을 이행하는 데에 합의할 수 있었다. 그리고 프랑스와 서독이 1953년부터 파리 조약이 체결될 때까지 합의를 보지 못했던 자르 문제에 대해 이를 유럽이라는 범주 내에서 해결하도록 한다는 것에 합의했다.

1954년 겨울 동안 각 서명국에서 비준을 거친 후 이듬해 5월 5일부로 발효된 파리 협정에 따라 서독과 이탈리아가 서방연맹에 가입함으로써 서방연맹은 7개 회원국을 가지는 서유럽연맹으로 전환될 수 있었다. 이처럼 서유럽의 독자적인 안보체제 구축을 목표로 하는 서유럽연맹이 창설됨에 따라 유럽방위공동체 창설을 지지했던 유럽인들이 이의 실패로 인해 가질 수 있었던 좌절감은 상당 부분 해소될 수 있었다. 서방연맹이 서유럽연맹으로 전환되었다는 것은 5개 회원국에서 7개 회원국으로 참여국 수가 늘어났다는 것보다 훨씬 더 큰 변화의 의미를 지니고 있었다. 즉 서방연맹이 독일의 군국주의 부활에 공동으로 대응한다는 명시적 목적을 정하고 있으면서 여타 공격에 대해서도 회원국들이 공동으로 대처하도록 함에 따라 소련의 위협을 그 대상으로 포함하고 있었는데, 이러한 브뤼셀 조약을 수정하는 파리 조약에서는 목적 그 자체를 변경했다는 점이다. 왜냐하면, 브뤼셀 조약 체결 당시에 위협의 주된 대상으로 간주되었던 서독이 파리 조약에서는 다른 회원국들과 동등한 권리를 부여받는 동맹국이 되었기 때문이다. 따라서 서유럽연맹은 독일을 가상의 적국으로 더 이상 지목하지 않게 되고, 오로지 소련 등 공산세력의 위협에 회원국들이 공동으로 대응하기 위해 군사·경제·사회·문화 협력의 촉진한다는 것을 주된 목적으로 지닌다.

2) 서유럽연맹의 제한된 역할과 재활성화

유럽방위공동체 창설 계획이 실패한 후 브뤼셀 조약을 수정하여 파리 조약을 체결하면서 서방연맹을 서유럽연맹으로 전환시켰다고 할지라도, 엄연히 북대서양조약기구가 유럽 대륙에서 지배적인 역할을 담당하고 있는 상태에서 서유럽연맹은 특별히 군사 기능을 제대로 수행할 수 있는 여지를 가질 수 없었다. 결국 유럽은 서유럽연맹을 통해 스스로의 안보를 책임지는 정체성을 확보할 수 있었던 것이 아니라 여전히 북대서양조약기구에 의해 "보호받는 대륙"으로 남아 있을 수밖에 없었고, 서유럽연맹은 북대서양조약기구의 "그늘 아래"[56] 남아 있게 되었다.

---

56) Bitsch(Marie-Thérèse), *op. cit.*, p.96.

[지도 2] 서유럽연맹과 북대서양조약기구(1955~1987년)

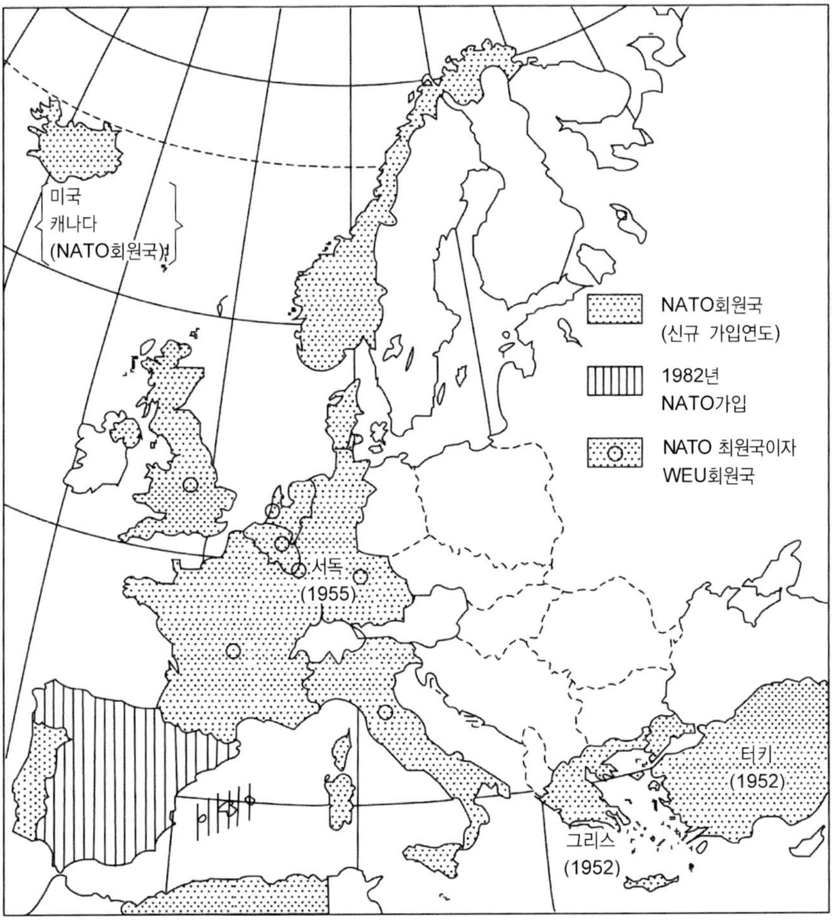

미국
캐나다
(NATO회원국)

NATO회원국
(신규 가입연도)

1982년
NATO가입

NATO 최원국이자
WEU회원국

서독
(1955)

터키
(1952)

그리스
(1952)

출처: Gerbet (Pierre), *La construction de l' Europe*, Paris, Impr. Nationale, 1994, p.156.

실제 소련 등 공산세력에 공동으로 대항하고 서독의 재무장할 경우 이에 대한 통제와 감시를 유럽 차원에서 실시하고자 하는 목적을 가지고 시도되었던 유럽방위공동체와는 달리 서유럽연맹은 공산세력의 위협에 대한 대응이라는 제한적인 목적을 갖고 출범했다. 따라서 서유럽연맹은 설립 목적 중에서도 군사적인 영역에서 자신의 역할을 찾기 어려웠던 만큼 정치적 협력 강화 또는 평화 유지 등 다른 분야에서 찾을 수밖에 없었다. 이처럼 미약한 존재가 되고만 서유럽연맹의 활동을 재활성화하기 위한 시도들이 있었지만,57) 오히려 1960년에는 서유럽연맹이 가지고 있던 경제적·사회적 분야에서의 활동 영역이 유럽평의회(Council of Europe)로 넘어가기도 했다.

하지만, 유럽 대륙에 다양한 성격과 목표를 가지는 수많은 국제기구들이 중첩되고 있는 상황에서 서유럽연맹은 중재자적인 역할을 할 수 있는 공간을 찾아가면서 복잡한 현안들을 해결하는 데에 힘을 보탤 수 있었다. 특히 서유럽연맹은 유럽석탄철강공동체에 참여하고 있지 않던 영국과 유럽통합을 주도적으로 이끌고 있던 프랑스 또는 서독을 함께 회원국으로 가지고 있었던 만큼 이들 양 진영을 연결해주는 중간 매체로서의 역할을 담당할 수 있었다. 또한 프랑스가 북대서양조약기구의 군사적 부문에서 탈퇴했을 경우에도 서유럽연맹이 북대서양조약기구와 협조적인 관계를 유지하면서 자신의 회원국인 프랑스가 북대서양조약기구와 완전히 단절되는 것을 차단하고 계속 연관성을 가질 수 있는 공간을 제공했다.58)

---

57) 여기에 대해서는 Burgelin H., "L'Union de l'Europe occidentale et la défense européenne", *Relations internationales*, 1983, No.36, pp.415~423 참조.

서유럽 지역에 경제 회복을 위한 확고한 기반 조성, 회원국이 침략 당하는 경우 상호 지원 약속, 유럽의 일체성 및 점진적 통합 증진이라는 목표 아래 창설된 서유럽연맹은 서유럽연맹이 행한 역할을 살펴보기 위해서는 탈냉전을 기점으로 하여 크게 두 시기로 나누어 볼 수 있을 것이며, 그 전반기는 서유럽연맹이 활성화되는 1984년 10월의 '로마 선언(Rome Declaration)'을 기점으로 더욱더 세분될 수 있을 것이다.[59)

동·서 양 진영이 극단적으로 대립했던 냉전 기간에 발표되었던 로마 선언 이전에는 서유럽연맹이 직접적인 군사 역할을 수행할 여지가 없었지만, 여전히 제2차 세계대전의 후유증을 앓고 있던 서유럽에서 협력과 자문을 증진시키면서 유럽에서의 평화 증진과 다양한 부문에서의 협력 강화를 위해 나름대로의 역할을 수행했다고 볼 수 있다. 우선 서유럽연맹 창설을 위한 조약을 체결하는 동시에 프랑스와 서독이 자르 문제를 해결하기 위해 합의한 방식인 자르 주민들의 국민투표를 서유럽연맹 이사회가 전체적으로 통제하면서 1955년 10월에 실시할 수 있었다는 것이다.[60) 또한 군비 통제에 관한 책임을 맡아 서유럽 국가들 사이에 신뢰 관계를 회복시켰으며, 서독이 북대서양조약기구에 가입하는 데에 크게 기여했다. 그리고 1973년에 영국이 유럽공동체에 가입할 당시 서유럽연맹은 이들 사이에서 중재 역할을 담당하기도 했다.

---

58) 강원택·조홍식, 앞의 책, pp.57~58.

59) 그 하반기에 해당하는 탈냉전 이후에 서유럽연맹이 행한 역할 또는 서유럽연맹이 부여받은 역할에 대해서는 유럽연합 출범 이후의 유럽 안보를 다루는 이 책의 제2장 이하에서 살펴보도록 한다.

60) Duroselle(Jean-Baptiste), *op. cit.*, p.598.

그러나 1970년 유럽정치협력(EPC)이 도입되어 유럽공동체 회원국 사이에 외교정책 부문에서의 협력을 강화해나갈 수 있는 수단을 가지게 되고, 1971년부터는 닉슨 독트린의 발표와 미·중 간의 관계 개선, 베트남 전쟁의 종결 등으로 냉전체제가 해빙의 시기를 맞게 되자 서유럽연맹의 정치적 활동 범위는 크게 위축되었다. 더구나 서유럽연맹의 군비통제청(Agency for the Control of Armaments)과 상설군비위원회(Standing Armaments Committee) 같은 기구들이 계속 임무를 수행할 수 있었던 반면, 서유럽연맹이 원래 맡아왔던 경제적·문화적 역할은 유럽경제협력기구(OEEC)와 유럽평의회로 이관되기까지 했다.

1981년 11월 당시 서독의 외무장관 겐셔(Hans - Dietrich Genscher)와 이탈리아의 외무장관 콜롬보(Emilio Colombo)는 유럽통합의 궁극적 목적이 정치적 통합이라고 강조하면서 안보와 방위, 문화 등의 협력을 유럽정치협력에 포함시키고 이를 이행하기 위한 정치적·제도적 개혁안을 제출하였다.[61] 이들의 제안이 1983년 슈투트가르트 유럽이사회에서 채택은 되었으나 더 이상의 진전 없이 무산됨에 따라 유럽정치협력이 경제적 영역을 넘어서는 주제를 다룰 수 없다는 사실이 여실히 드러나게 되었다. 따라서 유럽의 독자적 안보를 구축하기 위한 논의는 다시 진행되었고, 여기서 서유럽연맹은 명백하고도 유일한 선택적 대안이 될 수 있었다.

이러한 필요성에 따라 1984년 10월 26일 프랑스와 벨기에가 주도하는 가운데 서유럽연맹 회원국의 외무장관과 국방장관 연석회

---

61) Cloos(Jim), "La RFA et l'intégration européenne", Fritsch - Bournazel (Renata), *Les Allemands au coeur de L'Europe*, Paris, Harmattan, 1984, pp.93~95.

의가 로마에서 개최되었고, 이 회의에서 서유럽연맹을 더욱 활성화시키는 것을 목적으로 하는 '로마 선언'이 채택되었다. 이 선언은 서유럽의 안보 강화의 지속적인 필요성과 서유럽연맹의 선용을 통한 북대서양조약기구 회원국의 공동 안보 향상에 대한 기여 가능성을 강조하면서 유럽 안보의 정체성을 정의하고 회원국들의 방위 정책을 점진적으로 조화시켜 나갈 것을 주된 내용으로 하고 있다. 또한 로마 선언은 서유럽연맹이사회로 하여금 유럽 이외의 지역에서 발생한 위기에 대해서도 '수정 브뤼셀 조약' 제8조 3항에 따라 개입하는 것을 결정할 수 있다는 점을 재확인하였다.62)

1985년 소련 공산당 서기장으로 취임한 고르바초프(Mikhail Gorbachov)가 북대서양조약기구의 중거리 핵미사일 배치에 대한 대응전략을 세우지 않을 것이고 소련의 미사일 배치도 일시적으로 중지한다고 선언한 후, 미국과 소련은 그동안 확고한 서유럽 안보를 위해 필수적인 요소로 강조되어왔던 중거리핵무기 철수에 관한 협상을 진행하게 되었다. 이러한 급작스런 국면을 맞아 서유럽연맹 이사회와 특별실무그룹은 유럽 안보의 조건과 기준, 그리고 유럽 국가들이 대서양 동맹 안에서 자신들의 방위를 위해 맡아야 하는 책임 등에 관한 보고서를 제출했다. 이 보고서를 토대로 하여 1987년 10월 27일 헤이그에서 열린 서유럽연맹 회원국 외무장관과 국방장관 연석회의는 서유럽연맹의 미래 역할에 대한 프로그램을 일반적으로 설정하는 소위 '헤이그 정강(Hague Platform)'을 채택했다.63) 이 헤이그 정강이 "공동방위, 군비축소와 통제, 그리고 동유럽 국가들과

---

62) *History of WEU. http://www.weu.int/History*(검색일: 2012. 8. 23).

63) Western European Union, *Platform on European Security Interests*, Hague, 27 October 1987.

의 대화 및 협력"을 도모하기 위한 방안을 모색한다는 기본계획인 점에 비추어 볼 때, 서유럽연맹은 지금까지 제대로 역할을 해오지 못했던 유럽 안보기구로서의 역할을 앞으로는 할 수 있는 근거를 마련한 셈이 되었다.[64] 또한 여기서 서유럽연맹의 회원국들이 앞으로 탄생할 유럽연합(EU)의 회원국이 역시 되는 만큼 유럽통합을 더욱 진전시킬 경우 지금까지 불완전한 상태로 남아 있는 안보와 방위 문제를 포함시키고, 북대서양조약기구와 분리될 수 없는 한 서유럽연맹은 대서양 동맹의 유럽 축을 강화하도록 해야 한다는 것이 강조되었다. 이러한 결정에 따라 스페인과 포르투갈, 그리스 등의 가입은 물론 1988년에는 북대서양조약기구 동맹국인 터키까지도 참여하면서 서유럽연맹은 더욱 활성화되는 계기를 맞게 되었다.

3) 정치적 협력 강화를 위한 다양한 노력들

프랑스에 의해 유럽방위공동체 창설 계획이 실패한 후 유럽통합은 자연히 경제적인 분야에 치중해서 추진되면서 그 한계성을 스스로 노정하는 형편에 이르렀다. 서독의 재무장 문제를 해결하고 아울러 서유럽 국가들이 독자적으로 공산세력의 위협에 공동으로 대처할 수 있도록 한다는 목적 아래 서독과 이탈리아를 포함하여 서유럽연맹을 창설하기도 했다. 그렇지만, 초국가적인 성격을 지니고 있지 못했던 서유럽연맹은 유럽 안보를 위해 부여받은 역할을 주도적으로 수행할 수 있는 여지를 거의 가지지 못한 채 유럽의 안

---

64) Klein (Jean), "La CED et l'UEO", *L'Europe dans le Monde, Cahiers français*, No.257, Paris, La documentation française, juillet~septembre 1992, pp. 56~57.

보를 전적으로 담당하고 있던 북대서양조약기구의 그늘 아래에 놓이게 되었다.

이러한 상황에서 서유럽 국가들은 비록 유럽 안보를 위해 초국가적인 형태의 통합을 시도할 수는 없었지만, 자신들 사이의 정치적 협력을 강화하기 위한 노력을 여러 차례 기울이게 되었다. 우선 연방주의적 통합에 대해 반대하면서도 미국에 대해 독립성을 유지하고 유럽에서 헤게모니를 장악하고자 했던 드골이 '정치적 연합'을 제안했고, 이를 구체화시킨 '푸셰 플랜(Fouchet Plan)'을 들 수 있다. 그리고 회원국 간의 논의와 협조를 통해 정치적 협력을 강화하고자 했던 '다비뇽 보고서(Davignon Report)'와 '유럽정치협력'이 있으며, 유럽의회 의원이었던 스피넬리가 주도적으로 마련한 계획 등이 이러한 일련의 노력에 해당된다고 볼 수 있다.

(1) 드골의 정치적 유럽에 대한 인식과 푸셰 플랜: 비극적 갈등 관계

유럽통합 방식에 대한 특히 유럽석탄철강공동체의 초국가적인 성격에 대해 비난했을 뿐만 아니라 유럽방위공동체 창설 조약을 거부하는 데에도 큰 영향력을 행사했던 드골이 1958년 프랑스 정계에 복귀함에 따라 그 당시까지 유럽통합 논의에서 큰 흐름을 이루어왔던 초국가적 형태의 통합이라는 주장은 힘을 잃게 되었다. 드골에 따르면, 유럽통합이란 그 어떤 경우에도 "국민의 융합"을 목표로 한다는 것은 불가능하며,[65] 각 회원국이 그들의 주권 전체

---

65) De la Gorge (Paul‒Marie) et Schor (Armand‒Denis), *La Politique étrangère de la Ve*

를 그대로 보유하면서 단순한 국가 간의 협력 차원에서 이루어져야 한다는 것이다. 다시 말하자면, 드골에게 있어 정통성을 지니는 총체로는 민족국가밖에 없으며, 결코 초국가적인 조직이 여기에 해당되는 것은 아니었다. 따라서 국제사회에서의 행위 주체인 국가들이 협력체계를 구축하도록 해야 한다는 것이 그의 확고한 입장이었으며, 모네를 '광적인 통합주의자'라고 비난하기까지 했다. 또한 드골이 '초국가적' 체계로 유럽공동체가 발전하는 것을 절대 용납할 수 없었던 것은 당시 유럽건설을 지원하는 미국이 통합된 기구인 유럽경제공동체(EEC)를 통해 유럽 전역에서 주도권을 장악하고자 하는 저의를 품고 있을지도 모른다는 강한 의구심을 가지고 있었던 데에 기인한다.66) 드골은 미국의 정치적 영향권 하에 놓일 위험성이 다분히 있는 '공동체적인 유럽'을 지지하는 부류들을 비난하면서 미국에 대해서는 독립적이고 세계에서는 영향력 있는 "유럽적인 유럽", 즉 '유럽인에 의한 유럽'을 만들고자 항상 원했다.

드골은 자신이 구상하고 있던 방식으로 유럽통합을 효율적으로 진척시키고 프랑스가 과거의 영광을 회복하기 위해서는 독－불 간의 우호관계에 바탕을 둔 상호 협력이 절대적으로 필요하다는 것을 잘 인식하고 있었다. 다른 한편, 당시 서독 수상 아데나워는 '베를린 봉쇄'라는 위기를 맞았을 때 미국과 영국이 단호한 조치를 취해주지 않았다는 불만을 가지게 되었고, 이를 계기로 서독은 프랑

République, Paris, PUF, 1992, pp. 13, 60~61.

66) Toulemon (Robert), *op. cit.*, pp. 32~33; Toulemon에 의하면, 당시 드골은 회원국 주권이 훼손될 수 있는 초국가적 유럽통합을 지양해야 한다는 입장을 견지했을 뿐, 유럽 국가들이 미국의 주도권 장악으로부터 벗어나기 위해서는 오히려 더 한층 통합된 유럽을 건설해야만 한다는 측면을 간과했다는 것이다.

스와 공고한 정치적 관계를 형성하게 되었다.67) 이러한 양국 간의 협력관계를 토대로 하여 드골은 1958년 9월 14일에 프랑스를 방문한 아데나워에게 서유럽 국가들의 정치적 협력을 강화하기 위해 자신이 구상한 '정치적 통합(PU)' 계획을 개괄적으로 설명했고 이에 대한 지지를 아데나워로부터 확보할 수 있었다.68) 뿐만 아니라 드골은 1959년 6월 로마를 순방하면서도 이러한 문제를 준비하기 위한 사무국을 설치하고 외무장관 회의에서 토의하자고 제안했고, 1960년 5월 31일에는 기자회견을 통해 "앞으로 있을 수 있는 국가연합을 고대하면서 회원국들의 조직된 협력"이 가능한 집단으로 서유럽을 건설할 것을 주장했다.

드골은 이러한 계획을 1960년 9월 5일 공식적으로 제안했는데, 정치·경제·문화·방위 등의 네 분야에서 서유럽 국가들의 협력을 강화하기 위해 정부 당국자들이 정기적으로 회합하도록 하고 각 분야별 담당 기구를 설치한다는 것이 주된 내용이었다. 이는 곧 공동체적인 행위를 통해 정치적 통합을 추구하는 것이 아니라 '정치적 연합'에 참여하는 국가의 권력 양도 없이 오로지 서유럽 국가 간의 협력을 발전시킨다는 데에 지나지 않았다.

그 이듬해 2월 유럽경제공동체 회원국 정상회담이 열리기 바로 전날 드골과 아데나워의 합의 하에 이 제안이 나머지 4개 회원국 정상들에게 제시되었지만, '유럽주의자'와 '대서양주의자' 진영이 서로 대립할 수 있는 민감한 점들이 드러났다. 여기에 대해 드골이

---

67) 이러한 배경하에서 서독과 프랑스는 양국 간의 화해와 정치적 협력을 재천명하게 되었고, 이를 제도화하기 위해 1963년 1월 22일 체결한 것이 '엘리제조약(Treaty of Elysée)'이다.

68) Soutou (Georges), "Le général de Gaulle et le plan Fouchet", Institut Charles de Gaulle, *De Gaulle en son siècle*, Actes du colloque de Paris(novembre, 1990), Paris, 1992, pp. 126~127.

'국가연합'이라는 표현을 취소하고 방위 문제를 제외한 외교 정책, 문화, 교육, 그리고 경제 분야에 대해서만 협의할 것을 수용했다. 이러한 조건 하에서 이탈리아, 벨기에, 룩셈부르그는 정치적 연합이 북대서양조약기구나 유럽경제공동체를 약화시키지 않을 것을 강조하면서 이 제안을 받아들일 용의가 있었다. 그러나 네덜란드는 드골의 제안이 초국가적인 통합과는 동떨어져 있고 영국과 미국을 완전히 배제하고 있으며, 결국 프랑스 또는 프랑스와 서독이 힘을 합쳐 헤게모니를 장악하려는 시도라고 보면서 반대했다.

이처럼 드골의 제안에 대해 합의에 이르지 못하게 되자 유럽경제공동체 6개 회원국은 새로운 정치협력 방안을 준비하기 위한 위원회를 구성하기로 합의했다. 위원장을 프랑스의 외교관인 드골주의자 푸셰(Christian Fouchet)가 맡게 되어 일명 '푸셰위원회'라고도 불리는 이 위원회가 제출한 '국가연합조약(Treaty of States Union, 일명 푸셰 플랜이라고도 불림)'이 1961년 7월 18일 본 근처에 있는 바드 고데스베르그에서 열린 회원국 대표자 회의에서 선언 형태로 채택되었다. 푸셰 플랜이 담고 있는 주요 내용은 회원국 정상 혹은 해당 각료들 간의 회담을 정기적으로 개최하고 의사 결정은 만장일치로 하며, 회원국의 고위 관료들로 구성되는 상임사무국을 설치한다는 것 등이었다. 또한 유럽 국가들 간의 과학, 교육 및 문화 영역에서의 협력을 증진시킨다는 것과 유럽이 미국과 동맹관계이며 정치적 협력은 북대서양조약기구와 서유럽연맹을 강화해야 한다는 내용을 포함하고 있었으므로 다른 회원국들로부터도 매우 호의적인 반응을 얻었지만, 방위 문제는 명시적으로 언급되지도 않았고 완전히 배제된 것도 아니었다.

'본 선언'에 근거를 두고 협상이 시작된 직후 1961년 8월 13일 시작된 베를린 장벽 건설이라는 돌발적인 상황을 맞아 서유럽 국가들은 더욱 긴밀한 관계를 만들 필요성을 크게 느꼈다. 이와 거의 동시에 영국이 유럽경제공동체 가입을 신청하게 되자 정치적 연합이 좀 더 초국가적인 성격을 지닐 것을 원했던 네덜란드와 벨기에가 정치적 연합을 설립하는 전제조건으로 영국의 가입을 허용하도록 요구하기도 했지만, 10월에 프랑스는 정치적 연합을 설립하기 위해 본에서 합의한 원칙을 준수하는 수준에서 마련한 계획을 푸셰위원회에 제출했다. 그러한 반면, 이탈리아는 만장일치제를 5/6의 찬성제로 변경할 것과 3년 후에 보통선거로 의회를 구성할 것을 요구했다.

이러한 문제에 대해 논의가 진행되면서 푸셰 플랜에 대한 협상이 막바지에 이를 즈음 드골은 프랑스가 제안한 이 계획의 내용 중에서 북대서양조약기구와의 관계 설정에 관한 모든 내용뿐만 아니라 회원국 정부에 대한 공동체 기구의 예속과 만장일치제가 아닌 다수결제도를 적용하기 위한 조약 개정 등 세 가지 항목에 관한 조항을 삭제하거나 수정하도록 요구했고, 이러한 요구에 따라 프랑스 대표단은 새로 작성한 계획안을 1962년 1월 18일 푸셰 위원회에 제출하였다.69)

수정된 푸셰 플랜을 놓고 다시 협상하기 위해 1962년 4월 17일 파리 외무장관회담이 개최되었으나, 회원국들은 드골의 요구에 의해 수정된 푸셰 플랜에 대해서는 합의에 이르지 못했다. 원래 계획

---

69) Bitsch (Marie – Thérèse), *op. cit.*, p. 140.

안대로였다면 실현 가능했던 푸셰 플랜이 결국 좌절되고 말았던 것도 유럽 건설에 대한 드골의 이중적인 개념에 기인하는 것으로 설명될 수 있다. 다시 말해, 프랑스를 제외한 다른 모든 회원국들은 드골이 공동외교방위정책을 내세우면서도 수정된 푸셰 플랜을 통해 유럽경제공동체의 기존 절차들을 회원국들의 통제 하에 두고자 하는 그의 의도를 알아차렸던 것이다.[70] 이처럼 드골에 의해 시도된 정치적 유럽통합의 재활성화를 위한 푸셰 플랜은 각국의 주권을 그대로 유지하는 정부 간 협력이라는 방법을 택하고 있을 뿐만 아니라 북대서양조약기구에 대한 드골의 편견이 다른 회원국들의 반발을 사게 되고 프랑스의 독주에 대한 다른 회원국들의 우려와 거부감으로 인해 결국 무산되고 말았던 것이다.[71] 사실 연방주의에 적대적인 드골은 푸셰 플랜의 거부로 인해 그의 유럽정책이 다른 회원국들로부터 고립되는 상황을 맞게 됨에 따라 상당한 정치적 타격을 받게 되었다.

(2) '다비뇽 보고서'와 유럽정치협력의 한계성

드골로 인해 빚어진 유럽통합의 위기상황은 1969년 4월 프랑스에서 실시된 국민투표 결과에 대한 책임을 지고 드골이 스스로 대통령직을 사임하게 됨에 따라 일단 진정국면으로 접어들 수 있었다. 드골의 뒤를 이어 대통령에 당선된 드골주의자 퐁피두(Georges Pompidou) 역시 드골과 마찬가지로 유럽은 국가를 중심으로 점진

---

70) Fontaine (Pascal), 2012, *op. cit.*, p. 91.

71) Scotto (Marcel), *Les institutions européennes*, Paris, Eds. Le Monde, 1994, p. 41.

90 유럽통합과 안보질서

적으로 건설되어야 한다고 믿으면서 초국가적인 유럽통합에 대해서는 반대하는 입장이었지만, 유럽통합의 필요성과 중요성을 인식하고 유럽공동체를 활성화시키고자 하는 강한 의지를 표명해왔던 인물이었다. 대통령에 당선된 후 퐁피두는 당시 정체 상태에 빠져 있던 유럽공동체를 활성화시키기 위해 정상회담을 제의했으며, 1969년 12월 1~2일 개최된 헤이그 정상회담에서 유럽공동체의 완성과 심화, 그리고 확대를 위한 중요한 사항들이 결정되면서 유럽공동체는 새로운 활로를 찾을 수 있게 되었다.[72]

정책적 심화를 통해 공동체를 더욱 활성화시키기로 결정한 헤이그 정상회담은 정치통합 분야에서 진전을 이룰 수 있는 최선의 방안을 검토하도록 회원국 외무장관들에게 요구했다. 여기에 부응해서 당시 벨기에 외무장관이었던 다비뇽(Etienne Davignon)이 위원장을 맡는 위원회가 구성되었고, 이 위원회는 푸셰 플랜보다 협력의 정도가 약하고 프랑스의 입장을 상당 부분 고려한 매우 신중한 보고서(일명 '룩셈부르크 보고서')를 제출했다. 이 보고서는 "회원국 상호 간의 규칙적인 정보 교환과 협의를 통해 이해를 증진시키고 필요시 공동 외교 입장을 취하면서 회원국 간의 비구속적 정치협력을 강화"[73]하는 것을 주요 내용으로 하고 있었다. 즉 미 – 소가

---

72) De la Gorge (Paul – Marie) 외, *op. cit.*, pp. 80~82: 회원국 확대에 대해서는 유럽공동체 가입 신청국들이 공동체적 경험을 전적으로 수용한다는 조건하에서 가입 협상을 시작한다는 결정을 내렸다. 회원국 확대 문제에 대한 논의를 개시하는 조건으로 프랑스가 내세웠던 최종적 농업재정규칙이 채택됨에 따라 영국·아일랜드·덴마크와 새로운 가입 신청국인 노르웨이에 대한 가입 협상이 1970년 6월 30일 부터 시작될 수 있었다. 드골의 반대로 유럽공동체 가입이 두 차례나 좌절되었던 회원국 확대 문제는 결국 1972년 1월 22일 유럽공동체와 영국·아일랜드·덴마크·노르웨이 사이에 공동체 가입 조약이 체결됨으로써 해결되었다.

73) Moreau Defarges (Philippe), *Relations internationales. 1. Questions régionales*, Paris, Editions du Seuil, 2011, p. 79.

극단적으로 대립하고 있는 냉전체제하에서 서유럽 국가들이 통일된 외교정책을 추구함으로써 국제적 주요 현안이 발생할 경우 한 목소리를 내도록 하고 회원국 간에는 이해와 협력을 증진시킨다는 것이었다. 이 보고서가 1970년 10월 27일 이사회에서 정식으로 채택되면서 유럽정치협력은 조직과 절차를 갖추게 되었다. 그러나 유럽정치협력에서의 협의 과정은 조약의 대상이 되거나 법적 구속력을 갖는 공동체적 차원에서 추진되는 것이 아니라 단순히 회원국 간의 외교 협력이라는 범주 내에서 관행적으로 이루어지는 것이었다.

이에 따라 1970년 11월 19일 뮌헨에서 처음 열린 회원국 외무장관 회의는 공동체적 방식이 아니라 전통적인 외교상의 규칙에 따라 진행되었지만, 그 결과는 유럽의회에 통보되어야 했고 또한 특정 사안에 대해서는 집행위원회의 자문을 구할 수 있었다.[74] 다른 한편, 서독의 브란트(Willy Brandt) 수상은 그가 전반적인 사항들을 제기시키면서 주도적인 역할을 하기 위해 정치사무국 설치를 요구했으나, 프랑스의 퐁피두 대통령은 정부 간 회의의 틀을 벗어나는 것에 반대하면서 브란트의 요구를 거절했다.[75] 게다가 퐁피두는 다른 5개 회원국이 사무국을 브뤼셀에 설치하기로 합의했으나, 퐁피두는 유럽공동체와 북대서양조약기구의 집행부가 있는 곳으로부터 멀리 있는 파리에 두기를 원했다. 이러한 의견 불일치는 정치적 협력을 위한 특정 기구들을 설립하는 데에 장애가 되기도 했다.

---

74) De Schoutheete (Philippe), *La coopération politique européenne*, Paris, Nathan (Collection "Europe"), 1980, pp. 28~29.

75) Gerbet (Pierre), "Georges Pompidou et les institutions européennes", Association Georges Pompidou, *Georges Pompidou et l'Europe*, Bruxelles, Actes du Colloque de Paris (novembre 1993), 1995, p. 76.

이처럼 출발부터 회원국 간의 불협화음이 있었지만, 1973년 12월 14~15일 개최된 코펜하겐 유럽이사회에서는 각 회원국이 자신의 외교적 입장을 결정하기 전에 다른 회원국과 협의할 것을 약속하면서 공동노선을 추구하는 것을 유럽정치협력의 목적으로 명확히 정했다. 아무런 법적 근거를 갖지 못하는 유럽정치협력의 약점을 보완하기 위해 1975년 12월 제출된 틴더만(Léo Tindemans) 벨기에 수상의 보고서는 유럽연합을 실현시키기 위해서는 유럽공동체 회원국의 공동외교정책이 필요하다고 역설했다. 유럽정치협력이 법적 구속력을 가질 수 있도록 외교정책을 가중다수결로 공동 결정해야 한다고 주장했던 이 보고서는 지나치게 급진적인 것으로 평가되면서 회원국들의 지지를 받지 못한 채 무산되었다.[76]

1981년 10월 13일 런던에 모인 유럽공동체 회원국 외무장관들은 모든 회원국들의 외교 정책에 있어 유럽정치협력이 중심 요소가 된다는 것을 인정하면서 국제문제에 대해 공동으로 접근할 것과 유럽정치협력에서 안보 문제도 다룰 것을 처음으로 제시했다. 이 런던회의 이후부터 안보문제는 유럽의 정치적 통합을 위한 논의에서 항상 주요 주제로 등장하게 되었다. 독일과 이탈리아의 주도로 1981년 11월에 제안된 '유럽의정서(European Act)'는 유럽 건설의 정치적 목적을 크게 강조했다. 유럽의정서는 유럽공동체 차원에서의 협력 범위를 안보와 문화 영역으로 확대하고, 유럽공동체와 유럽정치협력의 결정 구조를 통합하면서 이들을 유기적인 관계에 둔다는 것을 핵심내용으로 제시했다. 1983년 6월 19일 슈투트

---

76) Gerbet (Pierre), *La construction de l'Europe*, Paris, Impr. Nationale, 1994, p. 404.

가르트 유럽이사회가 '유럽연합에 관한 공식 선언(Solemn Declaration on European Union)'을 채택하면서 이 유럽의정서를 수용했지만, 덴마크가 안보 문제를 유럽정치협력에 포함하는 것에 대해 반대하였고 특히 그리스가 자국의 이익에 따라 외교정책을 결정할 것임을 선언하면서부터 유럽정치협력은 더 이상 발전할 수 없게 되었다.

이러한 부정적 상황 전개에도 불구하고, 공동체 제도에 관한 문제뿐만 아니라 정치 및 외교 협력을 위한 다양한 방안이 제시되는 상황에서 1985년 6월 28~29일 열린 밀라노 유럽이사회는 로마조약의 개정을 통해 공동외교안보정책에 관한 조약을 완성시키도록 한다고 결정했다. 여기서 합의된 정부 간 회의를 거친 결과 유럽공동체는 조약을 개정할 수 있게 되었고, 새로 체결된 유럽단일법(SEA)에는 외교정책을 위한 협력이 포함될 수 있었다.77)

유럽공동체는 정치적 통합을 위해 보다 긴밀한 협력을 강구하고자 지속적으로 노력해왔지만, 유럽정치협력은 여전히 회원국 정부 간의 협력구조와 절차에 따라 운영되었다. 이에 따라 유럽공동체의 대외정책에 관해서는 이중적인 체계가 세워지게 되었다. 하나는 로마조약에 따라 유럽경제공동체가 관장하는 통상 및 협력과 같은 대외관계에서의 공동정책이고, 다른 하나는 외교정책 부문에서 회원국들의 입장을 보다 잘 접근시켜 국제무대에서 유럽공동체가 한목소리를 내기 위한 정치협력인 것이다. 여전히 제도화되지 못하고 정책적 협력 수준에 불과하던 유럽정치협력이 1987년 7월 1일부로

---

77) De la Serre (Françoise), " De la Coopération politique européenne à la politique étrangère et de sécurité commune", *L'Europe des Communautés*, (Notice 15), Paris, La documentation française, 1992, pp. 152~153.

발효된 유럽단일법의 제3장 "외교정책에 관한 유럽의 협력"에서 회원국 간의 보다 긴밀한 협력으로 제도화되고 명문화되기는 했다. 그렇지만 유럽공동체의 외교정책은 여전히 회원국들의 입장을 단순히 정치적·경제적 측면에서 협력하고 조정하도록 한다는 수준에 머물러 있었다. 이처럼 유럽정치협력은 기본적으로 각 회원국의 협조를 전제로 하는 정부 간 협력체인 만큼 여기에 해당되는 영역을 초국가적으로 통합한다는 것은 애당초 불가능했고, 유럽정치협력의 자체적 역할이라는 측면에서도 한계성을 지닐 수밖에 없었던 것이다.

(3) 스피넬리에 의한 로마조약 개정 시도와 실패

1981년 11월 서독과 이탈리아는 그들의 외무장관을 통해 안보와 방위, 문화 등의 협력을 유럽정치협력에 포함시킬 것을 제안했는데, 이는 곧 구속력을 갖는 의무를 회원국들에 부여하거나 새로운 조약을 체결하지 않는 범위에서 정치적 협력을 강화하자는 계획이었다. 그러나 이러한 구상은 제도적인 혁신과는 거리가 먼 것이었다. 이와 때를 같이 하여 유럽의회도 1979년 실시된 보통선거에서 이탈리아 공산당 후보로 의원에 당선된 연방주의자 스피넬리의 영향 아래 매우 대담한 계획을 구상하게 되었다.

스피넬리는 이미 1980년 7월 9일 유럽통합을 연방주의적인 방향으로 더 한층 발전시킬 수 있는 방안을 모색하기 위해 유럽의회 동료 의원들과 함께 '악어 클럽(Crocodile Club, 그들이 처음 모였던 스트라스부르의 식당 이름을 따서 붙인 클럽 이름임)'이라는 비공식적인 팀을 구성했다.[78] 9월이 되자 유럽의회가 공식적으로 인정한 이 클럽을 통해 스피넬리는 정치적 통합을 포함하는 유럽연합을 창출해야 한다고 동료 의원들에게 역설했다. 1982년 7월에는 유럽의회 내에 로마조약의 개정을 준비하기 위한 위원회가 스피넬리를 위원장으로 하면서 구성되었고, 이 위원회는 조약에 명시된 절차인 정부 간 회의를 통한 정상적인 절차를 거치는 개정 작업이 아니라 개정안을 자체적으로 신속하게 준비하는 것을 목표로 삼았다. 이 위원회가 제출한 야심적이고 현실적인 개정안(Draft Treaty Establishing a European Union)은 1984년 2월 14일 유럽의회에서 일부 공산주의자들의 반대(31표)와 기권(43표)이 있었지만, 정치적 성향에 관계없이 폭넓은 의원들의 지지(찬성 237표)를 받으면서 채택되었다.[79]

전체 87개 조항으로 이루어진 이 개정안의 주된 내용은 기존의 세 공동체 조약들을 참고로 하여 작성된 것이었지만, 기존의 조약들에 비해 두드러진 차이를 보이는 것은 유럽공동체의 정책결정 과정과 기구들 간의 관계를 재정립하고 있다는 점이다. 즉 유럽의회는 입법과 예산 부문에 있어 이사회와 권한을 공유하게 되고, 위원회의 위원들은 더 이상 회원국의 전원합의에 의해 임명되는 것이 아니라 유럽이사회에 의해 임명된 위원회의 위원장이 이사회와 협의한 후 선임하도록 하였다. 외교 및 방위 정책은 여전히 정부 간 협력에 의해 추진되는 것이었지만, 이 개정안은 정책결정 방식을 정부 간 협력에서 점진적으로 공동체적 방식으로 전환시킬 것

---

78) Fontaine (Pascal), 2012, *op. cit.,* p. 98.
79) Bitsch (Marie-Thérèse), *op. cit.*, p. 225.

을 제안하였다. 그리고 공동체적 정책의 범위 확장은 의회의 비준 없이 이사회의 결정만으로 가능할 수 있도록 했다.[80]

스피넬리는 그 자신이 유럽의회에서 정치적 연방주의를 가장 확고하게 주장하는 그룹에 속하고 있었지만, 상당히 현실주의적인 입장에서 유럽통합을 구상했다고 할 수 있다. 왜냐하면, 회원국들이 가장 민감한 반응을 보이는 분야인 통화정책과 대외관계 및 방위 문제에 대한 권한이 회원국 차원에서 공동체 차원으로 이양되는 것을 회원국들이 수용하기에는 아직까지 시기상조라는 점을 잘 인식하고 있었기 때문이다. 무엇보다도 이 개정안은 조약의 비준에 관해서 독창적이고 혁신적인 방법을 제시하고 있는데, 이것이 마스트리히트 조약의 기안자들에게 중요한 참조가 될 수 있었을 것이다. 즉, 조약의 발효는 모든 회원국의 비준을 반드시 필요로 하는 것이 아니라 단지 회원국의 과반수가 조약을 비준하고 조약을 비준한 회원국들의 인구수가 전체 인구의 3분의 2 이상을 차지하는 경우에 가능하며, 비준을 하지 못한 회원국에는 협력협정을 제공한다는 것이다. 이러한 새로운 유럽연합은 종전의 공동체들을 대체하게 된다는 내용이다.

다른 한편, 스피넬리에게 있어 주요 관심사는 역사적으로 볼 때 유럽통합이 연방주의적인 방향으로 발전하는 것을 항상 반대해온 영국이 로마 조약 개정안을 아예 봉쇄하고자 시도할 경우 이를 어떻게 저지할 것이며, 또한 하나의 유럽으로 통합시키고자 노력하는 것이 아니라 회원국들의 정부 간 협력이라는 방향으로 유럽건설이

---

80) Gerbet (Pierre), 1994, *op. cit.*, pp. 412~413.

후퇴하게 되는 가능성을 완전히 차단시킬 수 있는 방안이 무엇인가를 강구하는 것이었다.

스피넬리가 주도한 이 개정안이 유럽의회에서 압도적인 찬성으로 채택되고 3개월이 지난 후에 프랑스 미테랑(François Mitterrand) 대통령은 유럽의회에서의 연설을 통해 유럽공동체의 제도적 변화를 꾀하기 위해 여기서 구상하고 있는 기본사항들에 대해 동의한다고 밝혔다.[81] 미테랑 대통령은 유럽공동체가 정치적 본질을 갖게 되기 위해서는 공동체 제도들이 보다 강한 응집력을 지녀야 하며, 이는 유럽공동체의 정치적 통합을 통해서만 가능하다고 확신했다. 만약 유럽공동체가 정치적인 통합을 이루지 못한다면 더 이상의 발전을 기대할 수 없음은 물론 공동체 차원에서 오랜 기간 동안 이루어 놓은 경제적 본질까지도 파괴될 것이라고 그는 예견했다.[82] 이와 같은 미테랑 대통령의 선언이 비록 이 개정안을 전적으로 지지하는 정도에 지나지 않을지라도, 프랑스의 대유럽정책이 연방주의적인 방향으로 선회하게 되는 계기를 마련했다는 의미는 찾아볼 수 있다.

유럽의회가 주도적으로 마련한 로마조약 개정안이 각 회원국의 비준을 받기 위해 송부되었으나, 회원국 정부들이 별다른 관심을 두지 않게 됨에 따라 무산되었다. 즉 유럽의회가 헌법적 권한을 전혀 가지고 있지 못한 상태에서 회원국의 국내 의회는 유럽의회가 바랐던 것처럼 이 개정안을 서둘러 비준하고자 하는 의도나 열의를 갖고 있지 않았고, 더구나 이 개정안이 채택되는 것을 원하지

---

81) Grosser (Alfred), *op. cit.*, pp. 307~308; Toulemon(Robert), *op. cit.*, p. 60.

82) Mitterrand (François), *Réfléxions sur la politique extérieure de la France,* Paris, Fayard, 1986, p. 278.

않았던 유럽공동체 각료이사회는 이를 검토하지도 않았다. 그렇지만, 이 개정안은 회원국 정부로 하여금 침체상태에 빠진 유럽통합을 활성화시키고 제도적 운영에서의 효율성을 강화시키기 위해서는 유럽연합이 필요하다는 것을 인식할 수 있도록 했다. 또한 이 개정안이 유럽통합을 위한 회원국들의 적극적인 노력을 유도해내면서 1986년 2월 조인된 유럽단일법의 출발점을 이루게 되었다는 사실을 감안할 때, 유럽통합의 활성화에 기여한 바가 매우 컸다고 할 수 있다.

■■■ 제2장

탈냉전시대 유럽안보질서의 변화와 유럽연합

1. 탈냉전시대 유럽안보기구의 역할 변화와 정치적 통합 논의

2. 유럽연합의 공동외교안보정책 실체와 안보기구의 역할 변화

냉전체제가 고착화된 이후 서유럽국가들은 자신들의 안보정체성을 지킬 수 있는 방위체계를 구축하여 미-소 간의 첨예한 대립으로 인해 받을 수 있는 영향을 가능한 한 최소화시키고자 시도했지만 실패하고 말았다. 또한 이 국가들은 상호 간의 정치적 협력을 강화하기 위한 다양한 방안을 모색하기도 했으나, 이 역시 크게 발전하지도 못했고 안보 및 방위 문제는 여기서 다루지 못했다. 이처럼 서유럽 국가들은 고유한 안보방위체계를 갖추지 못하고 확고한 정치적 협력관계를 형성하지도 못한 상태에서 오히려 1980년대 말까지 북대서양조약기구(NATO)를 통해 미국과의 군사적 동맹관계에 의존하는 방법 외에는 별다른 대안을 갖지 못했다. 즉 유럽 대륙은 미국의 "보호를 받는 대륙"으로 남아 있을 수밖에 없었던 것이다.

　개혁(Perestroika)과 개방(Glasnost)을 표방하면서 1985년 4월 소련 공산당 서기장에 취임한 고르바초프가 등장하면서 그 당시까지 세계를 양분하고 있던 냉전적 군사 대립이 완화되고 협조적 경쟁을 토대로 하는 새로운 국제질서가 형성되면서 소련의 대외정책도 크게 수정되었다. 실제로 고르바초프는 서기장에 취임하자마자 중거리 미사일 배치와 핵실험의 일시적 중지를 선언하였고, 10월에는 미국과 함께 '전략무기감축협상(START)'을 진행하는 등 서방에 대한 화해정책을 추진했다. 또한 1987년 12월에는 중거리 핵무기를 폐기하는 데에 합의하고 '중거리 핵전력 조약(INF)'을 미국과 소련이 체결하면서 두 초강대국은 더 이상 서로를 적으로 간주하지 않고 화해와 협력의 시대를 열 수 있었다.

그러나 이러한 변화는 실로 엄청난 결과를 가져왔는데, 1989년 11월 9일 일어난 베를린 장벽의 붕괴는 40여 년 이상 유지되어온 냉전체제가 실질적으로 종식되는 것을 의미하였다. 사회주의 진영의 몰락과 함께 북대서양조약기구에 대항하기 위해 소련을 중심으로 동유럽 6개국이 1955년 만들었던 바르샤바조약기구(WTO)는 1991년 4월 공식적으로 해체되었고, 12월에는 소련에 속해있던 러시아를 비롯한 11개 공화국을 모아 '독립국가연합(CIS)'을 창설하면서 70년간 지속된 소련은 완전히 와해되고 말았다.

이러한 당시의 시대적 상황으로 인해 서유럽국가들은 '서구'와 '동구'라는 도식의 단순성을 크게 벗어나 새로운 안보구도를 모색해야 했다. 많은 다자안보기구들이 중첩되어 있는 유럽안보체제에서 냉전 기간 동안 안보를 위한 군비 증강보다는 군비통제와 신뢰 구축을 통한 '긴장 완화'를 위해 노력해온 유럽안보협력회의(CSCE)는 새로운 방향을 모색하게 되었고, 서유럽 국가들의 안보 분야에서 절대적 위치를 차지해 온 북대서양조약기구의 성격 또한 다시 정의되어야 했다. 특히 1992년 체결된 '유럽연합에 관한 조약(TEU, 일명 마스트리히트 조약)'이 경제적 통합을 완성하고 공동외교안보정책(CFSP)을 포함할 것을 목표로 정함에 따라, 이 조약에 따라 유럽공동체(EC)에서 전환된 유럽연합(EU)이 안보적 측면에서도 중요한 역할을 담당할 수 있게 되었기에 더욱 그러했다.

1. 탈냉전시대 유럽안보기구의 역할 변화와 정치적 통합 논의

1980년대 말부터 사회주의 진영이 와해되면서 직면하게 된 유럽안보환경의 급격한 변화에 대응하기 위해 냉전의 종식을 위해 크게 기여한 것으로 평가 받은 안보협력 레짐인 유럽안보협력회의는 1990년 11월 파리에서 정상회담을 열고, 소위 '파리 헌장(Paris Charter)'으로 불리는 '새로운 유럽을 위한 파리 헌장(Charter of Paris for a New Europe)'을 채택하였다. "유럽에서 대립과 분단의 시대는 끝났다"라고 시작되는 이 헌장은 인권, 민주주의와 법치, 경제적 자유와 책임, 참가국 간의 우호관계, 안보의 증진 등을 주요 내용으로 하고 있다.

또한 새로운 유럽안보환경에 직면해서 그동안 '집단방위기구'로서 서유럽의 안보를 담당해왔던 북대서양조약기구는 공산권이라는 가상의 적이 붕괴되는 상황에서 자신의 존립 근거가 크게 약화되었음에도 불구하고 종전의 군사적 역할에다 정치적 역할을 함께 부여하면서 스스로의 변화를 꾀하게 되었다. 더구나 1980년대 중반부터 들로르(Jacques Delors) 집행위원장을 중심으로 경제통화동맹(EMU)을 추진하고 있던 유럽공동체는 긴장이 완화된 평화적인 미래를 예상할 수 있었지만, 유럽 대륙에 찾아올 불확실성과 불안정에 대비하기 위해 정치적 통합을 함께 추진하고자 했다. 이미 유럽방위공동체(EDC) 창설 실패에서 민감한 분야임이 드러났던 안보와 방위를 유럽 차원에서 통합하는 문제를 두고 회원국들이 격렬한 논쟁을 벌였고, 결국 공동외교안보정책을 정부 간 영역에 두기로 하면서 유럽공동체는 유럽연합으로 전환될 수 있었다.

1) 유럽안보협력회의를 통한 긴장 완화 노력과 '파리 헌장' 채택

냉전 기간 동안 양 진영으로 분열된 유럽 대륙은 각 진영의 안보를 맡고 있던 북대서양조약기구와 바르샤바조약기구가 상호 억지력을 확보하기 위해 군비 증강에 집중하면서 군사력 경쟁의 각축장이 되고 있었다. 이러한 냉전 상황 속에서 1966년 7월 5일 바르샤바조약기구는 '유럽에서 평화와 안보를 강화하기 위한 정치자문위원회의 선언(Declaration of the Political Consultative Committee of the Warsaw Pact on the strengthening of peace and security in Europe)', 소위 말해서 '부카레스트 선언(Bucharest Declaration)'을 했다. 이 선언이 두 진영의 동시 해체, 두 개의 독일 국가 인정, 독일과 유럽에서의 군비 축소에 대한 협정 개발, 유럽 안보와 경제·과학·기술·문화 분야에서의 협력 강화 등을 논의하기 위한 유럽 차원에서의 회의 소집을 제안하는 것을 주된 내용으로 포함하고 있었던 만큼 범유럽 차원에서 집단안보체제 구성과 포괄적 분야에 대한 협력 방안 논의의 효시가 된다.[1]

그 이후 이 제안에 대한 협상은 1970년대 초부터 동·서 대립관

---

[1] 1966년 후반부터 핵 문제에 대한 미·소의 협상이 진행되어 1967년 초에는 미·소 간에 기본적인 합의가 이루어진 핵확산금지조약(NPT)은 1968년 7월에 체결되었다. 이 조약은 핵을 보유하지 않은 모든 국가들은 새로 핵무기를 갖는 것을 포기하고 보유국(미국·소련·영국·프랑스·중국)이 비보유국에 핵무기를 제공하는 것을 금지하면서 비핵국가에 대한 군비 통제를 가능하게 했다.

계에서 형성된 데탕트 분위기와 서독 수상 브란트의 '동방정책(Ostpolitik)', 베를린의 지위 정상화를 위한 협정 체결 등 매우 우호적인 상황 속에서 북대서양조약기구와 바르샤바조약기구 사이에 진행되었고, 1972년 5월 북대서양조약기구가 유럽에서 상호 간의 신뢰 관계와 안보를 강화할 수 있는 군사적 부문을 포함시키기로 결정하게 됨에 따라 11월에는 헬싱키에서 거의 모든 유럽 국가뿐만 아니라 미국과 캐나다까지 포함한 35개국이 유럽안보협력회의를 개최하고 다자간 회의를 준비하기 시작했다.

이러한 유럽 안보를 위한 협력체 구성에 대해 유럽공동체 9개 회원국은 동유럽 국가들과 함께 데탕트와 평화 정책을 추구하고 좀 더 폭 넓은 경제적·인도주의적 협력을 위한 확고한 기반을 구축할 수 있다는 점에서 절대적인 지지를 표명했다.[2] 특히 유럽공동체 회원국들은 유럽에서 데탕트와 협력을 위해 그들의 정책을 개발하고 발전시키겠다는 의지를 분명하게 밝히기도 했다. 왜냐하면, 이러한 협력체의 결성은 회원국 국민들의 관계를 형성하도록 해 줄 것이며, 국민들 사이의 이해와 신뢰를 강화시킬 것이기 때문이었다.[3]

그 이듬해인 1973년 6월에는 유럽안보협력회의의 의제와 절차를 확정한 보고서를 '청서(Blue Book)' 형태로 발표하였고, 이에 따라 35개국은 7월 1일 헬싱키에서 회의를 열고 유럽 안보에 관한 문제(1부문), 경제·과학·기술·환경 분야에서의 협력(2부문), 인권과 인도주의적 차원 및 기타 분야에서의 협력(3부문) 등 광범위하고 서로 다른 세 부문들에 대해 협상했다.[4] 이러한 주요 협상 과정들을

---

2) De Schoutheete (Philippe), *op. cit*, p. 66.

3) *Ibid.*, p. 67.

거쳐 1975년 8월 1일 범유럽 차원의 통합운동을 구현하고자 헬싱키에 모인 유럽공동체(EC) 9개 회원국을 포함한 35개국 정상들이 '헬싱키 최종의정서(Helsinki Final Act)[헬싱키 선언(Helsinki Declaration)이라고도 불림]'에 서명함에 따라 유럽안보협력회의가 창설될 수 있었다.

이 회의에서는 '십계(the Decalogue)'라고 알려진 회원국들 간의 협력에 관한 열 개의 규범 원칙을 정했는데, 이 원칙은 강제성 있는 법적인 의미를 지니는 것이 아니고 참여국들이 존중해야만 하는 것에 지나지 않지만 냉전이 종식된 후에도 계속 가치 규범으로 인정되고 있다. 즉, 절대적 평등과 주권에 따른 회원국의 권리 존중, 국경의 불가침성, 협박이나 폭력 사용 포기, 회원국 영토의 보전, 분쟁의 평화적 해결, 회원국 국내 문제에 대한 불개입, 이념과 사상 그리고 종교 또는 신앙의 자유를 포함하는 인권과 기본적 자유에 대한 존중, 국민들의 동등한 권리와 자결권, 회원국들 간의 협력, 국제법에 따른 의무에 대한 성실한 이행 등이 여기에 해당한다.

이처럼 유럽안보협력회의는 새로운 유형의 다자안보협력체를 구상한 것이었으며, 북대서양조약기구와 바르샤바조약기구 간의 화해와 협력을 이끌어내는 데에 있어 주도적인 역할을 할 수 있는 조건을 갖추게 되었다.5) 아울러 헬싱키 최종의정서는 이러한 동·서 간의 접근을 가능하게 한 상호 필요성을 유지하기 위해 후속 회담을 가지도록 정했다. 이 후속 회담은 헬싱키 최종의정서에 따른 규정 조건과 회의에서 정해진 임무를 이행한 사항들에 대해 양측이

---

4) Moreau Defarges(Philippe), *op. cit.*, pp.36~38.

5) Lee(Seung-Keun), *Deux politiques dans le processus de la CSCE: La France et les Etats-Unis face aux problèmes de la sécurité et du désarmement en Europe. D'Helsinki à Charte de Paris*, Thèse, Université de Paris I, vol.1, 1997, p.153.

의견을 교환하도록 하는 것이 주된 목적이었다.

따라서 회원국들은 상호관계를 발전시킬 방안은 물론 유럽에서 안보와 협력을 증진시키고 미래의 데탕트를 위한 과정을 논의해야만 했다. 이렇게 볼 때, 유럽안보협력회의가 기본 개념으로 정하고 있는 신뢰구축조치(CBMs)는 회원국 상호 간에 군사 활동의 투명성과 예측 가능성을 높일 수 있도록 군사 훈련에 대한 내용을 사전에 통보하고 훈련에 참관할 수 있도록 하는 등 기본적인 수준에서 이루어지는 군사 활동에 대해 회원국 간의 정치적·군사적 신뢰 관계를 구축하여 분쟁을 사전에 예방하고자 하는 것이다. 이러한 분쟁 예방을 위한 신뢰구축조치를 통해 회원국들의 관계는 상호 간에 군비를 통제하고 군비를 감축해야 한다는 당위성을 함께 인식하고 실천하는 방향으로 발전하게 될 것이다. 결국 회원국들이 추진하는 안보 분야에서의 긴밀하고도 포괄적인 협력은 그들만의 안보레짐을 형성할 수 있도록 해 줄 것이며, 이는 다시 피드백이 되어 회원국들 사이에 더 한층 공고한 새로운 정치적·군사적 신뢰관계를 구축하게 될 것이다.

〈그림 1〉 유럽안보협력회의의 신뢰 구축과 안보레짐 형성

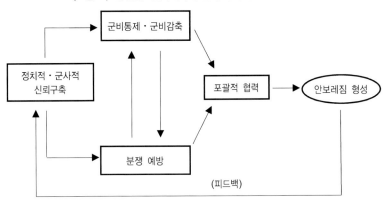

그렇지만, 고유한 자체적인 상설 행정기관을 두지 않았을 뿐만 아니라 유럽안보협력회의의 결정이 정치적 정당성은 부여받을 수 있었을지라도 법적인 구속력은 갖추지 못하고 있었던 만큼 당장으로서는 그 결과가 실망스런 것이었다. 또한 동유럽 국가들은 인권과 기본적 자유를 보장하기 위해 자신들의 체제를 변화시키고자 시도하기보다는 오히려 체제를 유지하는 데에 유럽안보협력회의를 활용하는 측면이 있었다. 또한 소련은 반체제 인사들을 종전처럼 계속 박해하고 인권을 침해하였고, 군사력을 강화하면서 급기야 1977년부터는 중거리 미사일을 배치하면서 유럽안보협력회의에서 합의한 '십계'를 스스로 위반하기도 했다. 이에 대해 서방 국가들은 헬싱키 선언에서 합의된 사항의 이행 여부를 놓고 소련과 논란을 빚었고 인권 침해에 대한 강한 유감을 표명했다. 더구나 소련이 1979년 12월 아프가니스탄을 침공하고 그다음 해 12월에는 폴란드에 무력적으로 개입하는 사태가 발생하자 데탕트 분위기는 퇴조했고 새로운 냉전적 질서가 형성되고 말았다.

그럼에도 불구하고, 유럽안보협력회의는 동·서 진영 간의 대화를 이끌기 위해 지속적으로 회의를 개최했으며, 두 초강대국 차원에서 추진하고 있던 군비 제한을 위한 신뢰구축 문제를 다루었을 뿐만 아니라 회원국 전체 차원에서는 정치·경제·안보는 물론 인도적인 문제와 기타 분야에 대해 논의할 수 있는 장을 제공하기도 했다. 새롭게 형성된 동·서 대립관계를 해결하고 헬싱키 선언의 이행 여부를 점검하기 위한 첫 번째 후속 회담이 양 진영의 첨예한 대결이 다시 고조되기 시작하던 때인 1977년 10월 4일~1978년 3월 8일 동안 베오그라드에서 열렸으나, 과학 포럼과 지중해 감시회의를 비롯한 다음 회의 개최에 대해 합의했을 뿐 다른 의미 있는 결과를 도출하는 데에는 실패하고 말았다.[6]

이어서 1980년 11월 11일부터 1983년 9월 9일까지 열린 두 번째 후속 회담인 마드리드 회의는 동·서 양 진영으로부터 데탕트의 계속적인 추진을 확인하면서 동·서관계의 새로운 지침이 될 '마드리드 최종 문서(Madrid Final Document)'를 1983년 7월 15일 채택하였고, 신뢰안보구축조치(CSBMs)와 유럽에서의 군비축소를 위한 회담을 1984년 1월에 스톡홀름에서 개최하기로 합의했다. 이러한 합의에 따라 유럽안보협력회의의 예하 기구로 만들어진 유럽군축회의(CDE)가 1984년 1월 17일 스톡홀름에서 개최되었다. 스톡홀름 회의는 1975년 헬싱키 최종의정서에서 개념적 기초를 제공했던 신뢰구축조치를 대대적으로 보완하여 신뢰안보구축조치라는 군비통제 체제로 전환하는 데에 합의하였다.[7]

유럽안보협력회의가 추진한 신뢰구축조치를 신뢰안보구축조치로 발전시키기 위한 협의는 1986년 11월 4일부터 1989년 1월 19일까지 비엔나에서 개최된 세 번째 후속회담으로 이어졌다. 이 회의와 동시에 북대서양조약기구의 16개 회원국과 바르샤바조약기구의 7개 회원국은 비공식 회의를 열고 유럽에서 재래식 무기 감축을 위한 협상을 진행한다는 데에 합의했다.[8] 이에 따라 1989년 3월부

---

6) 여기서부터 아래에 다루고 있는 유럽안보협력회의에 관한 내용은 유럽안보협력기구(OSCE)의 홈페이지 http://www.osce.org를 주로 이용했음을 밝혀둔다.

7) 신뢰구축조치와 제2기 형태인 신뢰안보구축조치에 관하여 Borawski (John), *From the Atlantic to the Urals: Negotiation Arms Control at the Stockholm Conference*, London, Brasseys Defense Publishers, 1988; Einvardsson (Johann), *Papport intérimaire de la sous-commission sur les mesures de confiance et de sécurité*, Bruxelles, Assemblée de l'Atlantique Nord, Secrétariat International, Octobre 1989 참조.

8) Lee (Seung-Keun), *op. cit.*, pp. 422~430.

터 유럽안보협력회의 범주 내에서 두 번째 유럽군축회의가 열렸으며, 신뢰 구축과 군비 감축을 더욱 강력하게 추진한다는 것을 주된 내용으로 하는 '비엔나 문서(Vienna Document)'가 1990년 11월 19일 채택되었다.

특히 바르샤바조약기구의 해체로 상징되는 급작스런 사회주의 진영의 와해가 시작될 무렵인 1989년 12월 소련의 고르바초프가 유럽안보협력회의 정상회담을 개최할 것을 제안했다. 유럽공동체와 북대서양조약기구를 비롯한 서방측이 이 제안에 대해 국제관계의 급격한 변화가 예상되는 만큼 여기에 적절하게 대비하기 위해서는 유럽안보협력회의의 역할을 강화할 필요가 있다는 기존의 입장을 재확인하면서 수용하게 됨에 따라 그동안 유럽안보협력회의 차원에서 논의해왔던 안보와 평화에 대한 방안 모색에 큰 영향을 미치게 되었다.

베를린 장벽이 무너진 후 1년이 지나고 새로운 유럽에 대한 낙관주의가 확산되고 있던 분위기 속에서 두 번째의 유럽안보협력회의 정상회담이 1990년 11월 19일 파리에서 개최되었다.9) 여기에 모인 회원국 정상들은 대결과 분열의 시대를 종식하고 동일한 정치적 경제적 가치를 새로운 방식으로 추구하게 되는 '하나의 유럽'이 될 것을 기대하면서 11월 21일 '새로운 유럽을 위한 파리 헌장'에 조인했다.10)

총 19페이지에 3개 장으로 구성된 이 파리 헌장은 "민주주의와

---

9) Ghebali (Victor-Yves), "L'après-guerre froide a éclaté", *Le Monde diplomatique*, décembre 1990.

10) Moreau Defarges (Philippe), "L'Europe, un continent parmi d'autres", *L'Europe dans le monde, Cahiers français*, No.257, Paris, La documentation française, juillet-septembre 1992, p. 3.

평화, 단결을 예고하는 새로운 시대가 유럽에 펼쳐지고 있다"고 전제하고 있을 뿐만 아니라 유럽의 안보와 협력 인권 등에 대한 전반적인 지침을 명확히 제시하고 있다. 또한 범유럽적 차원에서 조기경보와 분쟁 예방, 위기 극복을 위한 일차적 수단이 되고자 했던 유럽안보협력회의가 안정적으로 발전하여 탈냉전시대의 유럽에서 나타날 가능성이 있는 새로운 도전이나 위협에 적절하게 대응해 나갈 수 있는 다자적 유럽안보체제로 자리매김할 수 있도록 해야 한다고 이 헌장은 요청하고 있다. 이를 위해 유럽안보협력회의가 상설 기구로 전환되고 작전 능력도 갖출 필요가 있다는 것을 강조했다.

파리 정상회담은 스톡홀름 회의에서 논의된 것보다 더 강화된 신뢰구축조치가 포함된 '유럽재래식무기감축조약(CFE)'에 서명하면서 군비 축소에 관해서도 큰 진전을 이루었다. 여기서 재래식 전력의 보유 상한선을 정하고 이를 초과하는 부분에 대해서는 파괴하거나 민간 수요 전용을 동의하는 방법으로 감축을 실시하기로 약속하였다. 이 조약이 체결된 것은 당시 미국 대통령 부시(George Herbert Walker Bush)가 1984년 스톡홀름 회의 이후 1987년에는 양 진영의 초강대국인 미국과 소련이 유럽에 배치된 모든 중거리 미사일(500~5,000km)을 파괴한다는 데에 합의를 했음에도 불구하고 지지부진하게 진행되고 있던 재래식 무기 감축을 위한 협상을 1992년 예정된 헬싱키 유럽안보협력회의 정상회담 이전에 결과를 도출하도록 가했던 압력에 힘입은 바가 컸다. "역사적 조약"인 것으로 불리는 이 조약은 양 진영이 전차, 전투기, 전투용 헬리콥터 등 다양한 형태의 무기들에 대해 동등한 비율에 근거해서 상한선을 정했다.

또한 이 회담에서 북대서양조약기구 회원국과 바르샤바조약기구 회원국 등 22개국은 '22개국 공동선언(Joint Declaration of Twenty-Two States)'을 발표하면서 양 진영이 "더 이상 적이 아니고", "정치적 독립이나 영토 보전에 대하여 무력을 사용하지 않을 것"을 선언하였다. 이들은 그동안의 적대관계 청산, 유럽안보협력회의 내에서의 안보협력 구축, 신뢰안보구축조치의 지속적인 발전, 각국의 영공 개방 등을 통해 새로운 동반자적 우호관계를 수립할 것에 합의하고 유럽안보협력회의)에서의 공동안보 구축을 위한 노력을 다짐하기도 했다. 이렇게 볼 때, 유럽안보협력회의 파리 정상회담은 탈냉전 과정을 더욱 가속화시키는 데에 크게 기여했으며, 탈냉전 이후의 평화체제를 구축하기 위해 요구되는 양 진영 간의 협력관계를 조성할 수 있는 기초를 제공했다고 할 수 있다.

무엇보다도 사회주의 진영이 와해되어 동·서 대립으로 인한 위협으로부터 완전히 벗어났지만, 냉전구도 하에서 양 진영 내에서는 비교적 안정적이었던 안보 문제가 이제는 불특정한 변수와 요인으로 인해 위협받을 수 있는 가능성을 지니게 되었다. 이러한 점을 고려할 때 분쟁 예방과 신뢰 구축을 통해 냉전 종식에 크게 기여한 것으로 평가받고 있던 유럽안보협력회의를 발전시켜 21세기에 나타날 다양한 형태의 위협에 대비하도록 하는 것은 좋은 방안이 될 수 있었다.

유럽안보정세의 급변에 따라 그동안 추상적으로만 논의되고 있던 유럽안보협력회의의 기구화가 절대적으로 필요하다는 인식을 하게 된 유럽안보협력회의 회원국들은 파리 정상회담에서 다양한 기구들을 만들면서 유럽안보협력회의를 제도화할 것을 결정했다. 그러나 미국은 유럽안보협력회의가 제도화 되더라도 유엔과 경쟁하는 구도로 발전하거나 유럽 안보를 위해 우선적인 역할을 하고 있는 북대서양조약기구의 활동에 제약을 가할 정도로 강한 구조를 가지는 것에 대해서는 반대했다.

따라서 파리에 모인 정상들은 격년제로 정상회담을 개최하고 그 대신 회원국 외무장관 회의를 매년 개최하여 유럽안보협력회의 내에서 "정치적 협의의 중심 포럼"으로서의 역할을 하도록 한다는 것을 결정했다. 또한 각료이사회에서의 협의를 준비하고 지원하기 위한 세 기관을 중부 유럽의 세 도시에 설치하기로 결정했는데, 정치적 협력을 도모하기 위한 사무국(Secretariat)은 프라하에, 신뢰조치와 화해 절차를 발전시키면서 분쟁의 위험을 줄이기 위한 분쟁방지센터(CPC)는 비엔나에, 그리고 참여국 내에서 치루는 선거에 대한 정보를 교환하고 접촉을 용이하게 해줄 자유선거사무소(Office for Free Elections)는 바르샤바에 두기로 했다.[11]

1991년부터 구유고슬라비아 연방에서 분쟁이 발생하자 그동안 분쟁예방에 노력해왔던 유럽안보협력회의가 현실적으로 닥친 위기에 대해서는 제대로 대처하지 못하면서 스스로 약체임을 드러내고 말았다. 이러한 상황에서 1992년 7월 9~10일 헬싱키에서 열린 유럽안보협력회의 회원국 정상회담은 1990년 파리 회담 당시 국제정세의 급변을 지나치게 낙관적으로 판단했다는 자성과 함께 공산주의의 붕괴가 곧 평화를 의미하는 것만이 아니고 발칸 지역에서 발

---

11) Remacle(Eric), "La CSCE, mutations et perspectives d'une institution paneuropéenne", *Courrier hebdomadaire*, No.1,348~1,349, 1992, p.38.

생한 갈등과 같은 야만적인 분쟁을 낳을 수 있다는 것을 확인했다. 따라서 정상들은 유럽안보협력회의가 갖춘 새로운 제도를 강화하면서 효율성을 더 높일 수 있는 방안을 모색했다. 이러한 필요에 따라 유럽안보협력회의 영역 내에서 소수민족 문제가 발생할 경우 갈등이 악화되기 전에 개입하고 이 문제를 지속적으로 담당하는 고등판무관(High Commissioner on National Minorities)과 안보 협력을 위한 포럼(FSC)이 만들어졌다. 또한 헬싱키 정상회담은 바르샤바에 설치된 자유선거사무소를 이 기관에 부여된 권한이 폭넓은 활동을 가능하게 할 것으로 판단하고 이름을 바꾸어 민주제도와 인권 담당 사무소(ODIHR)로 할 것을 결정했다. 이 이후부터 유럽안보협력회의가 일종의 유엔 산하에 있는 지역적인 기구인 것처럼 인식되면서 1994년 12월 4~5일 부다페스트에서 열린 정상회담은 유럽안보협력회의에 새로운 이름인 유럽안보협력기구(OSCE)를 부여하면서 상설기구로 만들었고 이를 1995년 1월 1일부터 적용하도록 했다.

이처럼 제도화된 유럽안보협력기구는 유럽안보협력회의 당시 산하 기구들의 명칭에 사용했던 위원회(Committee) 대신에 이사회(Council)라는 이름을 붙이면서 제도적 기본골격을 갖추기 시작했다. 또한 분쟁 예방, 조기 경보, 위기 극복이라는 종전의 과제들에 분쟁 후의 평화 회복이라는 과제가 유럽안보협력기구에 추가됨에 따라 새로운 다양한 활동을 할 수 있게 되었고, 동유럽 국가들을 비롯한 수많은 국가들이 회원국으로 가입하게 되었다.[12] 이처럼 명

---

12) 가장 최근인 2012년 11월 몽골리아가 유럽안보협력기구에 가입함에 따라 현재 57개 회원국으로 구성되어 있다.

칭이 변경되고 새로운 과제에 따른 활동의 범위도 확대되었지만, 유럽안보협력기구가 여전히 정부 간 협력 차원에서 포괄적으로 안보 문제를 다루는 기본적인 성격을 유지함으로써 합의에 의한 결정들이 구속력을 가지지 못한다는 한계점을 그대로 지니고 있다.

2) 북대서양조약기구의 역할 변화: '집단방위'에서 '협력안보'로의 전환

탈냉전시대 초기에 세계적 차원에서 펼쳐졌던 평화를 위한 국제협력 노력이 북대서양조약기구와 바르샤바조약기구의 회원국 사이에서도 대결과 분열 시대의 종식과 유럽의 안보체제 구축을 위한 공동 노력을 다짐한 유럽안보협력회의 파리 정상회담을 통해 구체화되었다. 이처럼 새로운 유럽안보 환경 속에서 적용될 수 있는 이들 간의 협력 논리가 제2차 세계대전 이후부터 형성되어온 동·서 양대 진영 간의 대립 논리를 대신하게 되었다. 특히 양 진영은 냉전 종식에 따른 유럽대륙에서의 불안정은 물론 다양한 형태의 위협에 대응하기 위해 좀 더 확고한 안보체제를 공동으로 구축하기 위해 동반자적 우호관계를 재정립해야 한다는 사실에 동의하고 있었다. 이러한 측면은 1990년 11월 개최된 유럽안보협력회의의 파리 정상회담이 채택한 '파리 헌장'에 매우 잘 나타나 있다.

양 진영이 첨예하게 대립하고 있던 냉전체제하에서 소련의 위협으로부터 대서양 동맹국들의 안보를 지키기 위한 '집단방위(Collective defense)' 기구로서 절대적으로 중요한 역할을 해왔던 북대서양조약기구는 냉전 종식 이후 새로운 유럽안보 상황에 대처하면서 '협력안보(Cooperative security)' 기구로의 전환을 도모하게 되었다[13]. 왜냐하면, 서유럽 국가들의 안보 문제는 이제 더 이상 양 진영 사이의 위협과 대결을 전제로 하는 대립적 안보 개념에 근거하는 것이 아니라 중동부유럽 국가들의 예상치 못한 불안정으로 인해 크게 위협받을 수 있게 됨에 따라 이들의 정치적·군사적 안정과 밀접한 관계에 놓이게 되었기 때문이다. 비록 유럽대륙에서의 대치상태가 크게 완화되고 과거 적대적인 관계에 있던 바르샤바조약기구가 탈냉전 분위기가 확산되는 가운데 소멸될 수밖에 없으리라고 기대되는 상황이었다고 할지라도 북대서양조약기구의 존립근거가 사라진 것은 결코 아니었다. 북대서양조약기구의 동맹국들은 여전히 이 집단방위기구를 그들의 안보를 담당하고 있을 뿐만 아니라 자신들이 안보정책을 추진하는 데 있어 필요한 협력관계를 유지해주고 대서양국가들의 대외관계를 보장하기 위해서도 매우 긴요한 기구라는 것을 잘 인식하고 있었다.

그러면, 사회주의 진영의 와해로 인해 대립적 국면이 해소됨에 따라 유럽의 안보를 위한 군사적 측면이 크게 변화한 새로운 유럽질서 속에서 과연 북대서양조약기구가 여기에 어떻게 대응해야 하고 구체적으로 행해야 하는 역할은 무엇인가? 북대서양조약기구는

---

13) 안보기구들의 성격을 정의하는 데 있어 유럽연합, 북대서양조약기구 또는 서유럽연맹, 유럽안보협력기구 등은 좋은 지침이 될 수 있다. 유럽연합은 한 회원국의 안보가 모든 회원국의 안보로 간주되는 집단안보를 위한 기구로 정의될 수 있고, 북대서양조약기구와 서유럽연맹은 어느 한 동맹국이 비동맹국으로부터 공격을 받을 경우 지원을 해주는 집단방위 기구로, 그리고 유럽안보협력기구는 안보와 평화를 유지하기 위해 동맹국들이 사전에 긴밀하게 협력하는 상호 협력안보 기구로 각각 분류될 수 있다; Guicherd (Catherine), "La sécurité collective en Europe", *Etudes*, T.378, No.1, janvier 1993; Tursan (Huri), "La sécurité collective: chimère, éphémère ou mutante?", *Res Publica*, Vol.36, No.1, 1994 참조.

중동부유럽의 불안정한 지역에서 예상되는 새로운 위험 요소에 대한 분석을 통해 동맹의 목적을 재설정해야 했다. 이러한 필요성에 따라 1990년 7월 5~6일 런던에서 개최된 북대서양조약기구 정상회담은 북대서양조약기구의 역할 변경 및 군사전략 수정 등을 주요 내용으로 하는 '런던선언(London Declaration)'을 채택하였다.[14] 이 선언의 주된 내용은 선제공격 포기 선언, 바르샤바조약기구 가맹국에 대한 상호불가침 호소, 핵의 선제공격을 포함한 '유연전략(flexible strategy)'의 재검토 등이며, 이는 곧 동·서 대립을 기본적인 전제로 삼았던 기존 전략의 재검토를 요구하는 것이었다.

우선 중동부유럽 국가들이 경제적 자유와 평화를 선택하고 독일의 통일이 분단된 유럽의 종결을 의미하고 있으며, 특히 유럽공동체가 안보 부문의 정체성을 회복하기 위해 정치적 통합을 준비하고 있는 상황에서 북대서양조약기구 회원국 정상들은 그동안 공동방위를 마련하는데 성공한 것으로 평가 받는 북대서양조약기구가 이러한 기본적인 임무를 계속 수행할 뿐만 아니라 새로운 시대적 변화에 적절하게 대응할 수 있는 역할을 갖추어야 한다는 것에 합의했다. 또한 이들은 새로 형성된 유럽질서에서 각 동맹국의 안보가 인접 국가들의 안보와 밀접하게 연계되어 있으므로 북대서양조약기구가 공동 안보는 물론 유럽의 모든 국가들과 새로운 협력관계를 확립할 것을 강조하고, 더 이상 바르샤바조약기구가 그들의 적이 아닌 만큼 이 런던 선언에 참여할 것을 제안했다. 동시에 정

---

14) *London Declaration on A Transformed North Atlantic Alliance. Issued by the Heads of State and Government participating in the meeting of the North Atlantic Council*, North Atlantic Council(Updated: 27 October 2000), http://www.nato.int/docu/comm/49-95/c900706a.htm(검색일: 2011. 7. 16).

상들은 어떠한 국가에 대해서건 영토 보전 또는 정치적 독립을 해치는 위협이나 무력 사용을 금지하고 유엔 헌장과 유럽안보협력회의의 헬싱키 최종의정서의 원칙과 목적에 반하는 어떠한 행위도 하지 않을 것임을 재천명했다.

그리고 런던 선언에서 동맹국 정상들은 1990년 11월 유럽안보협력회의에서 채택한 '비엔나 문서'의 내용을 존중할 것을 약속하면서 유럽에서 재래식 무기를 감축하고 제한하는 '유럽재래식무기감축조약'과 신뢰안보구축조치의 진전을 위한 후속 회담을 제안하였다. 왜냐하면, 그들은 유럽안보협력회의 틀 내에서 재래식 무기를 통제하기 위한 새로운 협상을 통해 "유럽에서 재래식 무기에 따른 군사력의 공격 능력을 제한함으로써 1990년대에 원대한 조치"를 마련할 수 있다고 보았기 때문이다.

아울러 런던에 모인 정상들은 북대서양조약기구가 그동안 항상 강조해왔던 것처럼 핵무기는 자기 방어라는 예외적인 경우에 한해서만 사용하고 전쟁을 예방하기 위해 요구되는 안정적인 최저 수준으로 핵 군사력을 보유한다는 기본 입장을 수정하고자 했다. 즉, 유럽에 찾아온 정치적·군사적 변화에 부응하여 북대서양조약기구는 보유하고 있는 핵 억지력의 규모를 수정하고 그 임무 또한 최후의 방위수단으로만 활용하도록 변경한다는 것이다. 이를 위해 정상들은 최단거리의 하위 핵무기 체계에 대한 역할을 상당 부분 줄일 것을 결정했고, 유럽에서 핵을 사용하는 모든 대포를 제거할 것을 소련에 제안하기도 했다. 이러한 수정된 계획에 따라 북대서양조약기구는 새로운 전략을 수립하게 되었는데, 미국에 의해 폭넓게 활용되었고 북대서양조약기구가 적용하고 있던 기존의 '전진방어

(forward defense)' 전략을 바꾸어 제한적으로 전진 배치하도록 하고 핵무기에 의존하는 것을 줄이기 위해 '유연반응(flexible response)' 을 변경하도록 요구되었다.

1991년 5월 28~29일 브뤼셀에서 열린 북대서양조약기구 국방장 관 회담은 재래식 무기 감축을 위한 협상 단계에서부터 유럽안보 협력회의 회원국들이 지속적으로 주장해 온 중·단거리 핵무기 철 수 문제를 집중 논의하였다. 이들은 유럽에 배치된 핵무기를 감축 한다는 데에 합의하였으며, 북대서양조약기구의 편제 또한 개편하 여 기존 부대를 주방위군(Main Defence Forces), 대응군(Reaction Forces), 증병군(Augmentation Forces)이라는 세 가지 부대로 이루 어지는 새로운 구조로 바꾸었다. 주방어군은 북대서양조약기구가 추진하고 있는 세부적인 작전을 위해 다국적군으로 편성하며, 즉각 적이고 신속하게 활동할 수 있는 부대인 대응군은 북대서양조약기 구의 대부분 회원국으로부터 받는 지원군과 다국적군을 포함하게 된다. 이와 더불어 유럽공동체의 안보적 역할을 강화시킨다는 것을 결정한 회원국들은 유럽공동체로 하여금 독자적인 방위체제를 구 축할 수 있도록 하는 동시에 유럽 국가들이 종전보다 더 많은 방위 비를 분담하도록 한다는 것을 합의했다.15) 이처럼 동맹국 국방장관 들이 유럽의 안보와 안정을 강화하기 위한 논의를 구체적으로 하 게 된 것은 당시 소련군이 동유럽 지역으로부터 계속 철수하고 있 었고 바르샤바조약기구를 해체한다는 것을 공식적으로 결정했던

---

15) *Final Communiqué*, Defence Planning Committee and the Nuclear Planning Group of the North Atlantic Treaty Organisation, Brussels, 28~29 May 1991. http://www.nato.int/docu/comm/ 49-95/c910529a.htm(검색일: 2011. 7. 18).

정치군사적 상황이 크게 작용했다고 볼 수 있다.

1991년 11월 7~8일 로마에서 열린 북대서양조약기구 정상회담은 냉전체제가 종식된 후 전개되고 있는 소련 및 동유럽 지역의 급격한 변화에 북대서양조약기구가 적극적으로 대응할 필요성이 있다는 것을 강조했다. 정치적으로는 냉전의 상징이었던 분단된 독일이 통일을 이루었을 뿐만 아니라 과거 소련의 위성국가였던 중동부유럽 국가들이 주권을 회복하였고, 라트비아, 리투아니아, 에스토니아 등 소위 발트 3국이 독립하면서 소련 그 자체가 와해될 수 있는 상황에 직면하고 있었다. 또한 군사적으로는 소련군이 헝가리와 체코슬로바키아로부터 철수하였고, 폴란드와 동독으로부터의 철수도 1994년경 완료하는 것으로 예정되었다. 특히 얼마 전까지만 북대서양조약기구와 적대적인 관계에 있던 모든 국가들이 1991년 4월 1일 바르샤바조약기구를 해체시키면서 서방에 대한 이념적 대립을 거부하였고, 이들이 다원적 민주주의와 법치, 인권 존중, 그리고 시장경제를 받아들임에 따라 냉전시대에 군사적 대립의 근원이 되었던 유럽대륙의 정치적 양분은 종결되었다.

이러한 유럽질서의 급변에 직면해서 서유럽 국가들도 유럽공동체를 더욱 진전시켜 외교 및 안보 분야를 포함하는 유럽연합으로 전환시키고자 노력하고 있었으므로, 여기서 유럽공동체 회원국이자 북대서양조약기구의 동맹국인 서유럽 국가들의 책임과 역할을 강화시킬 필요성이 있게 된다. 왜냐하면, 이 국가들이 북대서양조약기구 범주 내에서 '유럽 축(European pillar)'을 강화하는 차원에서 추구하는 유럽 안보정체성이나 방위 분야에서의 역할 강화는 결국 유럽 국가들의 이익은 물론 북대서양조약기구 전체의 통합과 효율성을 더욱 증대시키는 데에 기여할 수 있을 것이기 때문이다.

이와 같은 소련을 비롯한 중동부유럽 국가들의 변화와 유럽공동체의 외교안보정책 포함 노력, 그리고 유럽안보협력회의의 역할 강화 등은 북대서양조약기구로 하여금 그동안 추구해왔던 목적을 변경할 수밖에 없도록 작용했다. 특히 탈냉전시대를 맞아 사회주의 진영이 소멸된 상황에서 북대서양조약기구는 그동안 집단방위기구로서의 존립근거가 크게 약화되었음을 인식하고 지금까지의 군사적 전술 및 전략을 수정하여 북대서양조약기구의 '대서양 신전략개념(The Alliance's New Strategic Concept)'을 채택하였다.[16]

이 개념은 북대서양조약기구의 기본임무로 서유럽의 "안보, 협의, 억지 및 방위, 위기관리, 협력"을 재천명하는 한편, 유럽지역 분쟁 확산에 대비한 북대서양조약기구의 위기관리 역할 강화, 역외분쟁과 대량살상무기 및 테러 대응 능력제고, 북대서양조약기구를 내에서의 유럽안보방위체제 구상과 유럽안보협력회의의 발전, '유럽 - 대서양협력회의(EAPC)'[17] 수립, '평화를 위한 동반자 관계(PfP)'[18] 형성, 서유럽연맹과의 협력관계 강화 등을 강조하고 있다. 즉, 군사력에 의한 "협상과 억제"라는 기본전략에다가 "동반자적인

---

16) *The Alliance's New Strategic Concept*, http://www.nato.int/cps/en/natolive/official_texts_23847.htm (검색일: 2011. 3. 18).

17) 이는 서유럽 내 중립국 및 동유럽 국가들을 하나의 유럽안보 틀 내에 묶기 위해 북대서양조약기구 회원국과 옛 소련 및 동유럽 국가들이 모여 창설한 안보기구로서 회원국 상호 간의 관계 증진을 위해 만들어진 북대서양조약기구에 속하는 다국적 포럼 형태를 지니고 있다. 1997년 5월 30일 창설된 이 기구에는 북대서양조약기구의 28개 동맹국과 유럽 국가 중 비동맹국 6개국, 러시아를 비롯한 과거 소련에 속했던 12개국, 구유고 연방에 속했던 4개국 등 총 50개국이 참여했다.

18) 평화를 위한 동반자 관계는 유럽 - 대서양협력회의에 속하는 개별 회원국과 북대서양조약기구 사이에 안정을 증대시키는 한편 평화에 대한 위협은 감소시키고 강화된 안보를 구축하기 위해 협력하는 개별적인 관계이다.

지위로 격상된 지난날의 적대국들과 협력"한다는 개념을 추가시킴으로써 점진적으로 북대서양조약기구에 군사적 역할과 함께 정치적 역할도 부여한다는 것이다.

이를 논의하는 과정에서 21세기 북대서양조약기구의 활동범위 확대, 북대서양조약기구군의 파병, 유럽안보 역량 강화 등의 주요 쟁점에 대해 미국과 유럽 회원국 사이에 견해 차이가 있었던 것은 사실이다. 미국은 북대서양조약기구의 활동범위를 유럽 – 대서양 지역은 물론 중동 지역을 포함한 역외 분쟁지역으로까지 확대하고 북대서양조약기구의 독자적 역외 파병이 가능하며 전체 회원국 협의 하에 북대서양조약기구의 모든 군사행동을 실시하고자 했다. 여기에 반해 유럽의 북대서양조약기구 회원국들은 북대서양조약기구의 활동지역을 유럽과 대서양지역으로 국한시키고 인도적 차원에서의 역외 군사 개입을 위한 탄력적 운용은 인정하나 유럽연합 승인을 통해 국제적 합법성을 확보할 필요가 있다고 주장하였다. 또한 이들은 안보협력 면에서도 유럽지역 분쟁에 유럽 국가들이 자율적으로 대응하기 위해 서유럽연맹의 역할을 강화하고 유럽이 독자적인 안보체제를 구축하기 위해 유럽공동체 내에 별도의 군사기구를 설립할 필요가 있다는 입장을 견지했다.

냉전 종식을 전후하여 새로운 안보질서 형성을 위해 상당한 진전을 이루었던 유럽안보협력회의나 더욱 강화된 공동체를 구상하고 있던 유럽공동체와는 달리 군사안보적 성격을 강하게 지니면서 미국의 주도하에 놓여있던 북대서양조약기구는 정상회담을 거치면서 신전략개념을 채택하고 군 편제를 개편하기도 했지만 유럽안보 환경 변화로 인해 요구되는 내부적 개혁을 신속하게 추진하지 못했던 것은 사실이다. 그러나 신뢰안보구축조치 실시와 유럽 재래식 무기 감축을 위한 협정의 성공, 바르샤바조약기구의 해체 등 유럽 안보환경의 변화가 급격하게 진전됨에 따라 북대서양조약기구는 유럽의 안보 및 방위를 위해 구 사회주의 진영 국가들과의 협력은 물론 이 국가들을 대상으로 하는 확대가 필요하다는 것을 인식하게 되었다.

이러한 필요성에 따라 북대서양조약기구는 1991년 12월 20일 유럽-대서양협력회의 수립을 위한 사전적 단계로서 구 바르샤바조약기구 회원국, 구소련 연방구성국 및 알바니아 등 9개 동유럽 국가들이 함께 참여하는 '북대서양협력위원회(NACC)'를 설립하였다.[19] 이로써 유럽은 냉전시대의 블록 중심적 집단방위 안보개념에서 탈피하고 협력의 시대를 맞게 되었으며, 북대서양조약기구는 더 이상 '집단방위'를 위한 기구가 아니라 '협력안보'를 위한 기구로서의 역할을 하게 되면서 유럽안보협력회의와 함께 유럽의 안정과 평화를 담당할 수 있는 근거를 갖추게 되었다.

3) 공동외교안보정책 수립을 위한 주요 논쟁과 채택 과정

유럽통합은 애당초 '유럽공동체'와 같은 단순히 거대한 공동시장만을 의미하는 것이 아니라 외교안보 면에서도 평화 유지를 위

---

19) 북대서양협력위원회가 창설되었지만 결정사항을 이해할 수 있는 실제적인 수단을 갖추지 못함에 따라 무기력한 존재로 남게 되었다. 따라서 민족적 또는 종교적 갈등으로 인한 분쟁 발생을 크게 우려하고 있던 중동부유럽 국가들과 구소련 연방구성국들이 북대서양협력위원회를 통한 자국의 안보를 확신하지 못하게 되었고, 이들이 당시 유럽의 안보를 절대적으로 담당하고 있던 북대서양조약기구에 가입하고자 적극 노력하게 되었던 것이다.

해 회원국들이 긴밀히 협력할 수 있는 정치적 통합을 실현시켜야
만 하는 "국경 없는 경제적 사회적 공간"20)을 의미했다. 이러한 만
큼 유럽공동체의 공동외교안보를 위한 노력은 유럽 건설에서 매우
큰 중요성을 지닌다고 할 수 있다. 마스트리히트 조약의 모태가 되
었던 1987년의 유럽단일법에서도 유럽안보를 위한 협력을 강조하
고는 있지만,21) 1980년대 말부터 급변하기 시작한 유럽안보환경에
유럽공동체 회원국들이 적절히 대응하기에는 매우 미흡한 수준에
머무르고 있었다. 특히 걸프전이나 구유고슬라비아 내부에서 발생
한 분쟁, 소련 와해 등의 정치적 격변에 직면해서 제대로 대처하지
못했다고 인식하게 된 유럽공동체 회원국들은 유럽단일법에 규정
된 수준을 능가하는 외교안보정책에서의 적절한 협력 방안을 강구
하기 위해 노력하게 되었다.22)

　사회주의 진영의 와해에 따른 유럽안보환경 변화에 부응할 수
있는 협력체계를 구축하고자 하는 노력은 독일의 통일이 급속히
진전되고 유럽공동체의 강화와 회원국 간의 정치적 결속이 더 한
층 강조됨에 따라 새로운 전기를 맞게 되었다. 통일독일을 최대한
으로 유럽공동체에 통합시키기 위한 현실적인 방안을 모색하고 있
던 프랑스의 미테랑 대통령과 독일의 통일이 유럽이라는 지붕 아
래에서만 진행될 수 있다고 천명해 오던 서독의 콜 수상은 1990년
4월 19일 공동 서한을 발표하면서 4월 28일 열릴 더블린 임시 유

---

20) Delors (Jacques), *Le nouveau concert Européen*, Paris, Odile Jacob, 1992, p. 145.

21) 유럽단일법 제30조는 유럽공동체 회원국들이 "안보의 정치적 경제적 측면에 대해서 그들의
　　입장을 더 많이 조정할 것"을 정하고 있다.

22) Commission of the European Communities, *European Union*, Luxembourg, Office for Official
　　Publications of the European Communities, 1992, p. 29.

럽이사회에서 정치적 통합에 관한 정부 간 회의를 개최할 수 있도록 사전 준비 작업을 시작할 것을 촉구했다.[23] 이 서한에서 독-불의 두 정상은 '공동체(Community)'를 공동외교안보정책이 포함되는 '연합(Union)'으로 확대시키고 앞으로 협상에서 다루어야 할 네 가지 주제로 유럽연합의 민주적 정통성 강화, 제도적인 효율성 제고, '공동행위(joint action)'의 통일성과 일관성 확보, 공동외교안보정책의 수립 등을 제안했다.

더블린 임시 유럽이사회(더블린 1차 회의)[24]가 개최되자마자 이 회의의 주요 주제였던 독일의 통일문제는 별다른 이의 제기 없이 신속하게 처리되었지만, 독-불의 공동 제안에 대해서는 많은 논쟁이 벌어졌다. 특히 영국의 대처(Margaret Thatcher) 수상은 유럽공동체가 지향하는 정치적 통합이 지니는 의미를 독일과 프랑스의 두 정상이 제대로 파악하지 못하고 있다는 비판하였다. 아울러 대처 수상은 미테랑과 콜의 공동 제안이 회원국의 주권이 훼손당하는 한이 있더라도 유럽을 단일한 국가 형태로 만들고자 하는 숨은 의도에서 비롯된 것이라고 비난하면서 이 제안에 대해 반대했다.[25] 여기에 덧붙여 그녀는 집행위원회의 들로르 위원장이 공동체보다도 연합을 더욱 강조하고 있는 독-불 공동제안에 대해 집행위원

23) Touraine (Marisol), *Le bouleversement du monde. Géopolitique du XXIe siècle*, Paris, Eds. du Seuil, 1995, pp. 288~289; Touraine는 프랑스와 독일 사이의 갈등 관계를 해소시키고자 하는 것이 유럽공동체 탄생 배경에서 근간을 이루었던 만큼, 이 두 국가 간의 접근은 상징적인 의미만을 지니는 것이 아니라 유럽건설의 본질 그 자체가 된다고 보았다.

24) 1990년 4월 28일 더블린 임시 유럽이사회를 같은 해 6월 25~26일 역시 더블린에서 열린 유럽이사회와 구분하기 위해 '더블린 1차 회의', 그리고 후자를 '더블린 2차 회의'로 부르기도 한다. 이러한 표기방법은 1990년 10월 27~28일과 12월 14~15일 로마에서 열린 유럽이사회의 경우도 마찬가지로 적용된다.

25) *Agence Europe*, le 29 avril 1990.

회가 독점하고 있는 제안권을 다른 기구와 공유하도록 강조하고 있는 것은 매우 위험한 발상이라고 지적했다. 결국 더블린 1차 회의에서는 어떠한 결론도 얻지 못하고, 단지 유럽공동체 외무장관 이사회가 정치적 통합과 관련된 조약 개정의 필요성을 비롯한 제반 사항을 검토한 후 6월에 개최될 유럽이사회에 보고서를 제출하도록 한다는 것만 정했다. 이처럼 미테랑 대통령과 콜 수상의 공동서한이 1993년의 단일시장 수립을 위한 협의를 우선적으로 진행시켜야만 한다고 주장하고 있던 영국 대처 수상의 반대에 부딪혔지만,26) 마스트리히트 조약을 준비하는 과정에서 외교안보정책에 관한 논의를 전개할 수 있도록 해 준 중요한 시발점이 되었음은 분명하다.

정치적 통합 계획을 전적으로 수용하고 있던 이탈리아가 유럽이사회의 의장국을 맡은 후 1990년 10월 27~28일 개최된 로마 임시 유럽이사회(로마 1차 회의)에서 영국을 제외한 나머지 유럽공동체 11개 회원국은 경제통화동맹과 공동외교안보정책을 동시에 추진하기로 결정했다. 또한 각 회원국에서 안보문제에 관한 중요한 결정을 내리는 정상들로 구성된 유럽이사회였지만, 그 당시 유럽안보에서 절대적인 역할을 해오던 북대서양조약기구의 존재를 의식하지 않을 수 없었다. 따라서 유럽이사회는 안보부문에 대한 유럽연합의 역할을 "회원국들이 관계되어 있는 안보 협정에 의해 주어진 의무와는 별도로", 그리고 "점진적으로" 규정할 것에 합의하는 등 신중한 태도를 취했다.

---

26) Bloch-Lainé (Amaya) et Boyer (Yves), "Europe Occidentale", Boniface (Pascal)(eds.), *L'Anée Stratégique*, Paris, Edition Stock/Iris, 1991, p. 41.

로마에서 유럽이사회가 열리기 약 1주일 전인 1990년 12월 6일 미테랑 대통령과 콜 수상은 4월 19일에 발표한 서한의 내용을 발전시킨 각서를 공동으로 발표했다. 유럽연합의 '연방주의적 성향'을 언급하고 있는 이 각서에 따르면, 공동외교안보정책은 모든 정치적·군사적 분야에 해당될 것이며 집단방어기구인 서유럽연맹과 유럽연합이 유기적인 관계를 맺으면서 서유럽연맹은 유럽연합을 구성하는 요소가 되도록 해야 한다는 것이다. 이러한 내용의 독─불 공동각서는 더욱 심도 있고 진전된 통합을 원하고 있던 회원국들에는 매우 고무적인 제안이 아닐 수 없었지만, 이에 반대하는 회원국들에는 유럽통합을 더한층 발전시키기 위한 논의 자체에 대한 의구심을 가지도록 하면서 부정적으로 작용할 수 있는 요소가 되기도 했다.

유럽연합을 준비하기 위한 노력은 12월 14~15일 열린 로마 유럽이사회(로마 2차 회의)에서 경제통화동맹과 정치적 통합(PU)을 논의하기 위한 2개의 정부 간 회의(IGC)를 개최할 것과 1992년 말까지 새로운 조약안에 대한 비준 절차를 종결하도록 한다는 추진 일정이 마련됨에 따라 새로운 전기를 맞게 되었다. 이 회의의 결정에 따라 개최된 '정치적 통합을 위한 정부 간 회의(IGC/PU)'에서 냉전 종식에 따른 안보 문제의 중요성이 크게 부각되었던 것은 걸프위기와 소련 체제의 와해에 따른 불안정뿐만 아니라 유럽에 주둔하고 있는 미군의 감축이 예상되는 등 공동체 주변정세의 급변이라는 당시의 정치 상황에 기인한다고 볼 수 있다.

특히 걸프전과 유고슬라비아 사태를 맞아 선언적인 성격이 강했던 유럽정치협력의 허약성이 드러나게 되자, 유럽공동체 회원국들은 대외정책에서 보다 강화된 협력 체계의 필요성을 절감하게 되었던 것이다. 이러한 점들을 고려할 때, 유럽방위공동체 창설계획의 실패 이후 유럽통합 과정에서 가장 금기시되어오다시피 하던 안보와 방위 문제에 대한 논의의 긴급성과 필요성은 재론의 여지가 없었다. 그러나 이 문제 자체가 민감한 성격을 지니고 있었을 뿐만 아니라 자칫 유럽통합에 치명적인 타격을 가할 수 있는 위험 요소가 잠재되어 있는 사안이었던 만큼 '정치적 통합을 위한 정부 간 회의'에 참석한 각 회원국의 대표들은 매우 신중한 자세로 협상에 임해야만 했다.

당시 유럽공동체 이사회의 의장국이었던 룩셈부르크는 정치적 통합을 위한 정부 간 회의에서 처음부터 대외정책에서 긴밀한 결합을 보장할 수 있는 강화된 협력 체계 구성에 관한 문제에 대해 토론한다는 것을 결정하고, 이러한 내용을 중심으로 작성한 대외관계와 안보부문에서의 공동정책에 대한 의견서를 1991년 1월 16일 발표했다. 이 의견서에서는 정치적 통합을 위한 정부 간 회의에서 다루게 될 주제를 정치적 통합의 정도에 따라 서로 다른 세 수준, 즉 강화된 정치협력, 보다 긴밀한 협력의 새로운 차원인 공동정책, 그리고 조약에 근거를 두고 있는 공동체적 정책 등으로 구분하였다.27)

이러한 룩셈부르크가 발표한 의견서는 같은 해 2월 4일 브뤼셀에서 열린 정치적 통합을 위한 정부 간 회의가 열리자마자 첫 회의에서부터 격렬한 논쟁을 불러일으켰는데, 이 회의에 주어진 협상 주제

---

27) Decaux (Emmanuel), "La politique étrangère et de securité commune", Labouz (Marie-Fran çoise), (sous la dir.), *Les accords de Maastricht et la construction de l'Union européenne*, Paris, Montchrestien, 1992, pp. 124~125.

들은 다음과 같은 세 가지의 어렵고도 민감한 질문에 대해 구체적인 해답을 구하는 형태로 전개되는 논의에서 다루어지게 되었다.

첫째, 공동통상정책과 개발협력정책에 외교정책을 합치면서 대외정책을 총체적인 관점에서 다루어야만 하는가 하는 '전체성' 문제이다. 다시 말하자면, 대외관계에 있어 전권을 지니는 기구와 단일한 절차를 갖추어야만 하는가, 아니면 이와는 반대로 외교정책과 공동체적인 대외정책을 계속 구별해야만 하는가 하는 질문인 것이다. 공동체의 모든 대외정책을 전체적이고 단일화된 제도적 범주에 두면서 공동체적 행위를 단지 형태별로만 구분하고자 하는 이 접근 방법은 이사회 의장국을 맡고 있던 룩셈부르크에 의해 처음으로 제안되었다. 집행위원회도 1991년 2월 28일의 발표문을 통해 외교안보정책을 개발협력정책과 통상정책에서의 경우와 마찬가지로 공동체의 대외관계에 대한 전체적인 범주에 통합시킬 것을 제안했다. 정치적 통합을 위한 협상 전체에 걸쳐 집행위원회는 앞으로 예상되는 유럽연합의 다양한 대외적 관계에 단일한 절차를 적용시켜, 이들이 통일성을 기할 수 있도록 하는 것이 필요하다는 입장을 계속 견지했다.

외교정책을 단일화된 제도적 범주에 통합시킨다는 구상이 상당히 진전되었음에도 불구하고 정치적 통합을 위한 정부 간 회의에서 거부된 것은 서로 다른 이유를 들면서 반대하는 회원국들의 변하지 않는 태도 때문이었다. 즉, 유럽통합의 공동체적 접근을 항상 주장해오던 회원국들 중 일부 회원국의 대표들은 정부 간 협력의 범주에 해당되는 외교정책이 전적으로 공동체적인 절차에 포함됨으로써 오히려 본래의 공동체적 절차가 훼손당할 수 있다는 점을 크게 우려했다. 이러한 견해에 반대하는 영국과 같은 회원국의 대표들은 외교정책을 통상정책과 같은 범주에 둠으로써 원래 정부 간 협력의 성격을 지니고 있는 외교정책이 오히려 더욱 공동체적인 절차를 따르게 되지 않을까 두려워했다. 이러한 부류의 대표들이 생각하기에는 정책의 내용에 따라 적용하게 될 서로 다른 두 가지 절차에 대한 명확한 분리는 절대적으로 필요한 것이었다.

이처럼 유럽통합 방식에 대해 본질적으로 서로 대립되는 입장을 취하지만 결국은 동일한 방식을 옹호하게 되는 회원국들의 역설적인 견해에 힘입어 대외관계의 다양한 영역을 명확하게 구분해야 한다는 주장이 정치적 통합을 위한 정부 간 회의가 진행되면서 곧 우세해졌다. 회원국 대표들이 대외정책의 분리가 단일한 공동체적 구조 속에서 이루어지는 것이 아니라 정책 영역별로 구분되는 접근 방식을 적용시킨다는 데에 합의함으로써 공동외교안보정책의 적용 범위와 수단 및 절차 등은 큰 어려움 없이 결정될 수 있었다.

둘째, 정치협력체계를 공동체적 운영 형태에 종속시킴이 없이 여기에 접근시킬 수 있을 것인가 하는 '공동체적 행위와 강화된 정치협력의 관계성'에 대한 문제였다. 정치적 통합을 위한 정부 간 회의에 참여한 각 회원국 대표들은 공동외교안보정책의 목적을 달성하기 위해 정치적 협력 기능을 더욱 강화하고 공동으로 취해진 최종 결정에는 회원국들이 적극 참여하도록 유도할 수 있는 방안을 강구하는 데에 전념했다. 그들은 공동외교안보정책을 위한 유럽연합의 공동행위는 단순히 정부 간 협력에 따른 공동행위가 아니라 더한층 심화되고 기존의 협력체계보다 더 구속력을 갖는 '강화된 정치협력체계'에서 다루어질 수 있어야 한다는 점에 대해서는 의

견이 일치하고 있었다.

공동외교안보정책을 위해 구축될 더욱 진전되고 폭 넓은 협력체계가 그 시행 초기에는 모든 회원국들의 입장이 크게 다르지 않는 몇몇 특수한 외교정책 분야에 국한되어 적용되겠지만, 결국은 전통적인 정부 간 협력 방식을 취해왔던 대외정책의 다른 분야들까지도 점차 공동 행위라는 한층 더 구속적이고 통합된 체계로 흡수하게 될 가능성은 충분히 있는 문제였다. 지금 당장에라도 '강화된 정치협력'의 대상이 될 수 있는 영역들을 정리해야 한다는 주장이 대두되기도 했지만, 이 문제는 1990년 10월 이탈리아의 주도하에 개최된 회원국 외무장관 비공식회의에서 검토되었으며, 이와 함께 공동외교안보정책의 즉각적인 실행 가능성에 대한 논의도 진행했지만 이루어졌다.[28] 그 이후에도 수차례에 걸쳐 회원국 외무장관들의 회의에서 이 문제를 논의했지만 최종 결정에는 이르지 못했다. 왜냐하면, 영국은 공동외교안보정책에 대한 논의가 시작되면서부터 줄곧 공동 행위의 효율성에 대해 의문을 제기하면서 단지 전통적인 정부 간 협력을 개선하는 정도로 제한시킬 것을 주장했기 때문이다.

끝으로, 안보와 방위에 관한 새로운 권한을 조약에 추가시켜야만 하는지, 그리고 서유럽연맹의 역할을 어떻게 규정할 것인가 하는 문제이다. 브뤼셀에서 개최된 '정치적 통합을 위한 정부 간 회의'의 첫 회의에서 룩셈부르크가 유럽 방위문제를 공동외교안보정책과 연계시키는 공동방위정책 개념을 제시하자, 유럽연합이 공동외

---

28) Cloos (Jim), Reinesch (Gaston), Vignes (Daniel), Weyland (Joseph), *op. cit.*, pp. 465~468.

교안보정책을 포함하게 됨에 따라 제기될 수 있는 유럽연합 내에서 서유럽연맹의 역할과 서유럽연맹과 북대서양조약기구와의 관계 재정립에 대한 회원국들의 견해 차이가 극명하게 드러났다.[29]

이러한 견해 차이는 간략하게 다음의 두 가지 개념에 따른 것으로 요약될 수 있다. 우선 네덜란드가 주장했고 포르투갈, 영국, 이탈리아 등을 중심으로 하는 대서양주의자(Atlanticist)들의 개념을 들 수 있는데, 이것은 방위와 안보의 구분에 근거하고 있다. 즉, 방위에 관한 실제적인 책임을 북대서양조약기구가 담당하고 있으므로, 서유럽연맹은 북대서양조약기구 권외의 안보위기에 대해 개입하는 제한된 책임을 맡으면서 "북대서양조약기구에 종속"된다는 것이다. 이렇게 볼 때, 서유럽연맹은 유럽연합과 유기적으로 연관될 그 어떤 이유도 없으며, 오히려 "북대서양조약기구에 대한 유럽 축을 강화하는 수단"[30]으로서의, 또는 영국의 견해처럼 유럽연합과 북대서양조약기구 간의 교량으로서의 임무를 지닌다는 것이다. 이러한 주장은 북대서양조약기구가 유럽 방위에서 지배적인 역할을 하고 있는 기구가 되는 만큼 유럽 안보에서 북대서양조약기구가 여전히 우월성을 유지해야 하며, 서유럽연맹에는 극히 제한적인 역할만 부여하도록 한다는 의도에서 비롯된 것이다.

반면, 프랑스와 독일이 강하게 내세우고 있는 유럽주의자(Europeanist)들의 견해로서 서유럽연맹이 지니는 군사도발에 대한 억제력은 북

---

29) 공동외교안보정책을 위한 여러 제안에 관하여 Lellouche (Pierre), *L'Europe et sa sécurité*, Rapport d'information, No.1, p. 294, Paris, Assemblée nationale, 1994, pp. 15~19 참조.

30) Menudier (Henri), "Problèmes actuels de la cooperation franco-allemande", Secrétariat général de la Défense national, *L'Europe face aux défis mondiaux. Actes des journées d'études de Lille*, Paris, Presses du SGDN, 1992, p. 323.

대서양조약기구 권외에서 발생하는 분쟁들을 관리하는 임무에 앞서서 우선적으로 서유럽 지역 자체의 방위에 대한 책임을 지고 있는 만큼 서유럽연맹은 유럽연합의 공동외교안보정책을 추진하는 데에 있어 주체가 된다는 것이다. 이 견해에 따르면 유럽연합과 서유럽연맹 사이에는 특별한 관계가 형성되어야 하는 바, 서유럽연맹은 유럽연합에 대해 적절한 군사적 수단을 보장하면서 유럽연합의 권위 하에 놓여야 할 것이다.31) 유럽 안보정책에서 서유럽연맹을 북대서양조약기구와 함께 추진할 수 있는 동반자적 지위로 발전시키고 유럽의 자주적 안보기구로까지 육성시키고자 하는 이들의 궁극적 목표는 유럽에서 생길 수 있는 모든 위협에 즉각적이고 효율적으로 대처할 수 있는 자주적 안보 능력을 갖춘 체제를 구축하자는 것이다.

안보정책에 관한 논의에서 제기된 개념들을 좀 더 명확히 정의하기를 바랐던 네덜란드의 요구에 따라 1991년 3월 26일 소집된 비공식 외무장관회의에서 외교안보 문제에 대해 구체적으로 논의할 수 있는 기회를 가지게 되었지만, 영국과 함께 소극적이고 방어적인 입장을 취하고 있던 네덜란드는 다른 회원국들에 대해 큰 영향력을 미칠 수 없었던 반면 프랑스와 독일은 모든 회원국의 적극적인 참여를 강력하게 요구하면서 주도적인 역할을 맡을 수 있었다. 이러한 회원국 간의 의견 대립은 본질적으로 유럽 방위에 대한 성격과 북대서양조약기구와의 상호 관계에 관계되는 것이었지만, 공식적인 토론 대상은 서유럽연맹의 역할 증대 문제였다. 즉, 서유

---

31) De la Serre (Françoise), *op. cit.*, p. 298.

럽연맹이 유럽공동체의 진정한 군사력이 될 수 있고 또한 유럽에서 북대서양조약기구의 지지 세력으로 제 기능을 다 할 수 있느냐 하는 문제가 논의의 핵심을 이루었던 것이다.[32]

같은 해 5월에 접어들면서, 그때까지 유럽의 정치적 통합에 대해 관망자적 입장을 취해오던 미국은 북대서양조약기구가 더욱 강화되면서 통합된 방위 구조를 유지한다는 조건 하에서 공동외교안보정책이 방위 문제를 포함하는 것을 수용했다. 또한 미국은 이 문제에 대한 확실한 보증을 얻기 위해 유럽에서 전개되는 방위에 관한 모든 토의 내용이 북대서양조약기구 회원국들에 공개되어야 한다고 요구했다.

이와 같은 미국의 입장이 표명된 이후부터 공동외교안보정책에 대한 논의는 주로 서유럽연맹과 북대서양조약기구라는 안보체계를 중심으로 전개되었고, 서유럽연맹과 북대서양조약기구의 관계를 정립하기 위한 긴밀한 협상이 정치적 통합을 위한 정부 간 회의의 범주를 벗어나 몇몇 유럽공동체 회원국 사이에 진행되기도 했다. 영국과 이탈리아는 1991년 10월 4일 북대서양조약기구의 통제권을 벗어난 지역에서 개입할 수 있는 유럽 군대의 창설을 포함한 유럽 외교안보정책에서의 정체성 문제에 관한 견해를 공동으로 발표했다. 그러한 반면, 미테랑 대통령과 콜 수상은 10월 11일 서유럽연맹 회원국들 사이의 보다 긴밀한 군사 협력을 촉구하기 위해 유럽 군단을 창설하면서 독-불 간의 군사 협력을 더욱 강화시켜 나갈 것을 천명했다.

---

32) Ecole nationale d'administration (ENA), *Mise en oeuvre du traité de Maastricht et construction européenne*, tome 1, Paris, La documentation française, 1994, pp. 106~108.

이처럼 유럽의 외교안보정책에 대한 서로 다른 입장, 즉 순수한 유럽적인 차원에서의 안보 수단을 창설할 것을 요구하는 유럽주의적 입장과 북대서양조약기구와의 관계 속에서 유럽안보를 고려하는 대서양주의적 입장 간의 대립은 결국 정치적 중재를 거칠 수밖에 없었다.33) 따라서 유럽안보에 있어 서로 대립되는 입장들은 가능한 한 균형을 추구하는 방향으로 조정될 수 있었다. 1991년 6월 2~3일 독일의 드레스덴에서 열린 임시이사회에 참석한 외무장관들은 유럽연합의 대외정책이 일관성을 유지하는 것을 방해하거나 연방주의적인 유럽으로 발전할 수 있는 가능성을 완전히 배제하고자 하는 의도를 갖고 있지는 않았다. 그렇지만 이들은 조약의 구조에 대한 타협의 가능성을 충분히 가지고 있었다. 이들은 공동외교안보정책 또는 테러리즘에 대항하기 위한 협력이 공동체의 여타 정책들과는 다른 절차와 방법에 따라 운영된다는 것을 결정할 수 있었던 것이다.34) 드레스덴회의에서 회원국들이 유럽 안보문제에 대해 합의를 본 이 원칙은 1991년 12월 9~10일 마스트리히트에서 있었던 조약 체결을 위한 마지막 협상까지 주요 지침으로 활용되었다. 결국 '유럽연합 조약'을 체결하면서 유럽연합은 공동체 영역에 속하는 유럽공동체와는 달리 강화된 정부 간 협력에 속하는 공동외교안보정책을 포함할 수 있게 되었다.

---

33) Doutriaux (Yves), *Le traité sur l'Union européenne*, Paris, Armand Colin, 1992, p. 213.
34) Cloos (Jim) 외, *op. cit.*, pp. 112~113.

2. 유럽연합의 공동외교안보정책 실체와 안보기구의 역할 변화

유럽공동체(EC)의 정책적 심화를 완성하기 위해 경제통화동맹(EMU)을 준비하고 있는 상황에서 발생한 사회주의 진영의 급작스런 와해는 유럽공동체 회원국들로 하여금 이로 인해 야기될 다양한 위험 요소와 불안정에 대비하고 안보의 정체성을 확립할 수 있는 논의를 전개하도록 만들었다. 이러한 과정을 통해 유럽공동체에서 전환된 유럽연합(EU)이 공동외교안보정책(CFSP)을 포함하면서 정치적 통합을 이룰 수 있는 근간을 마련함에 따라 외교안보 분야에서는 물론 군사적인 분야에서도 새로운 역할을 할 수 있게 되었다. 즉, 유럽통합은 1954년에 겪었던 유럽방위공동체(EDC)의 창설 실패로 인한 후유증으로 말미암아 기능주의적 접근에 치중하면서 추진할 수밖에 없었던 경제적 통합이라는 제한적인 범위를 크게 벗어날 수 있게 되었다.

비록 유럽연합이 공동외교안보정책을 통해 유럽의 안보와 평화 유지를 위한 자신의 역할을 행할 수 있게 되었다고 할지라도, 미국이 유럽 안보문제에서 과거부터 행해오던 주도권과 역할을 존속시키고자 하는 한 서유럽국가들이 추구하는 유럽 안보의 정체성 확보 노력은 한계성을 지닐 수밖에 없는 것이다. 따라서 유럽안보체제의 변화는 어느 한 특정기구의 독주에 의해 이루어지기 보다는 중첩된 여러 안보기구들의 협력적인 상호관계를 통해서 '유럽안보의 유럽화'를 점진적으로 구축하는 방향으로 진행될 수밖에 없을 것이다.

이러한 측면을 고려할 때, 우선 새로운 영역으로 공동외교안보정책을 포함하고 있는 유럽연합의 구조에 대해 이해할 필요가 있을 것이다. 왜냐하면, 유럽연합의 구조에 대한 이해는 공동외교안보정책의 실체를 파악하는 데에 있어 기본적인 틀을 제공할 것이기 때문이다. 그리고 공동외교안보정책에 따라 유럽연합이 갖추게 되는 수단과 목적에 대해 살펴보고자 한다. 유럽연합은 자신이 군사적인 역량을 지니지 못하고 있었던 만큼 순수한 유럽의 안보기구인 서유럽연맹(WEU)에 자신의 역할을 위임하면서 서유럽연맹을 군사적 수단으로 삼고 있으며, 서유럽연맹의 역할 강화를 통해 유럽안보의 정체성을 확립하고자 노력하게 되었다. 끝으로 이와 같은 유럽 안보와 방위문제는 그 당시까지 유럽에서 주도적 역할을 해오던 북대서양조약기구(NATO)와 연계될 수밖에 없었음을 염두에 두고, 북대서양조약기구의 역할 변화와 함께 서유럽연맹이 추구하는 전략 강화에 대해 분석할 것이다.

1) 유럽연합의 구조와 공동외교안보정책의 실체

유럽공동체 회원국들이 경제통화동맹과 정치적 통합(PU)을 이루면서 유럽연합을 탄생시킨다는 것은 결국 통화·외교·국방이라는 지극히 주권적인 분야에 속하는 권한의 일부를 회원국들이 공동체에 양도한다는 것을 의미한다.[35] 그러나 이러한 주권의 양도 문제

---

35) De Foucauld (Jean-Baptiste), *La France et l'Europe d'ici 2010. Facteurs et acteurs décisifs*, Paris, La documentation française, 1993, pp. 67~68.

는 회원국들의 민감한 반응을 불러일으켰으며, 1991년 12월 마스트리히트 유럽이사회가 개최되기 전까지 회원국들의 다양한 입장을 조정하기 위해 수차례의 정부 간 회의가 열렸다. 여기서 집중적으로 제기된 문제는 어떠한 회원국 권한을 공동체에 속하도록 할 것이고 기존의 공동체 권한 중에서 어떤 것을 더욱 강화시킬 것인가, 그리고 결정에 이르는 공동체적인 절차는 어떻게 할 것인가 등이었다.

이와 같은 일련의 문제들에 대한 협상 결과가 유럽통합의 법적 근거를 이루게 될 "유럽연합에 관한 조약", 즉 마스트리히트 조약의 구조와 직결될 수 있는 중요한 것이었던 만큼 회원국 주권의 매우 민감한 분야에 해당되는 공동외교안보정책을 어떠한 구조 속에 포함시킬 것인가에 대한 회원국들 간의 논쟁은 매우 격렬했다. 따라서 우선 마스트리히트 조약의 구조에 대해 전개된 논쟁을 간단히 살펴보고 세 기둥으로 구성된 유럽연합에서 공동외교안보정책을 강조하고 있는 내용들을 검토하고자 한다. 이를 토대로 하여 유럽연합이 공동외교안보정책을 이행하는 내용과 그 제도적 측면을 고찰하고자 한다.

(1) 마스트리히트 조약의 구조에 대한 상반되는 두 개념과 합의 과정

마스트리히트 조약을 두고 진행된 협상에서 유럽통합에 대한 개념은 그 영역을 경제적 범주를 넘어서서 다른 영역으로 점차 확대시켜 나가도록 해야 한다는 당위성과 함께 크게 발전할 수 있었다.

이러한 필요성에 대해서는 합의하고 있었음에도 불구하고 유럽통합을 실현하기 위해 선택해야 하는 최선의 방편이 어떠한 것이냐 하는 문제, 특히 새로운 영역인 공동외교안보정책과 내무·사법 협력(JHA)을 어떠한 방식으로 다루도록 할 것인가 하는 문제에 대해서는 회원국들 사이에 의견 일치를 보지 못하고 있었다. 다시 말하자면, 기존의 유럽공동체에 관한 영역과 새로운 두 영역을 어떠한 형태로 상호 연관되도록 하면서 유럽연합 내에 통합시키느냐 하는 문제가 대두되었던 것이다. 이러한 조약의 구조에 대한 회원국들의 대립은 두 개의 상반되는 개념, 즉 "여러 가지로 된 나무(Tree)" 모양으로 할 것인지, 아니면 "그리스풍의 사원(Temple)" 형태로 할 것인지에 관한 문제에서 비롯된 것이었다.

벨기에·네덜란드·독일과 이탈리아 등의 지지를 받는 집행위원회는 '여러 갈래의 가지로 되어 있는 나무'에서처럼 유럽연합이 경제통화동맹에 대해서는 물론 외교정책적인 문제나 대내외적 안전이라는 새로운 영역에 대해서도 공동체적 권한을 행사할 수 있어야 한다고 주장했다. 이와는 달리 영국·덴마크·스페인·포르투갈과 그리스 등의 지지를 받는 프랑스의 입장은 새로운 영역들이 '그리스풍의 사원'에 비유되는 유럽연합이라는 공동의 지붕 아래 유럽공동체와 함께 위치하더라도 유럽공동체라는 '기둥'과는 분명하게 구분되는 다른 기둥을 구성해야 한다는 것이었다.[36] 이 경우 공동외교안보정책과 내무·사법 협력은 본질적으로 공동체의 제도적 권한에 포함되는 것이 아닌 만큼 오직 정부 간 협력에 의해

---

36) <그림 2>를 참조할 것.

서만 추진되어야 한다는 것이다.

실제적으로는 그 어느 누구도 공동외교안보정책을 '유럽'이라는 한 둥치의 나무에서 뻗어나가는 하나의 가지로 설정하면서 공동체적인 범주에 완전히 포함시킨다고는 생각하지 않았다. 다른 한편, 정부 간 접근 방식에 대해 가장 적극적인 입장을 취하고 있던 회원국 대표들조차도 유럽연합의 모든 활동이 일관성을 갖추도록 하기 위해 공동체적 기구가 전통적인 정부 간 협력에 속하는 분야에 대해 관여할 수 있는 가능성과 필요성을 부인하지 않았다. 따라서 이 문제에 대한 논쟁의 초점은 새로운 두 영역인 공동외교안보정책과 내무·사법 협력을 공동체적으로 접근하느냐, 아니면 당시 현실적으로 적용되고 있던 정치적 협력의 범주 속에 계속 유지시키느냐 하는 데에 있었던 것은 아니다. 회원국들이 선택해야만 했던 문제는 조약에 일련의 예외 조항을 두더라도 이 두 영역을 유럽공동체 조약에 포함시켜야 하는가, 아니면 기본 조약에 "공동조항(Common Provisions)"을 두어 유럽공동체와 상호연관을 맺도록 하면서 두 영역 각각의 고유한 규칙에 따라 별개로 운영되는 영역 또는 기둥으로 설정하도록 해야 하는가에 관한 것이었다.37) 실제로 양자택일을 위해 주어진 이러한 두 입장은 모두 다 공동체적 관점에서 서로 다른 접근 방식을 옹호하기 위해 내세워진 논쟁이었다고 볼 수 있다.

양측의 주장이 팽팽하게 맞서 있던 1991년 4월 당시 각료이사회 의장국이었던 룩셈부르크는 단일한 공동체적 체계를 선호하던 초기의 입장을 바꾸어 나중에 '기둥에 따른 접근(Pillar Approach)'이

---

37) Cloos (Jims) 외, *op. cit.*, p. 108.

라고 불릴 조약의 구조를 제안했다. 이 제안에 의하면, 유럽연합을 세 개의 기둥으로 구성하되 공동체적 영역을 하나의 기둥으로, 그리고 나머지 새로운 두 영역은 각각 구분하여 별개의 두 기둥으로 하고 이 기둥들에 공히 적용되는 조약의 전문과 공동조항을 서두에 두도록 한다는 것이다. 룩셈부르크의 제안에 대해 집행위원회를 비롯한 벨기에, 그리스, 네덜란드 등의 대표들은 유럽공동체가 단일한 체계를 갖출 것을 주장하면서 "기둥에 따른 접근"은 오히려 공동체적 영역을 희생시킬 위험이 있을 뿐만 아니라 유럽연합을 영역별로 분열시키게 될 것이라고 비판했다. 그러한 반면, 프랑스, 영국, 덴마크, 포르투갈의 대표들은 세 영역을 별개로 운영하고자 하는 룩셈부르크의 제안을 지지했다.

룩셈부르크의 '기둥에 따른 접근' 방식에 대해 집행위원회가 크게 반발한 것은 이 제안이 지향하고 있는 유럽연합의 본질과 체계로 인해 공동체가 분열될 수 있다는 우려에서 비롯되었다. 집행위원회가 판단하기에는 장차 유럽통합이 크게 진전될 경우 집행위원회가 초국가적인 '유럽정부'로 전환되면서 연방주의적 방향으로 더욱 발전할 수 있는 가능성을 배제하지 말아야 하는데, "기둥에 따른 접근"은 '정부 간 협력'이라는 요소를 유럽연합 내에 고착화시키면서 공동체 발전에 역기능적으로 작용하게 된다는 것이다.[38]

또한 만약 외교정책이 정부 간 협력을 통해 이루어지게 된다면, 이 정책을 공동체적 접근에 의해 이미 수행되고 있는 기존의 대외경제정책 또는 개발도상국에 대한 지원정책과 엄격하게 분리시킬

---

38) Doutriaux (Yves), *op. cit.*, p. 60.

수 없다는 것이다. 이러한 관점에서 집행위원회가 유럽연합의 대외활동과 관련되는 모든 정책을 공동체적 범주 내에 포함시켜 전체적이고 일관성 있는 대외정책을 수립할 수 있도록 해야 한다는 야심적인 구상을 내놓기도 했지만, 집행위원회가 지나치게 큰 권한을 부여받고자 하는 저의가 깔려있다고 회원국들이 판단함에 따라 회원국 전체의 반대에 부딪혀 무산되었다. "기둥에 따른 접근" 방식을 비판하면서 집행위원회가 내세운 또 다른 이유는 이 접근 방식을 취하게 될 경우 유럽연합이 스스로 권리·의무의 주체가 될 수 있는 법인격을 갖출 수 없게 되는 이상 공동외교안보정책 범주에서 다른 국가나 국제조직과 협상하는 데에 큰 어려움이 따를 수 있다는 것이었다.

집행위원회뿐만 아니라 "기둥에 따른 접근"에 대해 부정적인 견해를 가지고 있는 회원국들과 긴밀한 협의를 전개한 룩셈부르크는 이 방식이 내포하고 있는 의미를 보다 잘 강조할 수 있는 방안을 모색하고 이에 대한 오해를 불식시키고자 노력했다. 그 결과 1991년 6월 2~3일 드레스덴에서 열린 임시이사회는 다음과 같은 세 가지 사실에 대해 명확한 합의를 도출해 낼 수 있었고, 유럽연합의 구조와 본질에 대한 논의에서 매우 중요한 전기를 마련할 수 있었다.

우선 공동외교안보정책 또는 테러리즘에 대항하기 위한 협력은 공동체의 여타 정책과는 다른 절차와 방법에 따라 운영된다는 것에 합의했다. 그리고 유럽연합에 의해 추진될 모든 사항들은 각료이사회의 토의를 준비하는 단계에서부터 단일한 제도적 범주 내에서 이루어지며, 유럽연합이 이를 통해 일관성과 효율성을 확보할 수 있도록 한다는 것이다. 끝으로 유럽연합에 관한 조약이 유럽통합의 최종적인 단계가 아닌 만큼 공동체적 경험에 대해 문제를 제기하지 않는 범위 내에서 유럽연합의 발전지향적인 특성이 강조될 수 있도록 한다는 데에 의견 일치를 보았다.[39] 이처럼 드레스덴 회의에서 회원국들이 이처럼 원칙적인 합의를 이루게 되자 조약의 구조에 대한 논쟁은 진정될 수 있었고, 공동외교안보정책은 공동체적 절차보다는 정부 간 협력의 방식을 따르게 되는 특수한 성격을 지니게 되었다.

(2) 세 기둥의 유럽연합과 단일한 제도적 범주에 따른 공동외교안보정책[40]

1992년 2월 7일 체결된 '유럽연합에 관한 조약'은 별도의 공동체를 창설하기 위해 마련된 조약이 아니라 기존의 세 조약, 즉 유럽석탄철강공동체 설립을 위한 파리 조약, 그리고 유럽경제공동체와 유럽원자력공동체(Euratom)를 설립하는 각각의 로마 조약을 수정하면서 공동체적 범주에 새로운 영역을 추가시킨 것이다. 다시 말하자면, 유럽경제공동체(EEC)에 유럽시민권과 경제통화동맹을 비롯한 다양한 영역으로 확대된 공동체적 권한을 포함시키면서 유럽경제공동체는 유럽공동체로 대체되었다. 그리고 유럽공동체와는 구분되는 공동외교안보정책 및 내무·사법 협력이 별도로 추가되면서 유럽연합은 세 기둥으로 구성되었다.

이러한 '기둥 접근' 방식에 따라 구성된 유럽연합이 유럽경제공

---

39) Cloos (Jim) 외, *op. cit.*, pp. 112~113.

40) 이종광, 『유럽통합의 이상과 현실』, 서울, 일신사, 1996, pp. 97-104의 내용을 수정·보완한 것임.

동체 조약에서는 언급되지 못하고 있던 유럽이사회를 조약에 포함시켜 단일한 제도적 범주의 한 부분을 이루도록 했다는 것은 무엇보다 유럽이사회가 공동외교안보정책의 발전에 실질적으로 기여할 수 있으리라는 기대를 가능하게 했다. 왜냐하면, 거의 모든 국가에서 대통령이나 수상이 외교·국방 분야에 대해 배타적인 권한을 행사하고 있을진대, 유럽연합 회원국 정상들이 모이는 유럽이사회의 기본 역할을 유럽연합의 발전에 필요한 추진력과 정치적 지침을 제공하는 것으로 정하고 있는 만큼 유럽이사회는 공동외교안보정책을 이행하기 위해 요구되는 적절한 방안을 마련해 줄 수 있을 것이기 때문이다.

〈그림 2〉 세 기둥으로 구성된 유럽연합

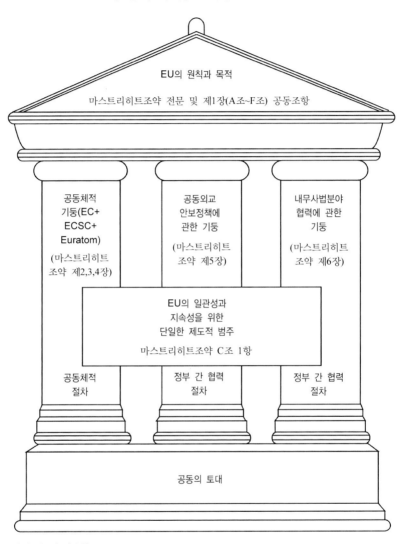

EU의 원칙과 목적

마스트리히트조약 전문 및 제1장(A조~F조) 공동조항

공동체적
기둥(EC+
ECSC+
Euratom)
(마스트리히트
조약 제2,3,4장)

공동외교
안보정책에
관한 기둥
(마스트리히트
조약 제5장)

내무사법분야
협력에 관한
기둥
(마스트리히트
조약 제6장)

EU의 일관성과
지속성을 위한
단일한 제도적 범주
마스트리히트조약 C조 1항

공동체적
절차

정부 간 협력
절차

정부 간 협력
절차

공동의 토대

출처: 이종광, 앞의 책, p. 99.

마스트리히트 조약은 전문에 해당되는 도입부로 시작해서 전체 7장의 19개 조항(Article A~S)으로 이루어져 있으며, 여기에 관계되는 17건의 부속의정서와 33건의 공동선언이 포함된 최종협정서도 조약의 일부로 첨부되어 있다. 제1장 공동조항은 Article A~F로 구성되어 있으며, 여기서는 유럽연합의 창설을 선언하고 유럽연합의 목적, 단일한 제도적 범주에 대한 원칙과 유럽이사회의 역할 등을 규정하고 있다. 제2~4장은 공동체적 기둥에 해당하는 영역으로서 각각 유럽공동체 창설을 위한 유럽경제공동체 조약의 수정에 관한 조항(Article G), 유럽석탄철강공동체(ECSC) 창설 조약의 수정에 관한 조항(Article H), 유럽원자력공동체(Euratom) 창설 조약의 수정에 관한 조항(Article I)으로 구성되어 있다. 그리고 정부 간 협력에 해당하는 새로운 두 영역은 제5장 공동외교안보정책에 관한 조항(Article J)과 제6장 내무·사법 협력에 관한 조항(Article K)으로 포함되었고, 제7장은 종결조항으로서 Article L~S로 되어 있다. 전체 17개 항목으로 되어있는 부속의정서는 유럽공동체 창설 조약과 회원국, 통화동맹 창설, 재정적자 및 사회정책, 공동체 제도 등에 관한 협정들로 이루어져 있으며, 최종협정서에 수록되어 있는 공동선언들은 유럽공동체 창설 조약과 공동체 정책, 회원국 시민의 국적, 공동체 제도, 제3국과의 관계, 유럽의회, 공동외교안보정책, 내무·사법 협력 등에 관한 것들이다.[41]

---

41) 이 책에서 인용되는 마스트리히트 조약의 특정 조항을 좀 더 명확히 밝히기 위해 제2장 "유럽공동체 창설을 위한 유럽경제공동체 조약의 수정에 관한 조항"에 해당될 경우에는 "마스트리히트 조약 XX조 YY항" 등으로, 그리고 제2장 유럽공동체에 관계되는 조약이 아닌 나머지 조항들이 인용되는 경우에는 "마스트리히트 조약…" 또는 실제적으로 주어진 명칭 그대로 표기하고자 한다.

마스트리히트 조약의 전문과 제1장 공동조항은 제1기둥에 해당하는 공동체 영역의 제2~4장뿐만 아니라 정부 간 협력에 해당하는 제2기둥인 제5장과 제3기둥인 제6장에 공통으로 관계되는 것으로서 이들 세 기둥 사이를 서로 연결하는 일종의 '기둥머리(capital)'에 비유될 수 있다. 또한 제7장의 종결조항 역시 전문이나 공동조항과 마찬가지로 유럽연합의 세 기둥에 공통되며 일종의 공동 토대를 이루고 있다. 이렇게 볼 때, 별도의 영역으로 구성된 세 기둥은 비록 공동체적 접근과 정부 간 협력이라는 서로 다른 방식으로 운영된다고 하더라도 단일한 기둥머리와 공동의 토대를 갖추고 있으며, 주어진 조건과 목적에 따라 부여된 고유권한을 가지는 단일한 제도라는 틀에 의해 긴밀하게 결합되어 있게 된다.[42]

마스트리히트 조약의 구조를 전체적으로 보면 '연합(Union)'이라는 용어가 법적인 개념을 내포하고 있다기보다는 정치적 개념을 지니고 있기 때문에 유럽연합을 법인격이라는 지위를 가진 실체로 간주하기는 어렵다. 따라서 유럽연합은 회원국들로부터 외교안보정책에 관한 권한을 양도받을 수 있는 명확한 법적 실체가 되지 못한다. 회원국들은 국제무대에서 집단적으로 행동하는 데에는 동의를 하면서도 법적으로는 유럽연합과 구별되는 별개의 행위자로 존속되어야만 한다는 입장을 고수하고 있는 것이다.

그러면서도 유럽연합 회원국들은 마스트리히트 조약의 전문에서 자유, 민주주의, 인권과 기본적인 자유에 대한 존중, 법치국가의 강화 등 정치적 기본원칙을 12개 회원국 모두가 준수할 것을 강조하

---

42) Cloos (Jim) 외, *op. cit.*, p. 121.

고 있다. 이러한 기본 원칙들이 사회주의 체제가 와해되고 난 후 중동부유럽 국가들이 잠재적인 유럽공동체 가입신청 대상국이 되고 있던 상황에서 별다른 의미를 지니지는 못하지만, 이처럼 마스트리히트 조약에 공식적으로 기술되고 있는 것은 유럽연합이 경제적 통합뿐만 아니라 정치적 통합도 이루도록 해야 한다는 것을 명확히 강조하기 위해서였다. 특히 마스트리히트 조약에 공동외교안보정책의 중요한 목적으로 인권과 기본적인 자유에 대한 존중뿐만 아니라 민주주의와 법치국가를 강화하는 것을 정하고 있는 만큼 유럽연합이 공동외교안보정책에 따라 국제무대에서 취하게 되는 모든 행위는 이 원칙에 입각해서 추진되어야 할 것이다.

특히 유럽연합이 "유럽과 세계에서 평화와 안보 그리고 진보를 증진"시키기 위한 수단인 공동외교안보정책을 포함하면서 조약의 전문에 "공동방위"라는 용어를 사용할 수 있었던 것은 마스트리히트에 모인 회원국 정상들 사이의 힘든 협상 후에 이루어낸 타협의 산물이다. 즉, 북대서양조약기구의 역할을 위축시키거나 훼손할 수 있는 모든 형태의 외교안보정책을 배제할 것을 주장하고 있던 영국과 네덜란드에 대해 나머지 회원국들의 지지 아래 유럽에서의 공동방위정책을 더욱 발전시킬 것을 요구했던 프랑스와 독일의 주장이 관철된 것이라고 볼 수 있다. 따라서 유럽연합에서 공동체 영역에 속하는 유럽공동체와 구분되면서 하나의 새로운 기둥을 형성하게 된 공동외교안보정책은 앞으로 외교안보정책이나 방위정책의 공동체화를 꾀함이 없이, 그리고 전통적인 정치협력의 범주를 벗어나 좀 더 공동체적인 특성을 지니는 방향으로 발전하면서 회원국의 외교안보 및 방위정책을 밀접하게 상호 접근시켜 나가는 데에 중요한 역할을 담당할 수 있게 되었다.

(3) 공동외교안보정책의 이행 내용과 제도적 운영[43)

유럽연합의 제2기둥을 구성하는 공동외교안보정책의 이행 내용을 정한다는 것은 회원국들 사이에서 매우 민감한 사안이었던 만큼 이를 규정하고 있는 마스트리히트 조약 J-4조 1항에 명시되어 있는 이행 내용들은 까다롭고 힘든 과정을 거친 타협의 산물이라고 볼 수 있다. 군사적인 문제를 비롯한 "유럽연합의 안보에 관한 문제 전체"를 다루게 되는 공동외교안보정책은 "공동방위정책에 대한 정의를 포함"하게 됨으로써 그동안 회원국들 사이에 논쟁의 주요 대상이 되어왔던 공동외교안보정책의 적용범위가 상당히 명확해질 수 있었다. 이처럼 공동외교안보정책이 여기에 속하는 공동방위정책을 분명하게 정의하고 있으므로, 영국과 같은 대서양주의자들이 선호했던 것처럼 공동외교안보정책에서 말하는 '공동방위정책'이 단순히 북대서양조약기구의 범주에서 이루어지는 공동접근을 목표로 하는 '방위의 공동정책'을 말하는 것은 아니었다.

마스트리히트 조약 J-4조 2항을 보면, 이 조약을 준비했던 회원국 대표들이 진정한 공동방위의 가능성을 배제하지 않으면서 미래를 준비하기 위해 세심한 주의를 기울였다는 것을 알 수 있다. 즉, 공동외교안보정책이 "적절한 때가 되면 공동방위를 할 수 있게 될 것"이라고 조약에 규정하고, 또한 이 수준까지 공동외교안보정책이 발전할 수 있기를 기다리면서 유럽연합이 "방위분야에서 명확한

---

43) 이종광, 앞의 책, pp. 258-262의 내용을 수정·보완한 것임.

결과를 얻을 수 있도록 유럽연합의 결정과 행위를 구상하고 이행할 것을 서유럽연맹에 요구한다"는 점을 명시하였다. 여기서 "유럽연합 발전의 구성요소를 이루는" 서유럽연맹은 유럽연합이 보유하게 되는 일종의 군사적 수단이 될 수 있는 근거가 마련되었던 것이다.

아울러 회원국 대표들은 유럽연합의 공동외교안보정책으로 인해 북대서양조약기구가 그동안 차지해왔던 유럽방위에서의 우선적인 지위를 훼손하거나 방해할 수 있다는 문제와 함께 제기될 수 있는 모든 오해의 소지를 없애고자 노력했다. 마스트리히트 조약 J-4조 4항에는 유럽연합이 공동외교안보정책을 통해 추진할 외교안보 및 방위정책이 "북대서양조약기구의 회원국들에 주어진 임무를 존중하고 북대서양조약기구의 범주에서 결정되는 안보와 방위에서의 공동정책과도 양립될 수 있다"는 것을 밝히고 있다.

이러한 측면은 마스트리히트에서 유럽연합 조약을 위한 마지막 협상이 열리고 있던 중인 1991년 12월 10일 서유럽연맹 회원국이자 유럽공동체 회원국인 벨기에, 독일, 스페인, 프랑스, 이탈리아, 룩셈부르크, 네덜란드, 포르투갈, 영국 등 9개국 정부의 대표들이 채택한 두 개의 '서유럽연맹에 관한 선언' 중에서 하나인 '서유럽연맹의 역할과 유럽연합 및 대서양 동맹과의 관계(The role of the Western European Union and its relations with the European Union and the Atlantic Alliance)'에도 잘 나타나고 있다. 여기에 따르면, 서유럽연맹은 유럽연합의 방위를 위한 요소가 될 뿐만 아니라 유럽에서 북대서양조약기구의 역할을 강화시키는 수단이 된다는 것이다.

그리고 이 J-4조 4항은 유럽연합이 특정 회원국의 안보방위정책이 지니는 특수성에 영향을 미치지 않는다는 내용을 역시 담고 있는데, 이는 공동외교안보정책을 이행하는 과정에서 자칫 중립국의 지위를 유지하고 있는 아일랜드가 처할 수 있는 사정을 특별히 감안해서 만들어진 것이다. 또한 이러한 내용은 미래에 예상될 수 있는 또 다른 특수한 상황에 대비하기 위한 것이라고도 할 수 있다. 예를 들면, 어떤 회원국이 비회원국과 체결할 수 있는 군사원조협정과 같은 특수 상황에 유럽연합이 관여하지 않도록 하고, 앞으로 유럽연합 차원에서 안보 및 방위에 대한 결정을 이행하게 되더라도 회원국들이 개별적으로 맺고 있는 국제관계의 우선권을 보장하면서 이의 발전을 방해하지 않아야 한다는 것이다.

일부 회원국들이 자신들 사이에 긴밀한 협력관계를 맺고 이를 발전시킬 수 있다고 규정하고 있는 마스트리히트 조약의 J-4조 5항은 프랑스와 독일의 요구에 따른 것이라고 볼 수 있다. 1991년 초부터 합동 군대를 조직한 이 두 국가는 회원국들 간의 긴밀한 협력관계가 유럽연합의 활동에 방해되거나 반대되지 않는 한 이러한 형태의 협력이 발전될 수 있는 가능성을 조약의 내용에 포함시킬 것을 요구해왔던 것이다.

이와 같은 공동외교안보정책의 이행 내용에 따라 유럽연합은 평화와 안보를 보장하기 위해 설정한 목표를 달성하고자 적극적으로 시행하려고 노력할 것이며, 여기서 유럽연합은 서유럽연맹을 하나의 수단이나 일종의 시험 대상으로 활용하게 될 것으로 충분히 예상되었다.

유럽연합이 공동외교안보정책을 추진하는 데에는 마스트리히트 조약의 제1장 공동조항에 규정된 단일한 제도적 범주에 대한 원칙이 전적으로 적용된다. 즉, 공동외교안보정책이라는 별도의 기둥을 운영하기 위해 제1기둥과 제3기둥을 운영하는 제도와는 별개로 된 형성된 다른 제도를 갖추지 않는다는 것이다. 따라서 공동외교안보정책을 수립하고 집행하는 과정은 유럽연합이 갖추고 있는 제도의 구조적 위계질서 속에서 이루어지게 된다.

유럽연합의 외교 및 안보정책을 공동으로 추진하고자 하는 공동외교안보정책의 원칙과 일반적인 방향 설정은 회원국 정상들과 집행위원회 위원장으로 구성되는 유럽이사회가 담당한다. 따라서 유럽이사회는 공동외교안보정책에 관한 최고 의사결정기구라고 할 수 있는데, 이것은 거의 모든 회원국들에 있어 외교와 국방에 관한 권한이 최고정치지도자에게 부여되어 있다는 점과 유럽연합에서 공동외교안보정책에 대해 제안하고 실제적인 이행을 집행위원회 위원장이 책임진다는 것을 감안할 때 매우 타당한 절차라고 볼 수 있다. 물론 유럽이사회가 마스트리히트 조약이 정한 유럽연합의 제도에는 속하지 않지만, 각 회원국 정상들이 유럽이사회에 자신의 외무장관들과 함께 참석하게 되고 여기서 합의한 사항들은 회원국 외무장관들로 구성되는 일반이사회에서 구속력 있는 결정의 형태를 취하게 되므로 유럽이사회는 유럽통합을 추진하는 데에 있어 주요한 원동력 역할을 하고 있던 기구였다. 따라서 유럽이사회는 특히 일반이사회에서 합의보지 못한 공동외교안보정책에 관한 사항들에 대해 회원국 정상들 사이에 정치적 타결을 자주 이루어내기도 하면서 공동외교안보정책 발전에 크게 기여할 수 있었던 것이다.

또한 공동외교안보정책에 대해 유럽이사회가 합의를 이룬 일반적인 방향 설정이나 원칙, 그리고 공동전략 등을 토대로 하여 그 내용을 정의하고 이행하는 데에 필요한 구체적인 정책을 결정하는 것은 각 회원국의 장관들로 구성된 각료이사회이다. 아울러 공동외교안보정책의 운영을 위한 제도적 절차를 정하고 있는 마스트리히트 조약 J-7조는 각료이사회 의장국이 공동외교안보정책의 주요 사항과 기본 입장 선택에 관해 유럽의회와 협의하고, 여기서 개진된 유럽의회의 견해가 정식으로 반영될 수 있도록 의장국이 노력해야 한다고 정했다. 이러한 내용은 마스트리히트 조약 이전까지 회원국 국민들의 보통선거에 의해 선출되었으나 제대로 된 의사결정권한을 부여받지 못한 채 자문적인 역할만 해오던 유럽의회의 민주적 정통성을 반영하고자 하는 의도에서 비롯된 것인 만큼 상당히 혁신적인 것이라고 볼 수 있다. 따라서 각료이사회 의장국과 집행위원회는 유럽의회에 대해 공동외교안보정책에 관한 정보를 제공해야 하는 의무를 지게 되었으며, 이는 역으로 공동외교안보정책에 대한 유럽의회의 관심을 불러일으킬 수 있는 동기가 될 수도 있는 것이다.

공동외교안보정책에서 집행위원회에 관한 주된 개혁내용은 J-8조 3항에 따라 집행위원회가 발안권을 부여받았다는 것이다. 비록 이 발안권을 집행위원회만 가지는 것이 아니라 회원국들과 공유하는 것이지만, 집행위원회가 공동체적 영역인 교역과 경제 분야에 한해서만 발안권을 지닐 뿐 정치적인 주제에 대해서는 제대로 관여할 수 없었던 점에 비추어 볼 때, 이 개혁은 대단한 의미를 지닌다. 공동외교안보정책에 새로운 권한이 집행위원회에 주어짐에 따라, 집행위원회는 각 회원국의 공동이익에 대한 정의를 내리고 정책을 제안하면서 상당한 영향력을 행사할 수 있게 되었다.⁴⁴⁾ 또한 집행위원회가 공동외교안보정책에 의해 추진되는 활동에 전적으로 참여할 수 있는 길이 마스트리히트 조약 J-9조에 의해 공식적으로 마련되었다. 이 조약에 힘입어 집행위원회는 안보와 방위 문제에 관한 유럽연합의 활동에 대해 '제안'을 하거나 또는 자신이 여기에 완전히 참여할 수 있는 가능성을 확보할 수 있게 되었다.⁴⁵⁾ 비록 안보와 방위 분야에서 집행위원회가 할 수 있는 역할에 대해 회원국들이 전혀 논의하지 않았다 할지라도, 집행위원회가 공유하게 된 이 발안권은 더 이상 문제될 수 없을 것이다.

유럽이사회와 각료이사회가 공동외교안보정책을 위해 담당하게 되는 역할은 유럽연합이라는 전체적인 틀 속에서 해오던 것과 동일한 수준으로 분리되어 있다. 즉, 유럽이사회는 일반적인 정치적 방향과 원칙을 정하며, 각료이사회는 이러한 지침을 토대로 해서 공동외교안보정책에 대한 정의와 실행을 위해 필요한 결정을 내린다. 공동외교안보정책의 수립 및 이행을 책임지는 핵심 기구인 각료이사회는 유럽이사회에서 채택된 방향과 원칙에 입각하여 공동행위가 적용될 분야와 구체적 범위, 그리고 기간, 수단 및 이행에 필요한 절차와 조건 등 세부 사항들을 결정한다. 또한 각료이사회가 정하는 공동행위는 개별 회원국을 구속하며, 각료이사회는 상황의 변화에 따라 공동조치를 재검토하고 수정할 수 있다. 이러한 구분은 추진 기구로서의 유럽이사회와 실행에 필요한 사항들을 공식적으로 결정을 하는 기구인 각료이사회 사이의 역할 분담과 일치한다.

---

44) Cloos (Jim) 외, *op. cit.*, pp. 485~486.

45) Fontaine (Pascal), *op. cit.*, p. 167.

각료이사회의 정상적인 결정 방식이 만장일치제이지만, 앞으로의 발전단계에서 일정한 시점에 이르러 공동외교안보정책이 더욱 활성화되어야 하는 필요성이 있게 되면 가중다수결로 결정할 수 있는 분야를 정해야 할 것이다.[46] 이러한 서로 다른 의사결정방식은 비록 적용 분야에 대해서는 아니지만, 공동외교안보정책을 이행하는 과정에 이미 적용되고 있다. J-8조 2항 2절에는 공동외교안보정책의 이행 절차에 관한 문제는 각료이사회에서 단순다수결로 결정하도록 되어 있는 반면, J-3조에는 공동행위의 범주를 정하거나 이행하는 문제는 가중다수결제를 적용하도록 되어 있음을 볼 때 의사결정 방식의 변화가 불가능한 것이라고 여겨지지는 않는다.

아래에 있는 공동외교안보정책의 의사결정 구조를 보면, 유럽연합 회원국과 집행위원회는 공동외교안보정책에 관한 사항을 제안하며, 유럽의회는 이 제안을 두고 각료이사회와 협의를 하게 된다. 각료이사회는 유럽이사회가 제공하는 원칙과 정책 지침에 따라 공동외교안보정책을 정의하고 세부적인 이행 사항을 결정하는 등 핵심적인 역할을 하고 있다. 또한 각료이사회가 다루게 되는 의제는 회원국 대표로 구성되고 브뤼셀에 상주하는 상임대표위원회(COREPER)와 회원국의 외무부 정무국장들로 구성되는 정치위원회(Political Committee)에 의해 준비된다. 이 기구들은 특정 사안에 대해 협의하거나 자료 분석 또는 각 기구의 회의를 준비하는 실무그룹(Working Groups), 그리고 필요한 경우 전문가 회의, 각종 역내외 문제와 관련한 다양한 협의 채널을 통해 지원을 받는다.

---

46) Duff (Andrew) 외, *op. cit.*, pp. 95~96.

〈그림 3〉 공동외교안보정책의 의사결정 구조

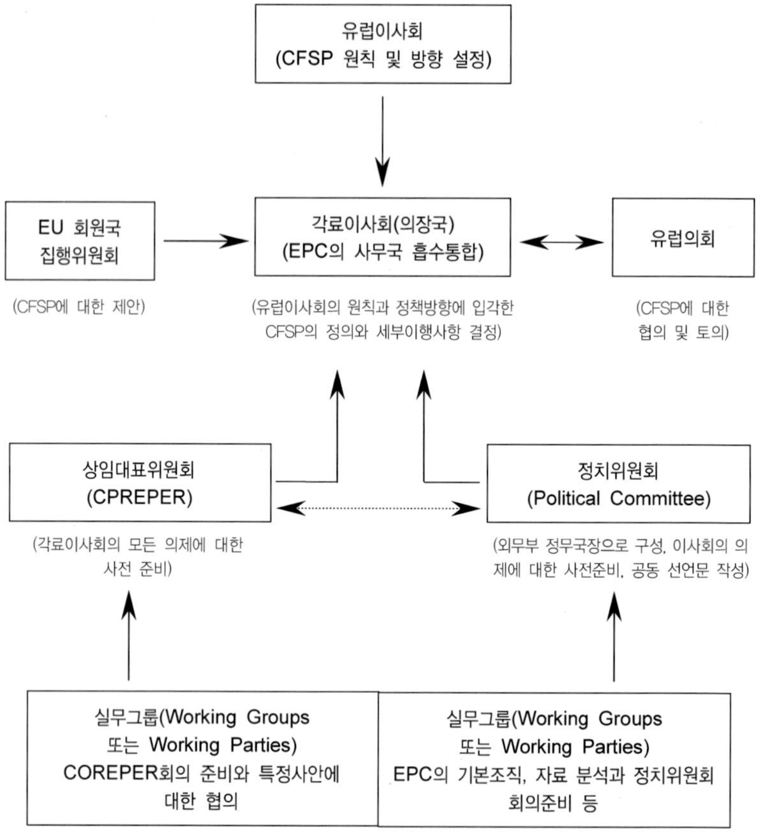

```
                    ┌─────────────────────┐
                    │      유럽이사회       │
                    │ (CFSP 원칙 및 방향 설정) │
                    └─────────────────────┘
                              │
                              ▼
┌──────────┐      ┌─────────────────────┐      ┌──────────┐
│ EU 회원국  │─────▶│   각료이사회(의장국)    │◀────▶│  유럽의회  │
│ 집행위원회  │      │  (EPC의 사무국 흡수통합)  │      │          │
└──────────┘      └─────────────────────┘      └──────────┘
(CFSP에 대한 제안)   (유럽이사회의 원칙과 정책방향에 입각한   (CFSP에 대한
                    CFSP의 정의와 세부이행사항 결정)        협의 및 토의)

      ┌─────────────────┐              ┌─────────────────┐
      │   상임대표위원회    │              │     정치위원회     │
      │   (CPREPER)     │◀ ─ ─ ─ ─ ─ ▶│ (Political Committee) │
      └─────────────────┘              └─────────────────┘
      (각료이사회의 모든 의제에 대한              (외무부 정무국장으로 구성, 이사회의 의
           사전 준비)                        제에 대한 사전준비, 공동 선언문 작성)

      ┌─────────────────┐              ┌─────────────────┐
      │ 실무그룹(Working Groups │          │ 실무그룹(Working Groups │
      │  또는 Working Parties) │          │  또는 Working Parties) │
      │ COREPER회의 준비와 특정사안에 │      │ EPC의 기본조직, 자료 분석과 정치위원회 │
      │      대한 협의      │              │      회의준비 등      │
      └─────────────────┘              └─────────────────┘
```

참고: 이종광, 앞의 책, p. 263의 그림을 수정·보완한 것임.

2) 공동외교안보정책의 수단과 유럽안보정체성 확립

유럽연합은 공동외교안보정책을 통해 달성해야 하는 목적을 마스트리히트 조약 J-1조 2항에 다섯 가지로 구분해서 상세하게 명시하고 있다. 여기에는 "유럽연합의 공동가치와 기본적인 이익 및 독립성 보호, 유럽연합과 그 회원국의 안보에 관한 모든 형태에서의 강화, 헬싱키 최종의정서의 원칙과 파리 헌장의 목적뿐만 아니라 유엔 헌장의 원칙에 의거한 평화 보존과 국제 안보의 강화, 국제 협력의 증진, 인권과 기본적 자유에 대한 존중 및 민주주의와 법치 주의의 발전과 강화" 등이 해당되며, 이를 달성하기 위해 유럽연합은 모든 외교안보에 관한 사항들을 관장할 수 있어야 한다고 강조되어 있다.

유럽연합이 이러한 목적을 실현할 수 있는 수단으로 회원국들이 우선 유기적인 정치적 협력 체계를 구축하여 공동행위를 형성하고, 이를 점진적으로 이행하면서 그 범위 또한 점차적으로 확대해 나갈 것을 정하고 있다. 이러한 '강화된 정치적 협력'을 통한 공동행위는 공동체적 차원이 아니라 정부 간 협력 차원에서 이행되는 것이지만, 탈냉전시대를 맞아 북대서양조약기구가 스스로의 개혁을 적극적으로 추진하는 상황에서 유럽연합이 궁극적으로 추구하는 '유럽안보의 유럽화'를 이루기 위해서는 유럽의 안보정체성을 확립하는 것이 급선무였다. 이를 위해 유럽연합은 자신의 방위를 위한 요소이자 유럽에서 북대서양조약기구를 강화시키는 수단이 된다고 마스트리히트 조약에서 스스로 규정했던 서유럽연맹의 확대 방안을 우선적으로 모색하게 되었다.

(1) '강화된 정치적 협력'을 통한 공동외교안보정책의 실현: '공동행위'

1987년에 발효된 유럽단일법(SEA)이 전통적인 의미를 지니는 정치적 협력을 포함하고 있었다면, 유럽연합을 출범시킨 마스트리히트 조약에서는 회원국 사이의 긴밀한 협력을 강조하면서 이를 크게 강화시키는 방향으로 발전하였다. 마스트리히트 조약의 J-2조 1항과 2항에 따르면, 회원국들은 앞으로 상호정보 교환의 의무뿐만 아니라 공동이익에 관계되는 모든 문제에 대해 협조할 의무를 진다는 것이다. 이러한 의무가 유럽연합 회원국에 부가됨에 따라 유럽단일법에서 정의되었던 '협의'는 마스트리히트 조약에서 '협력'으로 대체되었다.

또한 회원국 사이에 이루어질 협력의 적용 영역을 외교정책 부문뿐만 아니라 안보와 방위에 대한 문제로까지 확대시키도록 할 것이므로, 각료이사회가 외교안보 및 방위 영역에서 필요하다고 판단할 때마다 시의적절하게 취하게 되는 '공동입장(common position)'이 이러한 협력을 가능하게 하는 우선적인 수단이 된다. 여기서 말하는 협력이란 더 이상 유럽단일법에서 규정되었던 것처럼 단순한 회원국들의"정책을 위한 참고 요소"[47])로서만 고려되는 것이 아니기에 회원국들은 자신들의 국가정책을 유럽연합의 공동입장에 일치시키도록 해야만 한다.

마스트리히트 조약 J-1조 4항에는 유럽연합 회원국 사이의 정치적 협력을 강화하기 위해 회원국들이 조약에 의해 주어진 의무 이외에도 상호 신뢰와 연대성을 지니면서 유럽연합의 대외정책과 안보정책을 적극적으로 지원해야 한다는 것이 정해져 있다. 즉, 회원국들은 유럽연합의 공동이익에 배치되는 방향으로 자신의 외교안

---

47) 유럽단일법 30조 2항C.

보에 관한 정책을 추진하거나 유럽연합이 행하는 정치적·군사적 활동의 효율성을 해칠 수 있는 모든 행위를 삼가도록 해야 한다는 것이다. 각료이사회가 이러한 원칙을 회원국이 충실히 지키도록 노력할 것이므로, 이 원칙은 각료이사회의 정치적 통제 아래 놓여 있다고 할 수 있다. 따라서 이 조항은 어느 한 회원국이 유럽연합의 외교안보정책에 반대되는 행동 또는 해석을 하거나 유럽연합이 추진하는 공동외교안보정책을 방해할 경우 정치적인 차원에서 이의 시정을 촉구할 수 있는 권리를 유럽연합이 가진다는 것을 의미한다. 또한 비록 유럽연합의 모든 회원국이 참여하지 않는 국제적인 조직이나 회담일지라도, 회원국들은 이 회의에서 공동입장을 조정하고 보호해야 할 의무를 지게 된다는 마스트리히트 조약 J-2조 3항은 각료이사회의 정치적 통제권과 역할을 더욱 강화시키도록 만든다고 볼 수 있다.

이처럼 유럽연합이 정치적 협력을 강화시킴에 따라 공동행위는 유럽단일법에서처럼 단순한 참고 사항이 아니라 마스트리히트 조약의 J-3조에서는 매우 실용적인 성격을 지니게 되었다. 공동행위라는 용어 자체가 지니는 개념상의 모호함으로 인해 협상과정에서 많은 논란을 불러일으켰던 것은 사실이며, 특히 영국은 이 공동행위에 대해 상당히 유보적인 태도를 취했다. 영국은 이 '공동행위'라는 용어가 로마 조약에는 물론 이를 보완한 유럽단일법에도 없었지만, 유고슬라비아 사태를 맞아 유럽공동체가 행했던 일종의 공동행위에 해당하는 개입을 일부 회원국들이 새로운 조약에 포함시키고자 한다고 간주하면서 크게 반발했다. 이러한 영국의 태도에 대해 나머지 회원국들은 공동행위라는 것이 단지 유럽연합이 앞으로 좀 더 구속력 있는 협력 형태로 국제 문제에 개입할 수 있다는 정치적 의미를 지니는 것에 불과하다고 설득했다. 동시에 이 회원국들은 공동행위에 더 큰 효율성을 보장하기 위해 의사결정방식으로 가중다수결제도를 도입해야 한다고 주장하기도 했다.

마스트리히트 조약의 협상과정에서 '공동행위'라는 용어에 대해 회원국 대표들이 묵시적으로나마 동의할 수 있었던 것은 구체적 행위를 함께 관리하기 위해 인적 수단과 전문지식을 공동으로 보유한다는 데에 그 이유가 있었다. 이러한 관점에서 볼 때, 공동행위는 개념적인 차원에서 뿐만 아니라 집행이라는 차원에서 필요한 조직 체계를 갖추도록 한다는 전제조건을 포함하고 있다. 일단 공동행위가 결정되면 회원국들은 전문위원회를 구성해서 필요한 조사를 공동으로 실시하고, 적절한 조직 체계를 창설하여 이 공동행위를 관리할 수단을 갖추게 된다. 이러한 조직체계는 공동행위를 관리하기 위한 기구인 만큼 다분히 통합적인 요소를 지니게 될 것이다.48)

마스트리히트 조약 J-3조는 공동행위를 채택하고 이행하기 위한 절차상의 규칙을 정하고 있다. 이 조항에 따르면, 유럽이사회가 취하는 외교안보정책의 전체적인 방향을 토대로 하여 각료이사회가 공동행위의 대상이 되는 문제를 결정하도록 되어있다. 이는 유럽이사회가 조약에 의해 만들어진 제도가 아닌 만큼 의사결정은 각료이사회가 담당하도록 하는 이중적인 단계를 따라야 했던 데에 기인하는 것이다.

---

48) Cloos (Jim) 외, *op. cit.*, p. 478.

각료이사회가 공동행위의 원칙을 결정할 때에는 이 행위로부터 유럽연합이 얻을 수 있는 구체적인 결과와 목적뿐만 아니라 수단, 절차와 조건, 그리고 필요하다면 이 행위가 적용되는 기간까지도 정해야 하는 것으로 마스트리히트 조약 J-3조 1항 2절에 정해져 있다. 다른 한편 J-3조 2항과 3항에는 각료이사회가 상황 변화에 적절히 대응할 수 있도록 하기 위해 경우에 따라 공동행위의 원칙과 목적을 수정할 수 있도록 하면서 유연성을 부여하고 있다. 공동외교안보정책을 위해 가중다수결제도가 대폭 수용되고 있었던 만큼 각료이사회는 공동행위를 채택하기 위해서나 아니면 공동행위를 시행하는 모든 단계에서나 가중다수결로 필요한 결정을 취할 수 있었다.49)

J-3조 5항에 규정된 정보에 대한 의무는 공동외교안보정책에 따른 공동행위를 정의하는 데에 있어 중요한 요소가 되고 있다. 정보를 공동으로 관리한다는 것은 공동행위를 위한 운영조직의 정상적인 기능을 보장해주는 데에 본질적인 조건이 된다. 공동체 차원에서 취해진 결정이 단순히 한 국가적 차원으로 전환되는 조치의 경우는 제외하고 모든 정보는 필연적으로 각 회원국에 제공되어야만 한다. 이러한 조항은 정치적 차원에서 회원국의 주의를 환기시키도록 할 뿐만 아니라 회원국들이 상호 감시하고 통제할 수 있는 가능성을 제공하게 된다.

그러나 여기에는 예외적인 경우도 있게 되는데, 마스트리히트 조약 J-3조 6항과 7항에 명확히 규정되어 있다. 만약 어떤 한 회원국

---

49) Decaux (Emmanuel), *op. cit.*, pp. 135~146.

이 예상하지 못한 내외적인 긴급 상황 발생으로 인해 적절한 조치를 시급히 취해야만 하고 또한 다른 회원국들과 협의할만한 시간적 여유가 없는 경우가 있다면, 비록 협의를 거치지 않았을지라도 공동행위의 목적을 존중하는 범위 내에서 긴급조치를 취할 수 있다는 것이다. 이 경우 정보에 대한 의무는 차후에 이 회원국이 스스로 행해야만 한다. 또한 어떤 한 회원국이 공동행위를 시행하는 데에 있어 중대한 어려움에 처하게 될 경우, 각료이사회의 결정에 따라 여기에 불참할 수 있다는 것을 정하고 있다. 즉, 회원국은 자신의 일방적인 결정에 따라 공동행위로부터 면제되는 것이 아니라, 이 회원국이 참여하지 않는 것이 공동행위의 목적에 위배되지 않고 효율적인 측면에서도 장애를 초래하지 않는다는 점에 대해 다른 회원국들의 합의가 있는 경우 가능하다는 것이다.

이상과 같이 볼 때, 공동행위는 유럽연합이 공동외교안보정책을 이행하는 데에 있어 매우 중요한 수단이 되고 있음을 알 수 있다. 정부 간 협력 차원에서 추진되는 공동외교안보정책이 결코 공동체적 영역에 속하지는 않지만, 여기서 취하게 되는 공동행위는 일단 결정만 되면 필요한 조사 단계에서부터 조직 체계 구성, 그리고 공동행위의 이행과 관리 과정까지 예외적인 경우에 해당되지 않는 이상 모든 회원국들이 참여해서 공동으로 추진하는 이행 절차로 짜여 있다. 따라서 유럽연합이 공동외교안보정책 틀 내에서 '강화된 정치적 협력'의 형태로 추진하는 공동행위는 유럽연합으로 하여금 통합적인 성격을 매우 강하게 지니도록 해주는 것으로 간주될 수 있다.

(2) 유럽안보정체성 확립과 서유럽연맹의 확대

유럽의 안보환경이 급격하게 변화하는 상황에서 유럽연합 회원 국들은 마스트리히트 조약에 포함된 공동외교안보정책을 통해 서 유럽연맹으로 하여금 유럽연합의 독자적인 안보기구로서의 역할을 담당할 수 있도록 하면서 "유럽안보의 유럽화"를 꾀하고자 했다. 이처럼 유럽연합이 확립하고자 노력했던 유럽안보정체성은 당시 유럽 대륙에서 절대적인 군사적 영향력을 유지하고자 했던 북대서 양조약기구가 이러한 유럽연합의 의도에 대해 어떠한 입장을 취하 는가 하는 문제와 직결될 수밖에 없었다.

유럽 안보질서 변화에 대응할 수밖에 없었던 북대서양조약기구 는 이미 1991년 6월 6~7일 개최된 코펜하겐 국방장관회의에서 유 럽 안보를 위한 주도적 역할이 여전히 자신들에게 유지되고 있다 고 강조하면서도 유럽 국가들이 외교안보정책을 공동으로 추진하 고 방위 역할을 증신시키고자 시도하는 것을 긍정적으로 평가했다. 이는 곧 유럽공동체가 공동외교안보정책을 포함하는 유럽연합으로 발전하면서 독자적 안보체계를 갖추고 안보정체성을 회복한다는 것이었지만, 북대서양조약기구는 이러한 유럽안보정체성회복이 오 히려 북대서양조약기구의 전략적 범주 내에서 유럽 축을 강화하게 되리라고 예상했던 것이다.[50]

유럽연합 설립 준비를 위한 정부 간 회의가 막바지에 이르렀을 때인 1991년 11월 18일 본에서 개최된 서유럽연맹 9개국 외무·국

---

50) Van Ackere (Patrice), *L'Union de l'Europe Occidentale,* Paris, PUF, 1995, p. 115; Colson (Bruno), *op. cit.,* pp. 163~180.

방장관 이사회는 유럽통합 과정에서의 방위 요소뿐만 아니라 대서양 동맹 내의 유럽 축을 강화하는 수단이 되는 서유럽연맹의 발전 목표에 대해 논의했다. 여기서 다룬 주요 내용은 서유럽연맹의 미래 역할과 특수 임무, 유럽연합과 맺게 될 미래의 관계에 대한 정의, 유럽안보방위정체성과 대서양 동맹 간의 투명성과 보충성 등이었다. 이러한 논의가 구체적으로 시작되어 서유럽연맹의 역할을 "유럽연합과 긴밀한 관계를 유지하고 대서양동맹의 유럽 축을 강화시키기 위한 수단"으로 규정하게 됨에 따라 서유럽연맹의 역할 강화와 작전 능력 향상은 북대서양조약기구와 유럽연합의 긴밀한 협력을 토대로 이루어질 수 있게 되었다.

이 회의 결과를 토대로 1992년 6월 19일 본 가까이 있는 페테스베르크에서 열린 서유럽연맹 외무·국방장관 이사회가 서유럽연맹의 미래 발전을 도모하기 위한 지침을 정의하는 '페테스베르크 선언(Petersberg Declaration)'을 발표함에 따라 서유럽연맹의 작전상의 역할에 대한 정의를 내리는 데에 큰 진전을 이룰 수 있게 되었다.[51] 이 선언에 따르면, 서유럽연맹의 군사적 임무를 인도적 구제, 평화 유지, 중재를 포함한 위기관리 등 세 가지로 정하면서 유럽안보협력회의(CSCE)와 유엔 안보리와의 협조 하에 분쟁방지 및 평화유지 활동을 수행하기 위해서는 회원국들의 재래식 병력으로 구성된 서유럽연맹 방어군(FAWEU)을 북대서양조약기구와는 별도로 사용할 수 있다 것이다. 아울러 이 선언은 서유럽연맹 회원국과 유럽연합 혹은 북대서양조약기구 회원국 간의 관계를 규정하고 있었

---

51) Assemblée de l'Union de l'Europe occidentale, "Déclaration de Petersberg, Bonn, 19 juin 1992", *La Lettre de l'Assemblée*, No.12, juillet 1992, pp. 12~15.

던 만큼 서유럽연맹의 확대를 위한 중요한 이니시어티브로 작용하게 되었다.[52] 이와 같이 페테스베르크 선언은 유럽안보정체성 회복에 대해 선언적 수준에 머무른 마스트리히트 조약에 비해 서유럽연맹으로 하여금 유럽인이 주도하는 실제적인 군사기구가 될 수있는 길을 열어놓은 것으로 평가될 수 있다.

그러나 유럽연합이 공동외교안보정책을 통해 서유럽연맹을 군사적 수단으로 활용하면서 구축하고자 하는 유럽안보정체성 확립 문제는 이를 위한 서유럽연맹과 북대서양조약기구 사이의 긴밀한 관계 유지가 필수적으로 요구되는 것인 만큼 결국 미국의 유럽전략 초점이 어디에 있는가 하는 점이 중요한 변수로 작용할 수밖에 없었다. 왜냐하면, 미국은 자국의 제반 이익을 해치지 않는 범위 내에서 이루어지는 북대서양조약기구와 서유럽연맹의 협력관계를 통해 유럽 안보정체성 확보가 추진되어야 한다는 것을 기본전략으로 설정하고 있었기 때문이다.[53]

이에 대해 유럽연합 회원국들은 미국이 유럽안보를 위해 긍정적이고 적극적으로 임할 때 유럽에서 미국의 입장이 제대로 반영되리라는 점을 강조하였다. 또한 이들은 서유럽연맹이 북대서양조약기구와의 긴밀한 협력관계를 유지해야만 유럽에서 북대서양조약기구의 지지를 강화하는 역할을 담당할 수 있다는 점을 미국 측에 확인시키고자 노력하였다. 이러한 미국과 유럽 국가들 사이의 견해

---

52) Remacle (Eric), "L'élargissement de l'Union européenne: une réponse au différentiel de sécurité Est-Ouest" in Fondation Paul-Henri Spaak, *L'élargissement de l'Union européenne: enjeux et implication politico-institutionnelles*, Bruxelles, Fondation Paul-Henri Spaak, Octobre 1994 참조.

53) Van Ackere (Patrice), *op. cit.*, pp. 115~116.

차이는 유럽에서의 미군 감축문제에 대한 타협점을 찾으면서 상당히 해소될 수 있었는데, 유럽 국가들이 감축된 미군 병력 부분만큼 보충하게 됨에 따라 그들에게는 안보를 위한 정체성 회복에 큰 진전을 이룰 수 있는 더없이 좋은 기회가 되었다.

이처럼 유럽연합이 안보정체성 회복을 위해 적극적으로 노력하는 상황에서 이 문제가 북대서양조약기구의 역할과 직결되는 것이었던 만큼 북대서양조약기구도 여기에 부응하기 위해 개혁을 추진하게 되었다. 특히 보스니아 사태가 예상보다 심각하게 확산되고 이에 대응하기 위한 유럽 안보기구의 개편 및 확대가 활발히 진행되자 북대서양조약기구 16개 회원국 정상들은 1994년 1월 11일 브뤼셀에서 회합하였다. 이 정상회의는 북대서양조약기구의 개혁과 중동부유럽 지역의 안보 공백 상태에 대처하기 위한 정치적·군사적 협력 관계 유지 등을 주된 내용으로 하는 '브뤼셀 정상회의 선언(The Brussels Summit Declaration)'을 발표하였다.[54]

북대서양조약기구 선언이라고도 불리는 이 선언은 유럽연합과 서유럽연맹의 강화가 북대서양조약기구를 약화시키기 보다는 북대서양조약기구의 유럽 축을 더욱 보강하는 것임을 강조하면서 유럽의 평화 유지와 안보정체성을 위해 대서양동맹 구조를 점차적으로 더욱 효율적이고 유연하게 만들 필요가 있다고 밝혔다. 여기서 북대서양조약기구는 마스트리히트 조약에 명시된 '유럽안보방위정체성(ESDI)'을 서유럽연맹이 추구하는 것을 지원하고 경우에 따라서

---

54) *Declaration of the Heads of State and Government participating in the meeting of the North Atlantic Council("The Brussels Summit Declaration")*, Press Release M-1(94) 003, Issued on 11 Jan. 1994, http://www.nato.int/cps/en/SID-73364D74-3144351F/natolive/official_texts_24470.htm?mode=pressrelease(검색일: 2011. 8. 27).

는 공동으로 방위를 담당할 수 있도록 하는 등 유럽안보정체성 회복을 위해 북대서양조약기구가 협력할 것을 기정사실화했다. 따라서 서유럽연맹이 유럽안보를 위해 북대서양조약기구의 주요 파트너로서 역할을 담당하게 되는 만큼 북대서양조약기구의 장비와 물자를 사용할 수 있어야 하며, 북대서양조약기구 역시 구조와 절차에 신축성을 갖추고 효율성을 극대화하는 방향으로 운영되어야 한다는 것이다.

그리고 북대서양조약기구 선언 제9조에는 북대서양조약기구가 유럽안보유지에 필요한 군사행동을 적절히 취하지 못할 경우, 유럽 국가들이 스스로 군사작전을 펼 수 있는 '다국적통합특별군(CJTF)'을 서유럽연맹 중심으로 구성할 필요성이 있다는 것이 명시되었다.[55] 유럽 국가들이 기존의 유럽안보 기구에 대한 확대 및 안보정체성 회복을 위해 노력하게 되자 미국은 종전의 유럽 현상유지 전략을 수정하면서 다국적통합특별군을 창출하였던 것이다. 따라서 이러한 특별군을 만들도록 한 것은 미국 주도하에 운영되고 있는 북대서양조약기구의 통합체계를 그대로 유지하는 방향에서 서유럽연맹과의 협력관계를 더 한층 강화시키고자 하는 미국의 의도에서 비롯되었다고 할 수 있다.

이처럼 서유럽연맹의 역할을 강화시킬 수 있는 방안들에 대해 북대서양조약기구 특히 미국이 수용하게 된 데에는 정치적이고 군사적인 면이 고려되었다고 볼 수 있다. 우선 정치적인 면에서 볼

---

55) Cahen (Alfred), "L'Union de l'Europe occidentale(UEO) et la mise en oeuvre de la future défense commune de l'Union européenne", *Marché commun et de l'Union Européenne*, No. 394, janvier 1996, pp. 29~30.

때 첫째, 앞으로 유럽의 안보적 위기 상황에 대한 우려가 커지게 되면 요구될 수 있는 북대서양조약기구의 유럽화를 사전에 방지하기 위해 유럽연합과 북대서양조약기구 간의 관계를 신속히 수정해야 했다. 둘째, 서유럽연맹을 더 이상 북대서양조약기구의 단순한 하위기구로 두지 않고, 필요시 유럽 국가들이 단독으로 활용할 수 있는 능력을 갖추고 신뢰받는 기구로 만들어야 했다. 그리고 군사적 측면에서는 서유럽연맹이 지금 당장부터라도 군사작전 능력을 발휘할 수 있도록 발전시켜야 한다는 점이 부각되었던 것이다. 이를 위해 서유럽연맹은 앞으로 회원국을 지속적으로 확대해나가는 문제와 함께 가능한 한 많은 유럽 국가들이 참여하는 다국적군을 보유하도록 적극 노력하면서 유럽의 전략적 자율성을 높일 수 있는 방안을 모색해야 했다. 또한 서유럽연맹 회원국들에는 군사정보 수집을 위한 독자적인 능력 제고와 무기체계를 포함한 군사체계 발전을 이루기 위해 회원국들 사이에서는 물론 다른 유럽 국가들과도 긴밀한 협력체계를 구축하도록 요구되었다.[56]

유럽연합이 유럽 안보정체성 회복을 회복하는 데에 북대서양조약기구도 적극 협력할 것임을 밝히고 있는 북대서양조약기구 선언은 제12조에서 범유럽 안보체제 구축을 위해서는 앞으로 중동부유럽 국가들에도 북대서양조약기구에 가입할 수 있는 기회가 제공될 것임을 명시함에 따라 이를 위한 본격적인 논의가 앞으로 가능할 수 있도록 만들었다. 또한 북대서양협력위원회(NACC)와 유럽안보협력회의의 발전과정에서 형성된 국가 간의 협력을 토대로 하여

---

56) Sénat, "La rénovation de l'Alliance atlantique et le développement de l'Union de l'Europe occidentale", *Les rapports du Sénat*, No.257, 1994~1995, pp. 26~29.

북대서양조약기구와 구 바르샤바조약기구(WTO) 회원국 사이의 신뢰관계를 구축하는 것을 목적으로 하는 '평화를 위한 동반자 관계(PfP)'를 제13조에 명시하였다. 이 조항에 따라 북대서양협력위원회나 유럽안보협력회의 회원국이면 누구나 평화를 위한 동반자 관계에 참여할 수 있게 되었으며, 특히 중동부유럽 국가들이 북대서양조약기구와 군사적 협력교류는 물론 합동군사 훈련도 할 수 있게 됨으로써 유럽에서의 안보전략에는 큰 변화가 예상되었다.

실제 대부분 중동부유럽 국가들은 러시아의 영향권에서 조속히 벗어나 서방체제의 보호를 받게 되거나 여기에 편입되기 위한 최선책으로 유럽연합 가입을 원했다. 그렇지만 중동부유럽 국가들이 자신들의 내부적 여건의 미비로 유럽연합에 당장 가입하는 것이 현실적으로 불가능하고 기대할 수 없다는 것을 인식하고, 러시아의 우려와 반발에도 불구하고 우선 북대서양조약기구에 편입되기를 바라고 있었으므로 평화를 위한 동반자 관계는 과거 이들 사이에 있었던 적대적 관계를 완전히 청산하고 앞으로는 긴밀한 협력적 관계를 형성 개선에 크게 기여할 수 있는 계획이었다.[57]

---

57) 바르샤바조약기구 해체 직후 여기에 속했던 일부 국가들이 러시아로부터의 또 다른 위협을 우려하면서 북대서양조약기구에 가능한 한 신속하게 가입하고자 원했지만, 러시아를 고려해야 했던 북대서양조약기구로서는 이를 그 당시로써는 즉각 수용할 수 없는 것이었다. 다른 한편, 중동부유럽 국가들에 대한 유럽연합의 지원은 경제적·사회적 분야에서의 개혁뿐만 아니라 정치적 협력관계를 강화하는 방향으로도 이루어졌다. 이것은 당시 중동부유럽 국가들이 정치적·군사적 불안정에 대한 우려를 해소하기 위해 서유럽 국가 중심으로 구성되어 있는 국제기구에 조속히 동참하기를 바랐으나, 이의 실현이 불가능한 상태에서 찾을 수 있는 하나의 대체 방안이었다.
중동부유럽 국가들의 유럽연합 가입은 북대서양조약기구에 가입하는 것보다 훨씬 폭넓고 까다로운 요건들을 갖추어야만 하는 것이었다. 유럽연합의 가입 절차를 정하고 있는 마스트리히트 조약에 따르면, 새로운 회원국의 가입은 유럽연합을 구성하고 있는 세 기둥 각각에 대해 선택적으로 이루어질 수 있는 것이 아니라 유럽연합 전체, 즉 유럽연합의 모든 구성 요소에 대해 가입해야 한다. 유럽연합 전체에의 가입을 요구하는 이 조항으로 인해 중동부유럽 국가들이 유럽연합 가입을 위한 경제적 조건을 충족시키지 못하고 있는 상태에서 이를 유보한 채 자신들에게 당장 필요한 공동외교안보정책에만 가입 신청을 한다는 것은 불가능하다.

다른 한편, 유럽연합이 추구하는 유럽안보정체성 확립은 서유럽
연맹의 군사적 능력 강화뿐만 아니라 더 많은 유럽 국가들을 서유
럽연맹에 참여시킴으로써 그 적용 범위와 활동 영역을 넓히는 문제
와도 직결되었다. 특히 서유럽연맹의 회원국 확대 문제는 동맹국들
이 북대서양조약기구와 유럽연합에 중첩적으로 가입되어 있음에 따
라 이들 기구의 개혁 또는 확대에 대한 논의와 함께 진행되어야 하
는 사안이었다. 이러한 측면에서 볼 때, 앞으로 있을 회원국 확대에
대비하기 위해 회원국을 세 부류로 나누어 '정회원국(members)',
'참관국(observers)', '준회원국(associate members)' 등으로 정의하
고 있는 '페테스베르크 선언'은 매우 중요한 의미를 지니게 된다.
즉, 이 선언은 각 부류의 회원국에 해당되는 역할을 정하면서 장차
기구를 확대하게 될 경우 해당 국가가 차지하고 있는 능력과 의지
를 고려하여 어떠한 회원국으로 영입할 것인가를 결정할 수 있도
록 해주는 틀을 마련해주고 있다는 것이다.[58]

우선 정회원국은 유럽연합 회원국으로서 다음과 같은 네 가지의
임무를 완수하도록 해야 한다. 첫째, 모든 서유럽연맹 회원국들이
받아들인 원칙과 가치에 일치하는 1954년의 수정 브뤼셀 조약과
부속 의정서, 그리고 이 조약을 이행하면서 회원국들 사이에 체결
된 협정을 존중해야 한다. 둘째, 수정 브뤼셀 조약과 1984년 10월
27일의 로마 선언으로부터 시작된 선언들에 부합하는 협정, 결정,

이러한 상황에서 유럽연합은 중동부유럽 국가들이 스스로 고립되고 배제된다고 인식하는 것
을 없애기 위해 "강화된 정치적 대화"나 다른 모든 형태의 협력을 이 국가들에 제공했던 것
이다.

58) Castiglione (Gian Fausto), *La dimension sécurité de l'intégration européenne: le reveil et le rôle de l'UEO dans le traité de Maastricht*, Research Paper 2/94, Québec, The University of Hull, 1994, p. 66.

그리고 채택된 역할에 동의해야 한다. 셋째, 서유럽연맹을 유럽연합의 구성 요소로서 그리고 대서양 동맹의 유럽 축으로서 발전할 수 있도록 해야 한다. 넷째, 가입 협정에 관한 페테스베르크 선언의 내용에 전적으로 동의해야 한다. 이렇게 볼 때, 서유럽연맹에 새로이 가입하는 유럽연합 회원국이 비록 북대서양조약기구 동맹국이 아닐지라도 이러한 임무에 따라 서유럽연맹이 행하는 군사활동을 통해 북대서양조약기구와 밀접한 관계에 놓일 수밖에 없게 된다.

그리고 서유럽연맹의 참관국이 되기 위해서는 역시 유럽연합 회원국이어야 하며, 수정 브뤼셀 조약의 내용을 위반하지 않고 서유럽연맹 이사회에 참여할 수 있어야 한다. 또한 실무집단 회의에 참석할 수 있고 요청이 있을 경우 연설도 할 수 있으며, 이 국가가 이미 속해 있는 다른 기구로부터 서유럽연맹에 이관된 역할이 있을 경우 정회원국으로서 동등한 권리와 책임성을 가지게 된다.

끝으로 준회원국은 북대서양조약기구 동맹국 중에서 유럽연합 회원국이 아닌 국가들에 해당되는 지위로서, 수정 브뤼셀 조약 조약의 내용을 위반하지 않는 한 서유럽연맹 이사회에 참여할 수 있고 연설할 권리도 가지지만 의사결정 과정에서는 배제된다. 준회원국은 정회원국이 취한 결정에 따라 그들 스스로 연합할 수 있으며, 준회원국이 병력을 투입한 서유럽연맹의 군사작전에 있어서는 정회원국과 동등한 지위를 가지고 여기에 임할 수 있다. 바로 이 점이 유럽연합 회원국은 아니지만 북대서양조약기구 동맹국들이 유럽안보정체성을 추구하는 군사적 수단이 되는 서유럽연맹의 군사적 역할에 동참할 수 있는 근거가 되는 것이다.

이처럼 서유럽연맹의 회원국 부류에 따른 지위와 가입 요건이 정해지자 1987년 이래 서유럽연맹의 가입을 지속적으로 표명해 오던 그리스는 서유럽연맹의 확대 규정에 정해진 정회원국으로서의 조건을 충족시킨 것으로 인정됨에 따라 1995년 3월 6일 서유럽연맹에 정식으로 가입할 수 있었다. 중립적인 대외관계를 유지하고자 했던 덴마크와 아일랜드는 북대서양조약기구와 서유럽연맹에 이중으로 가입하는 것을 피하기 위해 정회원으로의 가입을 유보하고 참관국으로서의 지위를 얻게 되었다.59) 1995년 1월 1일부터 유럽연합 회원국이 된 오스트리아와 스웨덴, 핀란드는 서유럽연맹의 참관국이 되었는데, 전통적으로 중립국의 지위를 지켜오던 이 국가들의 가입은 서유럽연맹의 위상을 드높이는 데에 크게 기여했다고 할 수 있다. 특히 마스트리히트 조약의 체결을 계기로 서유럽연맹은 북대서양조약기구 회원국들 중에서 서유럽연맹에 참여하지 않고 있는 국가를 서유럽연맹의 동맹국으로 받아들일 것을 제의했다. 이에 따라 노르웨이와 터키, 아이슬란드가 1992년 11월부터 서유럽연맹의 준회원국으로 가입하게 되었다.60)

　서유럽연맹 회원국들이 냉전 종식 이후 정치적·군사적 불안정성으로 크게 불안해하고 있던 중동부유럽 국가들에 대한 확대 가능성을 제고하게 된 사실은 매우 혁신적인 것으로 평가될 수 있다. 우선 1990년 이래 폴란드, 헝가리, 루마니아, 불가리아, 라트비아, 리투아니아, 에스토니아, 그리고 과거의 체코슬로바키아와 같은 많은 중동부유럽 국가들이 서유럽연맹과 협력관계를 맺고자 많은 노

---

59) Plantin (Marie-Claude), "L'élargissement de l'UEO: un processus lié, une gageure pour l'identité européenne de sécurité et de défense", *Revue Etudes internationales*, Vol. XXVIII, No.2, juin 1997, pp. 276~277.

60) Van Ackere (Patrice), *op. cit.*, pp. 116~117.

력을 해왔는데, 이에 대한 첫 결실이 '페테스베르크 선언'으로 나타났던 것이다. 여기에 힘입어 이 국가들은 서유럽연맹 회원국들과 매년 한 차례씩 외무·국방장관 회담을 비롯해서 매년 2회 대사급 회의를 개최할 수 있었을 뿐만 아니라 의회 차원에서의 협력도 강화시킬 수 있게 되었다.

또한 1993년 6월 21~22일 유럽연합 회원국 정상들은 코펜하겐에서 유럽이사회를 열고 중동부유럽 국가들이 원할 경우 유럽연합의 제반 활동에 적극적으로 협력할 수 있는 권한을 이 국가들에 부여하는 데 합의했다. 이러한 결정이 있은 후 서유럽연맹은 1994년 5월 9일 안보정체성 회복을 위한 방안의 일환으로 이 국가들에 대한 확대를 결정하였고, 불가리아, 에스토니아, 라트비아, 리투아니아, 루마니아, 슬로바키아, 그리고 1996년에는 슬로베니아를 서유럽연맹의 '준협력국(Associate partner countries)'으로 받아들였다. 1995년 3월에는 서유럽연맹이 이 준협력국들과 '안정조약(Stability Pact)'을 체결하면서 좀 더 긴밀한 상호협력관계를 맺을 수 있었으며, 무력 분쟁의 소지가 있는 요인들을 제거하기 위해 함께 노력하기로 했다.[61] 이로써 중동부유럽에 있는 준협력국을 서유럽 방위기구의 구조와 기구 운영에 점진적으로 적응시키고 유럽 평화유지에 공동으로 임하도록 하면서 미래의 공동안보체제를 구축하는 데에 있어 서유럽연맹이 주도적 역할을 담당할 수 있게 되었다는 것이다.

이상과 같이 유럽연합의 출범은 회원국들이 서유럽연맹의 역할에 대한 중요성을 인식하도록 하는 계기가 되었고, 유럽안보정체성

---

61) *Ibid.*, pp. 118~119.

을 확립하기 위해 유럽연합과 서유럽연맹의 관계를 재정립하면서 서유럽연맹의 확대를 촉진시키는 계기가 되었다. 즉, 마스트리히트 조약이 체결되면서 서유럽연맹은 북대서양조약기구 회원국이지만 자신의 가맹국이 아닌 유럽연합의 회원국에 대한 확대를 추진하였으며, 특히 전통적으로 중립국 지위를 지켜오던 유럽 국가들의 참여는 서유럽연맹의 위상을 드높이는 데에 크게 기여했다고 할 수 있다. 이러한 회원국 확대에 힘입어 서유럽연맹은 서유럽 안보기구 중에서 중동부유럽 국가들과 가장 폭넓은 협력관계를 가지는 기구가 되면서 설립 당시에 주어졌던 순수 유럽안보기구로서의 역할을 상당한 수준에서 수행할 수 있게 되었다. 또한 서유럽연맹이 중동부유럽 국가를 포함하는 포괄적 안보포럼의 역할과 유럽에서의 평화유지를 위한 군사 활동뿐만 아니라 인도주의적 활동까지도 수행할 수 있어 실질적인 유럽안보정체성을 회복하는 데에 기여할 수 있는 토대를 지니게 되었다.

3) 북대서양조약기구와 서유럽연맹의 전략 강화: '경쟁적 협력관계'

유럽연합의 공동외교안보정책 범주 내에서 유럽안보정체성을 확립하기 위한 주요 수단이 되는 서유럽연맹은 자신의 위상과 역할을 점진적으로 변화시키면서 독자적인 안보체제를 구축할 수 있는 방안을 마련할 수 있었다. 이러한 유럽안보 정체성 회복 노력은 미국을 비롯한 북대서양조약기구 회원국들의 유럽안보에 대한 개념을 수정하도록 했으며, 이는 곧 북대서양조약기구의 개혁과 확대, 그리고 서유럽연맹과의 관계 재정립이라는 문제와 직결되는 것이었다. 유럽안보 구도에 새로운 변수로 작용하게 된 북대서양조약기구의 역할 강화는 그로 하여금 유럽안보를 위해 더욱 강화된 지위와 역할을 부여받고 유럽전략을 더욱 발전시키고자 노력했던 서유럽연맹과 경쟁적 협력관계에 놓이도록 만들었다.

(1) 북대서양조약기구의 외연 확장과 '신전략개념'

북대서양조약기구는 유럽 국가들의 안보정체성 회복 과정에서 생길 수 있는 반발을 무마하기 위해 1994년 1월 '브뤼셀 정상회의 선언'을 발표하면서 개혁을 시도하는 동시에 '상호 보완과 투명성에 관한 합의 원칙'을 토대로 서유럽연맹과의 협조를 지속적으로 발전시키고자 했던 것이다. 1996년 6월 열린 베를린 북대서양조약기구 외무장관회의는 마스트리히트 조약에 명시된 유럽안보방위정체성을 북대서양조약기구 내에 구축하고 서유럽연맹과 북대서양조약기구 간의 정례회의를 개최하기로 결정하는 등 북대서양조약기구의 역할 변화와 확대를 위한 방안을 모색할 것을 약속했다. 또한 이 회의는 서유럽연맹이 다국적통합특별군을 활용하면서 주도하는 군사행동을 위해 북대서양조약기구의 수송 장비 또는 통신망 등 군수물자를 사용할 수 있고 비밀정보를 서로 교환할 것을 정하면서 이 두 기구 간의 구체적이고도 실질적인 협력을 추진하도록 했다.[62]

---

62) 이처럼 베를린 북대서양조약기구 외무장관회의에서 유럽의 안보정체성 확립을 위한 구체적인 방안이 마련되자 1966년 3월 북대서양조약기구 군사기구 탈퇴 이래 유럽의 독자적 안보체제 구축을 지속적으로 주장해오던 프랑스는 다국적통합특별군이 조직될 경우 북대서양조

그렇지만 현실적으로 미국은 북대서양조약기구에 일명 '유럽지부'를 설치하는 문제뿐만 아니라 서유럽연맹이 유럽연합에 종속되거나 또는 서유럽연맹이 북대서양조약기구에 대해 독립적으로 유지되는 것에 대해서는 여전히 반대하였다. 북대서양조약기구가 중동부유럽에 있는 과거 사회주의 국가들을 새로운 동맹국으로 가입시키는 문제에 대해서도 미국은 폴란드, 헝가리, 그리고 체코 세 국가에 국한시킴으로써 서유럽국가들이 추구해오던 전체 유럽에서의 안보정체성 회복을 보장하지 않으려고 했다. 특히 미국은 지중해 지역에 대한 패권을 유지하기 위해 북대서양조약기구 남부사령부의 지휘권을 유럽인에게 양보하는 것을 단호히 거부함으로써 북대서양조약기구를 유럽에 유리한 방향으로 개편하고자 노력하기보다는 자신의 주도권을 여전히 유지하고자 하는 의도를 드러내기도 했다.63)

그러나 탈냉전 이후 새로운 유럽안보체제구축을 위해 북대서양조약기구가 일부 중동부유럽 국가들을 새로운 동맹국으로 가입시키고자 하는 시도는 러시아의 강한 반대에 줄곧 부딪히면서 진전을 이룰 수 없었다. 이러한 입장을 고수해왔던 러시아는 미국과의 고위급 회담을 연이어 거친 결과 1994년 말부터는 북대서양조약기구의 확대에 대해 점진적으로, 그리고 유럽의 공동안보를 공고히 하는 방향으로 이루어질 수 있다는 등 입장의 변화를 드러내면서

약기구 전체 회원국이 개입하지 않고도 일부 유럽 국가들이 서유럽연맹의 지휘하에 작전을 전개할 수 있을 것으로 분석하면서 1995년 12월 개최된 북대서양조약기구 국방장관회의에 참가하는 등 북대서양조약기구 군사조직에 복귀하였다(*Le Figaro*, 8 octobre 1997).

63) Quilès (Paul), "L'OTAN et la défense européenne", *Relations internationales*, No.23, automne 1996, pp. 17~23 참조.

협의의 가능성을 보여주었다.

이와 같은 러시아의 태도 변화를 보여주기 시작한 것은 1995년 5월 10일 모스크바에서 열린 미국의 클린턴(Bill Clinton) 대통령과 러시아의 옐친(Boris Yeltsin) 간의 정상회담부터라고 할 수 있다. 이 회담에서 두 정상은 21세기의 범세계적인 정치적·경제적, 안보에 관한 제도에 미국과 러시아가 함께 전적으로 참여하는 것은 "역사적 임무"라는 것을 밝히면서 유럽과 대서양에 걸친 미래의 안보체계를 발전시키기 위해 양국 간에는 물론 지역적인 협력을 강화시킨다는 데에 합의했다.[64] 이를 통해 러시아는 평화를 위한 동반자 관계에 따른 개별 협력 프로그램에 참여하고 러시아-북대서양조약기구 간의 대화와 협력을 더욱 강화시켜나갈 수 있게 되었으며, 그다음 해에는 노르드웍에서 개최된 북대서양조약기구 외무장관회의에서 러시아가 평화를 위한 동반자 관계에 정식 서명하고 참여하게 되었다. 이처럼 러시아가 북대서양조약기구와의 협력 강화에 동의하게 된 것은 자국의 입지를 최대한 확보하면서 자신들이 필요로 하는 것들을 얻어내고자 하는 의도에서 비롯된 것으로 볼 수 있다.

모스크바 정상회담에서도 북대서양조약기구의 확대에 대해 유럽 공동안보 강화라는 조건을 내걸면서 반대하고 있던 러시아가 북대서양조약기구의 확대에 대해 일정 부분 인정하게 된 것은 1997년 2월 열린 러-미 경제기술협력회의에서 미국이 그동안 러시아가

---

64) *Joint Statement on European Security*(Fourth Clinton-Yeltsin summit), Moscow, 9-10 May 1995, http://www.bits.de/NRANEU/US-Russia/A%20Official%20Docs/MoscowDecl_EuropSec.html(검색일: 2011. 11. 27).

요구해온 각종 경제협력과 러시아의 G-7 참석 보장을 약속한 것이 주요 계기가 되었다. 여기에 힘입어 1997년 3월 20~21일 헬싱키에서 개최된 클린턴과 옐친 사이의 정상회담은 유럽이 또 다시 분열과 대립의 상태로 돌아가지 않도록 하기 위해 일련의 상호 지원제도와 협력관계 속에 모든 국가를 통합해야 하며, 이를 위해 북대서양조약기구와 러시아는 상호 간의 안보를 강화하는 방향으로 관계를 개선해야 한다는 원칙적인 합의에 이를 수 있었다. 그러나 북대서양조약기구의 확대에 대해서는 클린턴 대통령의 강한 부정에도 불구하고 옐친 대통령은 여전히 러시아와 인접한 위치에 북대서양조약기구의 전투병력 배치는 러시아에 대한 잠재적인 위협 요소가 된다는 우려를 강조했다. 이에 대해 클린턴은 당시 북대서양조약기구의 동맹국이 아닌 국가의 영토에 핵무기를 배치할 "어떠한 의도나 계획, 그리고 그 어떠한 이유"가 없으며, 앞으로 그렇게 할 필요가 전혀 없다는 것을 강조했다.65) 이처럼 북대서양조약기구의 확대에 대해 양국 간에 의견 차이가 여전히 남아 있었지만, 두 정상은 유럽의 모든 협력 국가들과 함께 러시아와 미국이 유럽 안보기구들의 효율성을 높이기 위해 노력하면서 이러한 의견 차이를 좁힐 수 있도록 공동으로 노력할 것을 다짐하기도 했다.

북대서양조약기구의 중동부유럽 국가들에 대한 확대가 유럽안보 정체성 확립을 위해 필요불가결한 요소라는 인식을 가지고 있던 미국을 비롯한 서유럽국가들과 이를 거부하는 러시아가 찾은 최종

---

65) *Joint Statement on European Security*(Sixth Clinton-Yeltsin summit), Helsinki, 20-21 March 1997, http://www.bits.de/NRANEU/US-Russia/A%20Official%20Docs/Clint%20Yelt%206th%20sum.htm (검색일: 2011. 11. 27).

적인 합의점은 1997년 5월 파리에서 체결한 '북대서양조약기구와 러시아 연방 간의 상호관계, 협력 그리고 안보에 관한 기본협정 (Founding Act on Mutual Relations, Cooperation and Security between NATO and Russian Federation, 이하 '기본협정'이라 함)' 으로 나타났다.[66] 과거의 대결과 분쟁의 흔적을 극복하면서 상호 신뢰와 협력을 강화하는 것을 목적으로 하는 이 기본협정은 양측 이 더 이상 적대관계가 아니라 안정되고 지속적인 협력을 위해 새롭고 실질적인 관계를 구축할 수 있는 토대가 되는 것이었다.

이 기본협정에서 북대서양조약기구는 새로 가입하는 동맹국의 영 토에 핵무기를 배치하지 않을 것을 보장하였고, 또한 북대서양조약 기구와 러시아 간의 의견을 조정하고 모든 차원에서 더욱 활성화된 실질적인 협조를 이루기 위해 매년 적어도 2회씩 회합하는 '북대서 양조약기구 – 러시아 상설공동위원회(NATO – Russia Permanent Joint Council)'를 설치하도록 했다. 특히 양측이 모두 상대방의 정책 수 행에 대해 거부권을 행사할 수 없다는 데에 합의함에 따라 러시아 는 북대서양조약기구가 앞으로 추진할 신규 가입국 결정에 대한 거부권을 인정받을 수 없게 되었다.

'기본협정'의 체결은 과거의 적대 관계를 완전히 청산하고 새로 운 동·서 관계를 구축하기 위한 토대를 마련했던 만큼 그야말로 유럽에서의 냉전 종식을 실질적으로 이루어낸 것으로 평가될 수 있다. 그렇지만, 러시아는 여전히 북대서양조약기구의 확대에 대해

---

66) *Founding Act on Mutual Relations, Cooperation and Security between NATO and the Russian Federation*, Paris, 27 May. 1997, http://www.nato.int/cps/en/natolive/official_texts_25468.htm (검색일: 2011. 11. 27); *Le Monde*, 28 mai 1997.

전적으로 승인하는 것이 아니었으며, 러시아에 대해 직접적인 위협이 될 수 있는 라트비아, 리투아니아, 에스토니아와 같은 발트 3국과 우크라이나 등 과거 소련지역으로의 확대에 대해서는 반대하는 입장을 취하고 있었다. 더구나 러시아 내에서 북대서양조약기구의 확대에 대한 부정적인 여론이 강하게 형성되자 옐친 대통령은 북대서양조약기구가 신규 가맹국의 영토에 핵무기를 비롯한 군사시설을 갖출 경우 기본협정 자체를 전면 재검토하겠다고 경고하기도 했다.

북대서양조약기구의 확대에 대해 러시아로부터 제한적이나마 일단의 동의를 얻어 낸 후 북대서양조약기구는 1997년 7월 8~9일 마드리드에서 정상회담을 열고 그동안 회원국들 사이에서도 많은 논란을 불러일으켜 왔던 폴란드, 헝가리, 체코 등 3개국에 대한 북대서양조약기구 가입에 찬성하면서 이 국가들과 가입을 위한 협상을 시작한다는 것을 결정했다.[67] 정상회담은 이 3개국의 가입을 위한 협상 일정을 정하고 있는바, 1997년 12월에 열릴 북대서양조약기구 장관회의에서 '가입의정서'를 체결하고, 1999년 4월 북대서양조약기구 창설 50주년을 맞는 시점까지 이 3개국이 비준 절차를 완료하도록 한다는 것이다. 그리고 북대서양조약기구는 유럽 – 대서양 지역의 안보를 위해 자신의 헌장 10조에 따라 신규 회원국 가입을 계속 추진한다는 것을 결정하였고, 1999년에 있을 다음 회의에서 남동부유럽 국가들, 특히 루마니아와 슬로베니아의 신규 가입을

---

67) *Madrid Declaration on Euro-Atlantic Security and Cooperation. Issued by the Heads of State and Government*, Press Release M-1 (97)81, Madrid, 8th July 1997, http://www.nato.int/docu/pr/1997/p97-081e.htm(검색일: 2011. 11. 30).

논의할 수 있도록 그동안 이 국가들에서 진행되는 민주주의의 발전과 법치의 발전을 예의주시하기로 했다. 이 국가들에 대해 주된 관심을 두게 된 것은 유럽의 안정과 안보를 확보하는 데에 이 지역에 대한 협력관계 구축이 매우 중요하다고 판단했기 때문이다.

서유럽 국가들이 1997년 12월 암스테르담 조약을 체결하면서 서유럽연맹의 유럽연합 통합을 정하고 결속을 추진하게 되자, 1991년 채택된 '신전략개념'을 그동안 발전시켜오던 미국을 비롯한 북대서양조약기구 19개 회원국은 1999년 4월 23~24일 워싱턴에서 북대서양조약기구 창설 50주년 기념 특별정상회담을 개최하였다. 유럽 – 대서양협력회의 23개 협력국이 함께 참석한 가운데 북대서양위원회(North Atlantic Council) 형식으로 개최된 이 정상회담은 21세기 북대서양조약기구의 임무, 역할 및 향후 발전계획, 유럽 방위력 증강을 위한 유럽 – 북미 간 협력관계 강화, 회원국 추가 확대 문제 등을 담은 '워싱턴 선언(The Washington Declaration)'을 채택했다.[68] 또한 유고슬라비아 정부가 북대서양조약기구의 요구사항을 수용할 때까지 공습과 경제제재를 계속한다는 내용의 '코소보에 관한 성명(Statement on Kosovo)'을 채택하고, 회원국 행동계획(MAP)과 동맹군의 신속한 기술적 변환으로 상호 작전능력을 유지할 수 있도록 해주는 방위력 증강계획(DCI)을 발표하기도 했다.[69]

이 특별정상회담의 주요 목적이 코소보 사태에 대한 북대서양조

---

68) *The Washington Declaration. Signed and issued by the Heads of State and Government participating in the meeting of the North Atlantic Council in Washington D.C. on 23rd and 24th April 1999*, Press Release NAC-S(99)63, 23 April 1999, http://www.nato.int/ docu/pr-/1999/p99-063e.htm(검색일: 2011. 11. 30).

69) Solana (Javier), "A defining moment for NATO: The Washington Summit decisions and the Kosovo crisis", *NATO Review*, Vol.7, No.2, Summer 1999, pp. 3~6.

약기구 군사 개입의 정당화와 미래 북대서양조약기구를 위한 새로운 방향 설정이었던 만큼 회담이 끝나면서 발표된 공식성명(원명은 Washington Summit Communiqué: An Alliance for the 21st Century)은 매우 중요한 내용을 담게 되었다.[70] 이 공식성명에서 헝가리, 폴란드, 체코의 가입으로 북대서양조약기구의 역사에 새로운 장이 열렸다고 평가하면서 탈냉전시대의 새로운 국제질서 속에서 북대서양조약기구가 안보환경 변화에 적절히 대응할 수 있도록 새로운 임무와 역할을 부여받는다는 취지의 '신전략개념(New Strategic Concept)'을 천명하였다. 이 개념의 주요 내용은 집단방위기구로서 북대서양조약기구의 본래 목적과 전략을 유지하면서도 역외분쟁, 대량살상무기 및 각종 테러에 적극 대응하며, 북대서양조약기구 틀 내에서 유럽 회원국들의 독자적 작전 수행을 규정하는 유럽안보방위정체성 구상을 더욱 발전시켜 유럽안보협력기구(OSCE), 유럽 - 대서양협력회의, 평화를 위한 동반자 관계 및 서유럽연맹 등과의 협력관계를 더욱 강화한다는 것이다.

북대서양조약기구는 이러한 신전략개념에 힘입어 소련의 해체, 바르샤바조약기구의 소멸 및 중동부유럽 국가들의 민주화 등으로 인해 야기된 집단군사동맹으로서의 존립근거 약화 또는 정체성 위기를 극복할 수 있게 되었다. 또한 독일 통일과 코소보 사태와 같은 지역분쟁 빈발, 서유럽연맹을 매개로 한 '유럽안보의 유럽화' 추진 등의 급격한 안보환경 변화 속에서 북대서양조약기구는 유럽

---

70) *Washington Summit Communiqué. Issued by the Heads of State and Government participating in the meeting of the North Atlantic Council in Washington, D.C. on 24th April 1999. An Alliance for the 21st Century,* Press Release NAC-S(99)64, 24 Apr. 1999, http://www.nato.int/docu/pr/-1999/p99- 064e.htm(검색일: 2011. 11. 30).

과 북미의 안보가 따로 분리될 수 없다는 측면에서 새로운 임무를 갖추고 '대서양횡단유대(Transatlantic link)'라는 범유럽적 차원의 안보 유지와 위기관리 역할을 수행할 수 있는 근거를 지니게 되었다.[71] 아울러 북대서양조약기구는 유럽 - 대서양협력회의(EAPC)와 평화를 위한 동반자 관계를 지속적으로 확대시켜 북대서양조약기구 비동맹국들과 더욱 긴밀한 협력관계를 맺을 수 있게 되었고, 러시아와의 관계증진은 물론 우크라이나를 비롯한 중동부유럽 국가들과는 물론 지중해연안 국가들과의 관계도 계속 발전시켜 나갈 수 있게 되었다.[72]

따라서 북대서양조약기구의 신전략개념은 동맹결성의 이유를 밝힌 북대서양조약에 이어 두 번째로 중요한 공식 문서이자 21세기 북대서양조약기구 활동의 근거가 되는 기본 틀이 되는 셈이다. 즉, 냉전종식 이후 미국이 표방해오던 '신세계질서(New World Order)' 구축은 북대서양조약기구의 신전략개념에 힘입어 '포괄안보(Comprehensive Security)' 또는 '협력안보(Cooperative Security)' 전략이라는 모습으로 유럽에서 구체화 될 수 있게 되었다. 또한 북대서양조약기구가 유럽안보방위정체성과 다국적특별통합군의 독자성을 인정함에 따라 지역안보와 평화체제 구축을 강조하는 유럽연합 및 서유럽연맹의 유럽질서 전략과도 접목될 수 있었으며, 북대서양조약기구의 신규 회원국 가입 역시 유럽연합의 회원국 확대와 함께 서유럽연맹의 전략을 강화하는 방향으로 이루어질 수 있게 되었던 것이다.

---

71) Crag (Anthony), "A new Strategic Concept for a new era", *NATO Review*, Vol.47, No.2, Summer 1999, p. 21.

72) Schmidt (Peter), "ESDI: 'Separable but not separate'?", *Nato Review*, Web edition, Vol.48, No.1, Spring-Summer 2000, pp. 12~15.

(2) 서유럽연맹의 전략 강화

1992년 서유럽연맹이 채택한 페테스베르크 선언에 따라 서유럽연맹의 군사적 임무에 대한 정의가 명확해지고, 실질적인 군사력 사용이 가능해지자 서유럽연맹은 북대서양조약기구와의 협력관계를 강화하면서 유럽안보정체성을 확립하도록 한다는 것을 기본 전략으로 삼게 되었다. 특히 1994년 북대서양조약기구 브뤼셀 정상회담에서 서유럽연맹 중심으로 다국적통합특별군을 구성하고 유럽 국가들이 자율적인 군사작전을 가능하도록 한다는 것이 결정된 이후 서유럽연맹은 전략을 강화하기 위한 차원에서 회원국 확대를 시도하게 되었으며, 여기에는 서유럽 국가들뿐만 아니라 중동부유럽 국가들까지도 그 대상이 되었던 것이다.

서유럽연맹의 전략을 강화시킬 수 있는 또 다른 방안으로는 서유럽연맹이 유럽연합의 군사적 수단으로서 역할을 담당하고 있는 만큼 서유럽연맹을 아예 유럽연합에 통합시키는 것을 들 수 있다. 그러나 영국은 북대서양조약기구가 주도하는 기존의 유럽안보정책을 그대로 유지하고자 하면서 서유럽연맹이 유럽연합에 통합되는 것에 반대하였고, 독일은 통일 이후 미국과의 전략적 제휴로 긴밀한 유대관계를 맺으면서 프랑스와는 유럽통합과 서유럽연맹의 발전을 위해 공조체제를 유지하고 있었다.

특히 유럽 중심의 군사협력체계를 구축하기 위하여 서유럽연맹 회원국 중에서 가장 많은 외교적인 노력을 해 온 것으로 평가받는 프랑스는 북대서양조약기구를 통해 미국이 장악하고 있는 주도권을 축소시키기를 원하면서 서유럽연맹이 유럽연합 내에서 군사기구로서의 역할을 완전하게 수행할 수 있도록 하고, 순수한 유럽의 군사기구에 미국이 참여할 수 없도록 하는 등 유럽인에 의한 유럽 안보의 정체성 회복을 위한 전략을 지속적으로 구사해왔다. 그러나 프랑스는 유럽 국가들이 단일한 목소리를 내는 것이 불가능하고 미국 또한 유럽에서의 주도권을 쉽게 포기하지 않을 것으로 판단하고 북대서양조약기구 내부에서 자신의 활동을 강화해 나가는 것으로 전략을 수정하였다. 1995년 12월 북대서양조약기구의 국방장관위원회와 군사위원회에 복귀한 프랑스이지만, 북대서양조약기구에서 자국의 기존 입장이 제대로 반영되지 않자 유럽안보의 정체성 회복과 유럽인이 중심이 되는 방향으로 북대서양조약기구 기구가 개편되지 않는다는 이유로 통합 군사기구에는 가입하지 않는 등 실질적으로 북대서양조약기구에 대한 완전한 편입을 연기하고 있다. 이처럼 프랑스는 서유럽연맹의 유럽전략 강화와 북대서양조약기구의 유럽화를 주장하면서 북대서양조약기구에 대한 완전한 복귀 문제와 연계시키기도 했다.

이처럼 서유럽연맹을 유럽연합에 통합시키는 문제에 대해 회원국 간의 입장 차이가 극명하게 드러나는 가운데 서유럽연맹은 북대서양조약기구에 대한 자신의 지위와 전략을 강화하면서 유럽안보정체성을 도모하고자 했다. 1997년 5월 13일 프랑스의 주도하에 파리에서 서유럽연맹은 가맹국 외무·국방장관회의를 열고 곧 있을 북대서양조약기구 마드리드 정상회담에서 다루게 될 회원국 확대가 유럽의 안보구조 형태와 서유럽연맹의 발전에 큰 영향을 미치게 되리라고 예상했다. 이 회의에서 채택한 '파리 선언(Paris Declaration)'[73]은 서유럽연맹이 마스트리히트 조약에 따라 부여된 군사적 수단으로서의 역할과 공동방위정책의 내용을 이행하기 위해서는 서유럽연맹과 유럽연합 사이의 협력관계뿐만 아니라 북대서양조약기구와의 협력관계도 강화시킬 필요가 있다는 것을 강조했다.

이를 위해 서유럽연맹은 북대서양조약기구의 군사위원회와 유사한 역할을 담당할 '상설이사회(Permanent Council)'를 북대서양조약기구와 유럽연합의 동의하에 구성하도록 한다는 것이다. 이 상설이사회는 서유럽연맹이 작전을 수행하는 데에 필요한 북대서양조약기구의 군사 장비와 작전 능력 등을 이전받는 것을 포함하여 다양한 차원에서 이루어지는 북대서양조약기구와의 협력을 강화해나가는 것을 주된 임무로 삼고 있다. 아울러 상설이사회로 하여금 10개 정회원국의 참모총장과 직접적인 관계를 맺으면서 군사적 활동에 관한 제반 의견을 서유럽연맹에 제시하는 실질적 기구로서의 역할을 하도록 했다.[74]

그리고 이 선언에서 1992년에 창설된 '유로군단(Eurocorps)'을 다국적으로 이루어져 있는 서유럽연맹 방어군(FAWEU)에 포함시키고, 이 방어군이 페테스베르크 선언에 따라 1995년에 창설되어 이미 활동하고 있는 유럽대응군(Eurofor) 및 유럽해군(Euromarfor) 등과도 긴밀한 협력관계를 맺도록 하였다. 이처럼 주요 작전수단을 구비할 수 있게 된 서유럽연맹이 비록 완전한 군사기구화 단계에는 이르지 못하였을지라도 위기가 발생했을 경우 이를 관리하고 해결하는 데에 주요한 역할을 할 수 있는 기본적인 요소는 갖추게

---

73) *Paris Declaration*, WEU Council of Ministers, Paris, 13 May 1997, http://www.weu.int/documents/970513en.pdf(검색일: 2011. 12. 7).

74) *Le Monde*, 14 mai 1997.

되었다고 볼 수 있다.

이러한 서유럽연맹 자체적으로 추진한 전략 강화와는 별도로 유럽연합 차원에서도 공동외교안보정책을 강화시킬 필요가 있다는 것을 인식하고 군사수단으로서의 임무가 부여된 서유럽연맹을 더욱 발전시키고자 하는 노력이 있었다. 왜냐하면, 1992년에 발발한 구유고슬라비아 사태를 맞아 유럽연합은 회원국 간의 다양한 입장 차이로 인해 안보상의 공동 대응을 제대로 하지 못했고, 단순히 개별국가 차원에서 북대서양조약기구가 행하는 작전에 협력하는 수준에 머무르게 됨에 따라 공동외교안보정책의 강화가 필요하다는 것을 절감했기 때문이다.

따라서 마스트리히트 조약의 개정을 준비하기 위해 1996년 3월부터 열린 유럽연합의 정부간 회의(IGC)에서 공동외교안보정책을 강화하기 위한 논의가 별도로 진행되기도 했다. 이러한 논의를 토대로 하여 1997년 10월 2일 체결된 일명 제2의 마스트리히트 조약인 암스테르담 조약(Treaty of Amsterdam)[75])에서 회원국들은 공동외교안보정책을 좀 더 실제적이고 효율적으로 재편하고 공동방위 정책 수립을 적극 추진하기 위한 방안들을 강구했다.

마스트리히트 조약의 개정 목적 중의 하나가 공동외교 및 공동방위 정책을 수립하는 것이었던 만큼 암스테르담조약에는 유럽연합의 군사적 수단이 되는 서유럽연맹의 지위 및 역할이 마스트리히트 조약에서 보다 명확하게 규정되었다. 첫째, 서유럽연맹은 유

---

75) *Treaty of Amsterdam amending the treaty on European Union, the treaties establishing the European Communities and certain related Acts, Official Journal C 340*, 10 November 1997, http://eur-lex.europa.eu/en/treaties/dat/11997D/htm/11997D.html#0001010001(검색일: 2012. 2. 13).

럽연합의 공동외교안보정책 범주 내에서 '공동방위정책(common defense policy)' 수립을 주로 담당하며 유럽연합을 지원한다. 이를 위해 회원국들은 '공동전략(common strategy)'을 수립하고 '공동행동(common action)'을 취하도록 한다. 둘째, 공동외교안보 및 방위 정책을 수립하고 관리할 '고위대표(HR)'를 선출한다. 셋째, 유럽연합이 인도주의 활동과 평화유지, 위기관리 등의 공동외교안보 분야에서 군사작전 능력을 갖출 수 있도록 서유럽연맹이 유럽연합에 통합되어 이 분야를 담당하도록 한다. 암스테르담 조약 7조 제1항과 제3항에 따르면, 이러한 통합 가능성을 더욱 높이기 위해 유럽연합은 서유럽연맹 내부 조직과의 관계를 더욱 유기적으로 발전시키고, 유럽방위에 관련된 결정이나 공동행동을 취하기 위해서는 서유럽연맹과 협력하면서 이에 필요한 실질적인 조치를 취해야 한다는 것이다.76) 또한 모든 유럽연합 회원국들이 공동외교안보 분야에 적극 참여할 수 있도록 유럽이사회가 서유럽연맹의 각 기구와 협력하고 이를 토대로 북대서양조약기구와 실제적인 작전 수행을 위해 협력을 강화할 수 있는 방안을 강구하도록 하였다.77)

그러나 암스테르담조약에 명시된 것처럼 유럽연합 내에서 서유럽연맹의 지위를 강화시키고 서유럽연맹을 유럽연합에 통합시키도록 한다는 것은 유럽연합의 내외적인 요인으로 인해 당분간은 기대하기 어렵게 되었다. 왜냐하면, 내부적으로 서유럽연맹에 속하지 않는 유럽연합 회원국들은 법적으로 완전히 별개인 이 두 기구가

---

76) Gnesotto (Nicole), "La politique étrangère et de sécurité commune", *L'Union européenne*, Paris, La documentation française, 1999, p. 160.

77) Missiroli (Antonio), "European Security and Defence: The Case for Setting Convergence Criteria", *European Foreign Affairs Review*, n° 4, 1999, p. 499.

통합될 경우 자국 국민들의 지지와 의회의 승인을 받아야 할 것이며, 이 과정에서 겪게 될 국내정치적 부담을 의식하지 않을 수 없기 때문이다. 더구나 유럽연합이 공동외교안보정책을 보다 적극적으로 추진한다는 것은 유럽연합의 각 회원국들이 처한 전통적 입장을 고려할 때 현실적으로 상당한 어려움에 봉착하게 되리라는 것은 분명했다. 또 다른 이유로는 공동외교안보정책분야가 유럽연합의 공동체적 영역과는 달리 법적인 구속력이 결여된 '정부 간 협력'에 의해 추진되는 것인 만큼 안보적·군사적 측면에 상당한 강제성을 부여받고 있는 서유럽연맹의 정책결정과는 형평성에 문제가 있다는 것이었다.

또한 유럽연합의 외부적 측면에서는 서유럽연맹이 완전히 유럽연합에 흡수될 경우 서유럽연맹의 정치적·군사적 자율성이 상당한 제한을 받게 될 것이고, 만약 이렇게 된다면 서유럽연맹의 10개 정회원국들로서는 유럽연합에 완전히 통합되는 것이 오히려 바람직하지 못한 결과를 낳을 수도 있다는 판단을 했던 것이다.[78] 그러나 유럽연합 회원국의 정상들은 유럽연합이 완전한 정치적 통합을 이루기 위해서는 공동외교안보 분야를 강화하고 서유럽연맹과의 관계 정립이 필연적으로 이루어져야 한다는 입장을 견지하고 있었다. 결국 암스테르담 조약에서 서유럽연맹을 유럽연합에 통합시키도록 한다는 것이 결정되었고, 이로써 공동외교안보정책을 추진하는 데에 필요한 서유럽연맹의 전략 강화를 위해 유럽연합이 지속적으로 노력할 수 있는 근거가 마련된 셈이었다.

---

78) Van Ackere (Patrice), *op. cit.*, p. 114.

이와 같이 암스테르담 조약에 따라 서유럽연맹을 유럽연합에 통합시키는 것이 당시의 내외적인 상황으로 인해 당장 실현하기에는 어려움이 뒤따랐으나, 암스테르담이 지니는 중요한 의미는 고위대표를 선임하여 공동외교안보정책의 핵심적인 요소가 되는 외교안보 및 방위정책을 공동으로 수립하고 관리하도록 하면서 유럽연합이 서유럽연맹을 통해 독자적인 군사 능력을 갖출 수 있는 근거를 제공했다는 데에 있다.[79] 따라서 서유럽연맹은 유럽연합의 군사적인 수단이 되는 동시에 유럽안보방위정체성을 통해 유럽연합이 필요로 할 경우 북대서양조약기구의 군사 장비를 사용할 수 있는 기구로 재정립될 수 있었다.[80]

암스테르담 조약을 통해 유럽연합의 군사적 능력이 향상되었지만, 이 문제는 유럽연합과 북대서양조약기구의 관계를 어떻게 설정해야 하는가 하는 논의와 함께 회원국들 사이에 항상 주요 쟁점이 되어왔던 부분이었다. 특히 코소보 사태를 맞아 북대서양조약기구가 이를 해결하기 위한 적극적 태도를 보이지 않고 유럽안보를 주도하는 세력으로서의 역할을 제대로 수행하지 않으면서 한계를 보이게 되자, 그동안 프랑스와 독일이 주장하던 '유럽안보의 유럽화'에 맞서 대미 의존 불가피론을 펴오던 영국과 같은 회원국들의 입지는 크게 약화되었다. 이러한 분위기 아래 영국은 유럽연합이 자율적인 군사 능력을 지니는 것에 반대하던 종전의 입장을 바꾸고 1998년 12월 3~4일 프랑스와 함께 생 말로에서 정상회담을 가지고

79) Grandpierre (Catherine), *Le nouveau concept de l'OTAN et la défence de l'Europe*, Paris, L'Harmattan, 2011, pp. 56~57.

80) Keohane (Daniel), *10 years after St. Malo*, ISS Analysis, Paris, EUISS, October 2008, p. 1.

'생말로 선언(St. Malo Declaration)'을 채택하였다. 이는 곧 실질적인 군사 능력을 지니고 있는 영국과 프랑스가 앞으로 유럽연합이 독자적인 군사능력을 갖추도록 하는 데에 적극적으로 임한다는 것을 의미했다.

유럽연합이 공동외교안보정책의 범주 내에서 암스테르담 조약의 규정조건에 따라 공동방위정책을 "신속하고도 완전하게" 이행할 것을 촉구하는 '생말로 선언'은 회원국 정상들의 회의인 유럽이사회에 대해 조약에 명시된 공동방위정책의 틀을 점진적으로 결정할 책임이 있다고 촉구했다. 이렇게 해서 유럽연합이 신뢰할 수 있는 군사력으로 뒷받침되는 자율적인 행동 능력을 지니고, 국제적 위기에 대응하기 위해 이 군사력을 사용하는 것을 결정할 수단과 또한 그렇게 할 수 있는 준비태세를 갖출 수 있어야 한다는 것이다. 이와 같은 핵심 내용을 담고 있는 생말로 선언은 유럽 차원에서 방위계획을 수립하는 출발점으로 널리 인식되고 있으며, 다양한 선언이나 제안들이 연속적으로 매우 폭넓고도 급속하게 발표될 수 있는 계기를 제공하면서 결국 암스테르담 조약과 함께 서유럽연맹의 전략을 강화하는 데에 크게 기여할 수 있게 되었다.[81]

이상과 같이 냉전이 종식됨에 따라 유럽안보협력회의가 긴장 완화를 위해 노력하면서 파리 헌장을 채택하였고 북대서양조약기구의 성격과 역할이 변화하는 등 새로이 형성된 유럽안보체제의 재편 분위기 속에서 발효된 마스트리히트 조약은 유럽연합으로 하여금 외교안보적인 측면에서 유럽의 독자적인 안보체제를 구축하는

---

81) Rutten (Maartje), *From St–Malo to Nice. European defense: core documents*, Chaillot Papers, No.47, Paris, Institute for Security Studies of WEU, May 2001, pp. 8~9.

데에 중요한 역할을 담당할 수 있도록 하였다. 공동외교안보정책을 포함하고 있는 유럽연합은 서유럽연맹을 통해 자신의 군사적 수단을 보장받았으며, 유럽연합 회원국이나 유럽연합 그 자체가 분쟁에 관계될 경우 회원국과 유럽연합은 단일체를 구성하면서 서유럽연맹을 활용할 수 있게 되었다. 이처럼 종전보다 더 한층 지위가 확립되고 구체적인 임무를 띠게 된 서유럽연맹은 본연의 군사적 임무에다가 정치적 임무까지 추가한 북대서양조약기구와 강화된 협력관계를 지니면서 이 기구에 대해 실질적인 보완 기능을 맡게 되었다. 이렇게 볼 때, 유럽연합은 서유럽연맹과 북대서양조약기구 간의 관계 재정립은 물론 중동부유럽 국가들과의 더욱 긴밀한 관계 설정을 통해 유럽의 안보를 담당하는 실체로서의 역할을 증대시켜 나갈 수 있게 되었다.

또한 유럽안보체제를 변화하도록 하는 데에는 서유럽연맹과 유럽연합의 회원국 확대에 따른 새로운 안보개념의 설정이 크게 영향을 미칠 수 있었다. 유럽연합은 유럽에서의 안보적인 불확실성에 대처하기 위해 대서양조약기구와 서유럽연맹 사이에 유기적 관계를 발전시키도록 하면서 서유럽연맹을 중심으로 하는 유럽안보방위정책의 수립이라는 현실적인 이중정책을 심도 있게 추진할 수 있게 되었다. 이러한 서유럽연맹의 전략 강화 노력을 통해 유럽연합은 공동외교안보정책을 시행하면서 안보 행위자로서의 위상을 갖추고 독자적인 군사수단을 확보하는 것을 최우선 과제로 삼게 되었던 것이다.

■■■ 제3장

유럽연합의 유럽안보방위정책 수립과 강화: '영구적 평화체제 구축', 가능할 것인가?

유럽연합(EU)이 공동외교안보정책(CFSP)을 추진하면서 서유럽연맹(WEU)으로 하여금 '유럽연합의 방위 요소'로서의 역할을 부여함에 따라 유럽연합과 서유럽연맹 사이의 관계뿐만 아니라 북대서양조약기구(NATO)와의 관계가 매우 복잡하고 애매모호한 상태 속에서 경쟁적이지만 협력적인 관계로 발전해왔다. 특히 1989년 독일이 통일을 이루고 이어서 1991년에는 소련 자체가 와해되면서 냉전시기 동안 북대서양조약기구에 대응해오던 바르샤바조약기구(WTO)가 해체되는 등 유럽의 안보구도에 급격한 변화가 진행되는 상황에서 유럽의 안보정체성 확립 문제가 크게 대두될 수밖에 없었다. 또한 북대서양조약기구가 과거 적대적 관계에 있던 바르샤바조약기구 동맹국들과 동반자적 우호 관계를 형성하고 북대서양조약기구 - 유럽연합 - 서유럽연맹의 관계가 점차적으로 정립되면서 유럽연합은 공동외교안보정책(CFSP)을 통해 안보정체성을 확립하고자 유럽안보방위정책(ESDP)을 시행하게 되었다.

이러한 점을 염두에 두고, 우선 유럽연합이 수립한 유럽안보방위정책에 대한 개념을 북대서양조약기구와의 관계 발전 양상과 함께 정리하고 유럽안보방위정책의 수립과정과 운영체계를 살펴보고자 한다. 그리고 유럽통합에서 안보방위정체성을 추구하는 유럽안보방위정책이 지니게 되는 정치적 함의가 무엇인지 논하고, 이러한 유럽안보방위정책에 대해 제기될 수 있는 쟁점들을 정리하고자 한다. 끝으로, 유럽안보방위정책이 시행되면서 제기될 수 있는 유럽연합과 북대서양조약기구 사이의 관계정립 문제와 '영구적 평화체제 구축'을 위한 유럽안보방위정책 강화 필요성에 대해 논하고자 한다.

특히 리스본 조약에 따라 신설된 '연합 외교안보정책 고위대표 (HR/VP, 이하 '고위대표'라고도 함)'가 선임되고, 유럽안보방위정책이 공동안보방위정책(CSDP)로 전환됨에 따라 유럽연합의 공동안보와 방위를 위한 노력은 더욱 활성화될 수 있는 계기를 맞았다. 따라서 유럽연합이 공동안보방위정책을 통해 추진하게 되는 안보방위 기능 확대 방안과 그 적용 현황에 대해 살펴보면서 유럽연합의 분쟁 예방과 평화 유지를 위한 다양한 노력들에 대해 고찰하고자 한다.

1. 유럽안보방위정책의 개념과 수립과정

유럽연합의 제2기둥으로 수립된 공동외교안보정책은 특히 안보 분야에서 현실적으로 냉전 종식 직후까지 유럽연합이 적용해왔던 유럽정치협력체(EPC)의 틀을 근본적으로 탈피하지 못하였다. 즉, 유럽연합 내에서 회원국들이 안보 문제에 대해 논의하는 것은 가능했으나 실제적인 공동행동 및 군사력 활용 면에서는 북대서양조약기구의 벽을 넘을 수가 없었다.

공동외교안보정책의 적용이 외교 분야에 치중될 수밖에 없었던 시행 초기의 한계점을 극복하기 위해 유럽연합 회원국들은 공동외교안보정책에 따라 자신의 군사적 수단으로 지위가 바뀐 서유럽연맹의 역할을 강화시키고자 노력하였다. 그 결과 1997년 체결된 암스테르담 조약을 통해 공동외교안보정책의 적용범위가 상당히 현실적으로 되었으며, 유럽인이 중심이 되는 안보의 유럽화 및 유럽안보방위정체성(ESDI) 회복을 위해 북대서양조약기구와 긴밀한 협력관계를 이룰 수 있게 되었다. 특히 1999년 6월의 쾰른 유럽이사회와 1999년 12월의 헬싱키 유럽이사회를 거쳐 2000년 12월 니스 조약이 체결됨에 따라 유럽안보방위정책이 수립되었고 이에 대한 개념도 실질적으로 완성될 수 있었다.

이러한 유럽안보방위정책은 모든 유럽연합 회원국에 이행을 강제하는 공동체적인 절차에 따르는 것이 아니라 어디까지나 긴밀한 정부 간 협력을 통해 이행되는 것이다. 이러한 점을 고려할 때, 유럽연합의 안보방위정책이 지니는 근본적인 개념인 다자주의적 집단안보 개념에 대해 고찰하는 것은 유럽안보방위정책의 수립과정에 대한 이해도를 높이는 데에 필요할 것이다.

1) 유럽연합의 안보방위정책: 다자주의적 집단안보 개념

제2차 세계대전이 끝난 후 유럽의 안보 또는 방위를 보장하기 위해 형성된 서방연합이나 북대서양조약기구, 서유럽연맹은 물론 설립 계획이 실패한 유럽방위공동체(EDC)에 이르기 까지 거의 모든 기구는 근본적으로 다자주의(multilateralism)에 입각한 협력구조였다. 일반적으로 다자주의는 국제 혹은 지역 기구에 여러 나라들을 참여시키고 이 국가들이 주어진 목적 달성을 위해 필요한 부분에 대해 참여하고 협의하도록 하며, 이러한 협의 과정에서 도출된 결과를 토대로 보편적인 방식에 따라 정책을 결정하고 목적에 부합하는 방향으로 제 문제들을 해결해나가는 것이다.1) 따라서 다자주의에 입각한 기구 내에서는 각 회원국이 개진하는 의견을 폭 넓게 수용하여 토의하게 되며 회원국 사이에 차별성이 없게 됨에 따라 강대국들이 의사결정을 좌지우지하는 지배 구도가 배제되는 것이 일반적인 특징이다

특히 냉전 기간 동안 대체적으로 규모가 작은 국가들은 국제문제 해결에 있어 미국과 소련이 중심을 이루는 양자주의적 접근 보다 다자주의적 접근에 대해 매우 긍정적인 반응을 보여 왔다. 전후 동·서 양대 축이 형성된 가운데 다자주의에 따른 기구로서 유엔과 북대서양조약기구, 서유럽연맹 등이 국제적인 차원에서건 아니면 지역적인 차원에서건 평화 유지는 물론 안보 및 방위를 위한 정식기구로 형성되었으며, 이들 기구 내에서 소규모 국가들이 여러 사안에 대한 의사 결정과정에서 대규모 국가들과 동등한 자격으로 참여하면서 중요한 역할을 할 수 있었던 것도 이러한 다자주의의 보편성에 따른 것이라고 할 수 있다.2)

---

1) Keohane (Robert O.), Macedo (Stephe), Moravcsik (Andrew), "Democracy-Enhancing Multilateralism", *International Organization*, No.63, Winter 2009, p. 2.

2) Kahler (Miles), "Multilateralism with Small and Large Numbers", Ruggie (John Gerard) (eds.), *Multilateralism Matters: The theory and Praxis of an Institutional Form*, New York, Columbia

다자주의적(multilateral)이라는 용어는 다수 국가들이 참여하여 기구를 설립하거나 참여하는 국가들이 상호 협력할 수 있는 조직을 구성한다는 것을 의미하기도 하고, 이러한 기구나 조직이 실제적으로 이행하게 되는 활동의 유형을 말할 때 수식어로 사용되기도 한다. 이러한 관점에서 보면, 다자주의는 여러 나라들 사이의 협력적 제 활동에 대해서 뿐만 아니라 국제적인 제도를 통해 국가 간의 협력을 창출하고 긴밀하게 발전시키는 것과 이들 사이의 이해관계를 조정하는 것까지 포함하는 것으로 정의될 수 있다.[3] 이 경우 다자주의는 조직 원리로서 일반화된 행위원칙에 기초하여 셋 이상 국가 간 관계를 조정하고 여기에 관련되는 가치들이 개별적으로 다루어지는 것이 아니라 종합적으로 고려되며, 얻어지는 결과는 모든 참여국들에 포괄적으로 혜택을 주도록 이행되는 것을 주요 특징으로 지니고 있다.[4] 따라서 다자주의는 또한 다수의 국가가 참여하면서 형성된 기구 또는 조직 내에서의 활동이 민주주의 원칙 과 같은 보편적 가치에 기초해서 이루어져야 하며, 참여하는 국가들 사이에 긴밀한 협력관계를 발전시키고 이를 토대로 활동을 더욱 증진시킬 수 있는 촉매적인 이념으로 작용하는 준거가 되기도 한다.

다자주의적 안보기구라는 것은 안보 분야에 관련되는 문제에 대해 공동의 인식을 하고 있는 다수의 국가가 참여하고 이들 사이의

University Press, 1993, pp. 295~296.

3) Rabkin (Jeremy A.), *Law Without Nations? Why Constitutional Government Requires Sovereign States*, Princeton, Princeton University Press, 2005, pp. 244~248.

4) Ruggie (John Gerard), "Multilateralism: the Anatomy of an Institution", *International Organization*, vol.46, No.3, Summer 1992, pp. 571~572.

긴밀한 협력을 통해 해결한다는 목적으로 설립된 기구를 말하는데, 이러한 다자주의에 따른 안보 개념의 이행은 통상 '안보체제(security regime)'를 구축하고 이를 통해 이루어지게 된다. 따라서 안보체제는 어떠한 안보 원칙에 따라 셋 이상의 다수 국가들 사이에 안정과 평화를 유지하기 위해 규정된 다자간 협력관계를 형성하고 안보와 관련된 문제를 효과적으로 해결할 수 있는 방안을 강구하는 체제를 일컫는다.5) 다자간 안보체제의 대표적 유형으로 유럽안보협력기구(OSCE)를 들 수 있으며, 북대서양조약기구는 실질적인 병력을 운영할 수 있다는 측면에서 협의의 집단방위기구로 분류될 수 있었다.

탈냉전시대를 맞아 유럽에서 동·서 대립으로 인한 위협 요소가 사라지고 바르샤바조약기구가 1991년 7월에 해체된 이후 북대서양조약기구는 새로운 형태의 위기 상황에 대처하기 위해 신유럽안보질서 구축을 위한 탈바꿈을 시도하였다. 즉, 냉전 종식 이후 북대서양조약기구가 유일한 서유럽 방어기구로만 남기에는 '존재 이유'가 빈약해졌고, 중동부유럽 국가들과 러시아의 대서방 경제적 접근과 서유럽 안보전략의 변화에 따라 북대서양조약기구가 '집단방위기구'로서만 남을 것이 아니라 유럽 전체의 안보를 책임지는 '집단안보기구'로서의 역할도 수행할 필요가 생긴 것이다. 이렇게 북대서양조약기구의 지역집단 안보기구화의 이유로 다음의 세 가지를 들 수 있다. 비록 냉전이 종식되어 유럽 대륙에서 분쟁이 발생할 가능성은 희박해졌다고 할 수 있을지라도 유럽 외부로부터의 위협은

---

5) Rischard (Jean-François), *High Noon: twenty Global Problems, Twenty Years to Solve Them*, New York, Basic Books, 2002, pp. 65~66.

여전히 잔존하고 있다는 점, 회원국들 사이의 오랜 지역적 대립을 완화시키는 차원에서 회원국 간의 관계 및 협력을 공고화할 필요성이 대두되었다는 점, 그리고 북대서양조약기구를 통하여 유럽의 통합과정에서 소홀히 할 수 있는 안보문제를 보장받도록 해야 한다는 점 등이 여기에 해당한다고 볼 수 있다.6) 이러한 필요에 따라 종전의 군사적 역할에다가 정치적 역할까지 스스로 부여한 북대서양조약기구가 러시아를 비롯한 구바르샤바조약기구 회원국들과도 협력관계를 형성하게 된 후에는 다자주의적 안보방위기구로 분류될 수 있게 되었다.

다른 한편, 유럽연합은 냉전 시기 동안에는 공동안보 분야와 관련하여 회원국들 사이에 뚜렷한 다자주의적 협력관계를 맺지 못하였으나, 1992년에 체결된 마스트리히트 조약을 통해 공동외교안보정책이 수립됨으로써 앞으로 유럽연합이 다자주의적 안보기구로서의 역할을 수행할 수 있게 되는 기본적인 근거를 갖추게 되었다. 즉, 경제적 통합을 중점적으로 추진해오던 유럽공동체(EC)가 냉전 체제 종식 후에는 공동외교안보정책을 포함하면서 서유럽연맹을 군사 수단으로 삼게 된 유럽연합으로 전환되었으므로, 이러한 유럽연합은 유럽 지역에서 안보 및 방위 기능을 수행하는 데에 유럽의 다수 국가가 참여하는 다자주의적 공동기구의 범주에 속하게 되었다는 것이다.

이처럼 유럽연합은 유엔이나 북대서양조약기구처럼 완전하지는 않지만, 마스트리히트 조약 제5장 '공동외교안보정책'에 관한 규정

---

6) Hook (Steven W.) and Richard (Robyn), "Regional Collective Security in Europe: Past Patterns and Future Prospects", *European Security*, Vol.8, No.3, Autumn 1999, p. 97.

에서 공동외교안보정책을 추구하는 목적을 제시하였다. 이러한 목적을 이루기 위해 유럽연합은 회원국 간의 체계적인 협력관계를 확립하고 회원국들의 공동이익을 위해 공동 행동을 점진적으로 실시할 것을 규정하는 등 다자주의적 집단안보 개념을 수용하게 되었다.

공동외교안보정책을 이행하는 데에 있어 적용되는 다자주의적 집단안보 개념은 유럽연합 내에서 각 기구들이 공동외교안보정책을 결정하고 운영하는 체계에서 잘 나타나고 있다. 첫째, 공동외교안보정책에 대한 기본원칙과 일반적인 방향 설정은 유럽연합의 모든 회원국 정상들이 동등한 자격으로 참여하는 '유럽이사회'에서 합의 형태로 이루어지고, 이 유럽이사회에서 만들어진 지침에 입각해서 특정문제를 해결하기 위한 공동행동에 대한 결정은 각료이사회에서 이루어진다. 공동외교안보정책에 관한 유럽이사회의 결정을 위해 기본적으로 만장일치 방식이 적용되고 있는 반면, 공동외교안보정책의 이행에 관한 공동행동 결정과 그 실행을 위해서는 가중다수결제(qualified majority)가 적용되었다. 그리고 공동외교안보정책의 운영과 이행에 관계되는 '정치위원회(Political Committee)'와 '실무그룹(Working Group)',그리고 다양한 전문가 회의 등은 모든 회원국의 대표들이 참여하는 다자주의적 구조를 가지고 있다는 것이다.

이처럼 다자주의적 안보 개념을 도입하고 있는 유럽연합이 북대서양조약기구의 역할 변화와 외연 확대에 적절하게 대응하기 위해 공동외교안보정책상의 안보 부분을 더욱 강화하면서 독자적인 군사작전 능력을 갖춘 안보방위정체성을 확립하고자 노력하게 되었던 것이다. 그 결과 유럽연합은 1999년 6월 쾰른 유럽이사회를 통하여 '유럽공동안보방위정책(CESDP)'을 수립하였다. 이로써 유럽연합은 다자주의적 집단안보 개념을 자율적으로 이행하는 데에 필요한 유럽통합군 창설을 위한 기본원칙을 마련할 수 있었고, 본격적으로 유럽안보를 위한 군사적 조치를 취할 수 있는 능력을 지니게 되었다.

일단 유럽연합이 집단방위의 임무를 수행할 수 있는 확고한 수단을 갖추게 되자 안보분야에서 북대서양조약기구와의 협력관계를 더욱 긴밀히 형성하면서 이 개념을 더욱 발전시켜 나갈 수 있었다. 아울러 유럽연합은 2000년 12월 니스 유럽이사회를 통해 2003년까지 유사시 60일 이내로 5~6만 명 규모의 '유럽통합군'을 배치 운영할 수 있는 능력을 갖추고, 유럽안보방위정책의 수행을 위한 다자주의적 운영체계를 확립할 수 있었다. 특히 2009년 발효된 리스본 조약에서는 유럽안보방위정책을 공동안보방위정책으로 전환시키면서 회원국 사이의 의견을 조율하고 안보 및 방위 문제를 전담하는 것을 임무로 하는 연합 외교안보정책 고위대표를 두도록 하는 등 다자주의적 개념을 구체적으로 이행할 수 있도록 했다.

이렇게 볼 때, 유럽통합에 있어 안보 및 방위 분야에 관한 다자주의적 개념은 1992년 마스트리히트 조약의 체결에 힘입어 유럽연합이 회원국들 간의 안보 유지를 위한 협력관계를 본격적으로 수립할 수 있고 군사적 능력을 갖출 수 있게 되면서 앞으로 적용될 수 있는 근거를 가지게 되었던 것이다. 그 이후 유럽연합은 실질적이고도 자율적인 군사 수단을 확보하기 위해 지속적으로 공동외교안보정책을 발전시켰고 유럽연합 내에 정치·군사적 기구를 설립할 수 있게 됨에 따라 유럽지역에서 다자주의적 집단방위 혹은 집단안보를 위한 역할을 담당할 수 있게 되었다.

2) 유럽안보방위정책의 수립과정과 의의

유럽연합의 공동외교안보정책은 외교안보 부문에 있어서 공동으로 대처하겠다는 유럽연합 회원국들의 강한 의지의 표현으로써 유럽통합을 정치군사적 분야와 경제통합으로 분리시켜 추진해오던 회원국들의 전통적인 입장에 비추어 볼 때 매우 혁신적인 내용임에 분명하였다. 실제로 1954년 유럽방위공동체 설립 실패 이후 정치적 통합에 관한 논의가 거의 배제되어왔을 뿐만 아니라 외교안보 분야에 대한 통합 문제는 매우 민감한 사안이었던 만큼 빠른 속도로 발전할 수는 없었다. 그렇지만, 유럽연합 회원국들의 공동외교안보에 대한 개념은 1970년 유럽정치협력이 정식으로 발족된 이래 탈냉전이라는 유럽안보환경의 급변 상황 속에서 공동외교안보정책을 거쳐 이를 토대로 하는 유럽안보방위정책이 수립되는 등 세 단계의 발전과정을 거치면서 정립되었다고 할 수 있다. 이처럼 유럽연합의 공동외교안보 개념이 발전하면서 북대서양조약기구와 유럽연합, 그리고 서유럽연맹의 관계는 명확하게 재정립될 수 있었으며, 유럽연합의 안보전략도 강화될 수 있었다.[7]

---

7) <표 1>을 중심으로 하는 설명 중에서 제2기의 후반부에 해당하는 암스테르담 조약까지는 제2장 1절과 2절에서 구체적으로 살펴본 바 있다. 그러나 여기서 이 부분에 대해 한 차례 더 개괄적으로 살펴보는 것은 유럽안보방위정책을 좀 더 체계적으로 이해하는 데 도움이 되리라는 기대에 따른 것이다.

<표 1> 유럽연합 공동외교안보 개념의 발전과정

구분	기간	주요 근거	정립 유형	중심 개념	군사력 활용 정도
제1기	1970~1993	(다비뇽보고서) 유럽단일법	유럽정치협력(EPC)을 중심으로 함.	단순 외교안보정책협력(법적 구속력 없음) → 외교 및 안보 정책 협의 및 조정	사용 불가
제2기	1993~1999	마스트리히트 조약, 암스테르담 조약	공동외교안보정책(CFSP) 내에서의 외교안보협력	광범위한 공동외교·안보분야에 걸친 기구 내 협의, 고위대표직 설치	사용 고려 가능(WEU)
제3기	1999~	(퀼른 및 헬싱키 유럽이사회) 니스 조약, 리스본 조약	유럽안보방위정책(ESDP)/공동안보방위정책(CSDP)의 수립	CFSP를 토대로 한 안보방위정책 수립 및 집행, 구체적인 운영 체계 확립	사용 가능 (WEU의 EU 통합)

　　우선, 제1기는 1969년 12월 헤이그 정상회담에서 "정치적 통합에 관해 진전을 이룰 수 있는 최선의 방안"을 모색하도록 결정한 후, 당시 벨기에 외무장관 다비뇽(Davignon)이 제출한 보고서를 1970년 10월 회원국 외무장관들이 채택함에 따라 유럽정치협력을 중심으로 시작되었다. 그러나 유럽정치협력의 목표를 국제정치의 주요 문제에 관해 공동의 입장과 행동을 가능하도록 연대성을 강화하는 것으로 정하고 있었던 만큼 공동외교안보라는 유럽통합의 궁극적인 목적에 비추어 볼 때 그야말로 매우 초기적인 수준에 그치고 있었다.[8] 또한 유럽정치협력에서의 협의 과정은 조약의 대상이 되거나 법적 구속력을 갖는 공동정책 차원에서 추진되는 것이 아니라, 공동체적 차원 밖에서 단순히 회원국 간의 외교 협력이라는 범주 내에서 관행적으로 이루어지는 것이었으므로 공동의 대외

---

8) Zorgbibe(Charles), *op. cit.*, p.164.

정책 수립에는 실질적으로 공헌하지 못했다.

그럼에도 불구하고, 유럽정치협력을 발전시키기 위한 논의는 유럽공동체 회원국들 사이에서 계속 진행되었다. 1973년 12월 코펜하겐 유럽이사회는 국제문제에 대해 회원국 간의 긴밀히 협의하고 공동입장을 취하도록 한다는 것을 유럽정치협력의 목적으로 정의했다. 1981년 10월 13일 런던에 모인 회원국 외무장관들은 모든 회원국들이 유럽정치협력을 존중하는 방향에서 외교 정책을 수립하고 국제문제에 대해 공동으로 접근할 것을 강조하면서 유럽정치협력에서 안보 문제도 다룰 것을 처음으로 제시했으며, 이 런던회의 이후부터 안보문제는 유럽의 정치적 통합을 위한 논의에서 다루어질 수 있게 되었다. 독일과 이탈리아의 주도로 1981년 11월에 제안된 유럽법(European Act)은 유럽 건설의 정치적 목적을 크게 강조하면서 유럽공동체와 유럽정치협력의 결정 구조를 통합하고 이들을 유기적인 관계에 둘 것을 핵심적인 내용으로 삼았다. 그러나 유럽법에 대해 덴마크는 안보 문제를 유럽정치협력에 포함시키는 것에 대해 반대했으며, 특히 그리스가 자국의 이익에 따라 외교 정책을 결정할 것임을 선언하면서부터 유럽정치협력은 한계에 부딪히기도 했다.

1985년 6월 밀라노 유럽이사회가 로마 조약의 개정을 통해 외교 안보정책에 관한 조약을 완성시키도록 한다는 것을 결정하면서 회원국들의 외교안보정책을 좀 더 잘 접근시켜 국제무대에서 유럽공동체가 한 목소리를 낼 수 있는 근거를 마련할 수 있게 되었다. 이로써 그동안 제도화되지 못했던 유럽정치협력이 1987년 7월 발효된 유럽단일법(SEA)의 제 3장 "외교정책에 관한 유럽의 협력"에서 회원국 간의 보다 긴밀한 협력으로 명문화되었고 안보를 위한 협력 문제도 원칙적인 수준에서 언급될 수 있었다.

이처럼 유럽공동체의 외교안보정책이 여전히 회원국들의 입장을 단순히 정치적 경제적 측면에서 협력하고 조정하도록 한다는 수준에 머물러 있었던 만큼 유럽정치협력은 정부 간의 협력구조와 절차에 따라 운영되었으며, 유럽공동체가 군사적 수단을 전혀 갖출 수 없는 상태였다. 냉전시대에 해당되는 제1기 공동외교안보 개념 수립기간 동안에 유럽정치협력이 크게 발전하지 못했던 것은 유럽공동체 회원국들이 유럽의 안보를 북대서양조약기구라는 집단방위기구 중심으로 고려하면서 유럽정치협력은 단순한 협력기구로만 간주했던 데에 그 이유가 있었다고 볼 수 있다.

제2기는 냉전 종식 후 마스트리히트 조약이 발효되면서 유럽연합이 공동외교안보정책을 중심으로 외교와 안보정책을 공동으로 수립하고 실행할 수 있는 근거를 갖추고 서유럽연맹과의 관계를 재정립하게 되면서 시작되었다. 이처럼 유럽연합이 공동외교안보정책을 포함하게 된 것은 무엇보다 사회주의 진영의 와해로 인한 유럽안보환경의 급변에 대처하기 위해 외교안보 분야에서 회원국 간 협력을 강화하고 공동의 외교안보정책을 확립해야 할 필요성을 인식한 데에 기인한다. 비록 공동외교안보정책의 수립으로 유럽연합이 좀 더 구체적인 대외정책과 안보정책을 추진하고 향후 공동방위정책의 운영이 가능할 수 있게 되어 안보기구로서의 역할도 수행할 수 있는 토대를 갖추었다 할지라도, 완전한 군사기구를 창설할 수 있는 단계에는 미치지 못한 상태에서 서유럽연맹으로부터 군사적 수단을 제공받는 수준에 머무르게 되었다.

특히 1992~1995년 사이에 걸친 유고사태를 맞아 유럽연합 회원 국들은 유럽안보 문제에 대한 입장 차이를 노정하면서 공동조치를 취하지 못하고, 개별국가 차원에서 북대서양조약기구에 협력하는 양상을 빚어내고 말았다. 이처럼 유럽지역에 발생한 위기상황에서 조차 유럽연합의 공동외교안보정책이 제대로 작동하지 못하게 되자, 유럽연합 회원국들은 공동외교안보정책에 명시된 안보관련 내용들을 강화해야 한다는 필요성을 절감하게 되었다. 또한 북대서양 조약기구-러시아 간의 관계 개선을 위한 협정 체결에 따른 북대 서양조약기구의 정책 변화와 중동부유럽 국가들에 대한 북대서양 조약기구의 회원국 확대로 인해 유럽안보의 정체성이 약화될 수밖에 없는 상황에 놓인 유럽연합은 1997년 암스테르담 조약을 체결하면서 서유럽연맹의 지위와 역할을 재편하였다.

이에 관한 암스테르담 조약의 내용을 정리하면, 서유럽연맹을 유럽연합에 통합시키고 공동외교안보정책 범주 내에서 유럽연합을 지원하여 '공동방위정책'을 강화할 수 있도록 하며, 유럽방위에 관한 결정이나 공동행동을 실질적으로 관할할 수 있는 고위대표를 선임하도록 한다. 또한 유럽연합이 유럽방위를 위해 '공동행동(common action)'을 더욱 적극적으로 취할 수 있도록 회원국들이 협력한다.9) 이처럼 서유럽연맹의 지위를 강화하고 있는 암스테르담 조약은 마스트리히트 조약에 비해 진일보한 것이며, 서유럽연맹의 역할을 유럽연합의 군사수단인 동시에 유럽안보방위정체성을 통한 유럽연합

---

9) Kirchner (Emil) and Sperling (James), "Will Form Lead Function? Institutional Enlargement and the Creation of a European Security and Defence Identity", *Contemporary Security Policy*, Vol.21, No.1, April 2000, pp. 26, 28~30.

과 북대서양조약기구 간의 교량으로 재정립하였다.[10]

비록 프랑스와 독일 같은 회원국들이 이 조약에서 공동방위 분야에 관한 내용을 더 한층 진전시키고자 원했지만, 유럽연합이 공동방위정책을 발전시킬 수 있는 적극적인 방안을 마련할 수는 없었다. 그럼에도 불구하고, 암스테르담 조약은 서유럽연맹에서 채택한 페테스베르크 임무를 유럽연합에 통합하도록 했으며, 강화된 공동외교안보정책을 발전시켜 가까운 시일 내에 공동방위 분야도 포함할 수 있는 가능성을 막연하게나마 언급했다. 또한 이 조약은 공동외교안보정책을 담당할 고위대표직을 신설하고, 유럽연합으로 하여금 향후 서유럽연맹을 통합할 수 있도록 한다는 전망을 가지고 이 기구와 긴밀한 관계를 발전시킬 것을 주문했다. 이러한 노력들을 통해 암스테르담 조약의 비준이 완료될 즈음에는 강화된 공동외교안보정책이 작전 능력을 갖출 수 있도록 한다는 것을 강조했다.

암스테르담조약 이후부터 서유럽연맹은 유럽연합과 북대서양조약기구 이 두 기구로부터 분리된 집단방위조직이 되었으며, 유럽방위를 위해 협력하고 대화하는 기능을 담당하게 됨에 따라 북대서양조약기구보다는 오히려 유럽연합과 더 밀접한 관계를 가지게 되었다. 특히 여기에는 서유럽연맹과 유럽연합의 회원국이 동일하지는 않지만 중복되어 있었는데, 몇몇 회원국들이 유럽연합이 그 어떠한 군사 동맹체와도 결부되는 것을 바라지 않았던 것이 크게 작

---

10) 1998년 12월 영국과 프랑스가 공동외교안보정책 범주 내에서 유럽연합의 공동방위정책을 신속하고도 완전하게 수행할 것을 촉구하는 '생말로 선언'을 채택한 것은 이러한 노력의 결과 중 하나이다.

용했다. 또한 유엔과 유럽안보협력기구의 지원 하에 위기관리를 위한 작전을 서유럽연맹이 페테스베르크 임무의 범주 내에서 수행할 수 있게 됨에 따라 그동안 머물러 있던 무기력한 상태를 벗어나서 활력을 되찾을 수 있는 계기가 되기도 했다.

유럽연합은 유럽안보의 정체성 문제를 유럽연합과 북대서양조약기구 간의 관계설정에서 다루게 되었고, 점진적으로 이 안보정체성을 북대서양조약기구에서 찾는 것을 지양하고 유럽연합 내에서 직접 추구할 수 있게 되었다. 이렇게 볼 때, 공동외교안보 개념 정립단계의 제2기 초반에는 실질적으로 유럽연합의 안보문제를 담당하게 될 서유럽연맹이 북대서양조약기구의 유럽 축을 담당하는 역할을 수행하면서 기존의 북대서양조약기구 회원국들과 협력을 강화하는 수준에 그치고 있었다. 그러나 공동외교안보정책이 발전하면서 유럽인이 중심이 되는 '유럽안보의 유럽화'를 추구하게 됨에 따라 북대서양조약기구와의 연계 하에서만 논의되던 유럽 안보문제가 유럽연합의 최고 기관인 유럽이사회에서 일관성 있게 독자적으로 논의될 수 있게 되었다는 의의를 찾을 수 있다.

공동외교안보 개념 정립단계의 제3기는 북대서양조약기구가 1999년 4월 워싱턴 선언을 통해 자신의 역할과 활동 범위를 크게 강화하는 신전략개념을 채택하면서 역외분쟁, 대량살상무기 및 각종 테러에 적극 대응하기 위해 자신의 역할을 강화하고 다양한 안보기구들과 협력하면서 활동 범위를 확대시킬 것이라고 천명한 것을 계기로 시작되었다. 왜냐하면, 유럽연합과 북대서양조약기구가 각각 서로의 활동 영역을 넓히고 전략을 강화하게 되면서 당시까지 북대서양조약기구가 주도해오던 유럽안보의 경계가 불분명해질 수 있게 되었기 때문이다. 특히 북대서양조약기구의 신전략개념이 북미-유럽 간 안보협력을 통한 유럽안보방위정체성의 발전을 비롯하여 서유럽연맹과 유럽연합의 활용을 강조하고 있었기 때문에 유럽연합 회원국들은 여기에 적절히 대처해야 할 필요성을 절감하게 되었다.

이러한 점을 인식한 유럽연합은 공동외교안보정책을 더욱 강력하게 뒷받침하기 위해 자신과 서유럽연맹 사이의 관계를 재정립하고자 노력하게 되었다. 아울러 회원국 간의 군사적 통합을 추진하면서 대미 입장 강화는 물론 유럽지역에서의 분쟁예방과 위기관리 등을 위해 회원국 간의 군사적 통합을 더욱 발전시키고 독자적 역할과 능력제고 방안을 모색하게 되었다.[11] 또한 중동부유럽 국가들의 유럽연합 가입이 이루어지면 유럽연합의 국제적 위상이 더욱 높아질 수 있는 상황에서 유럽연합은 북대서양조약기구, 특히 미국의 보호 아래에서 벗어나고 유럽의 안보질서는 유럽이 자율적으로 해결할 수 있는 안보구도를 만드는 데에 있어 주도적인 역할을 담당하고자 했다. 이를 위한 유일한 방안이 유럽연합과 서유럽연맹 사이의 협력관계를 더욱 강화하는 것이었으며, 1999년 5월 28일 본에서 비공식적으로 열린 유럽연합 국방장관회의는 유럽안보방위정책을 구상하기 시작하였다.

이러한 유럽연합의 움직임은 1999년 6월 3~4일 열린 쾰른 유럽이사회에서 의장국 독일이 제출한 '의장 보고서(Presidency Report)'를 채택함으로써 유럽의 안보방위정책을 강화하기 위한 상당히 구체

---

11) Howorth (Jolyon), *European integration and defence: the ultimate challenge?*, *Chaillot Papers*, No.43, Paris, Institute for Security Studies of WEU, November 2000, pp. 4~5.

적인 내용을 담고 있는 유럽공동안보방위정책이 수립되었다12)

퀼른 유럽이사회에서 채택된 이 의장 보고서의 목적은 안보와 방위에 관한 유럽 공동정책을 발전시켜 공동외교안보정책을 강화한다는 것으로서 이를 통해 유럽연합으로 하여금 국제무대에서 '완전한 역할(full role)'을 수행하고 북대서양조약기구의 장비와 정보에 의존함이 없이 유럽지역 분쟁에 자율적으로 대응할 수 있는 수단과 능력을 갖춘 유럽통합군을 창설하도록 한다는 것이다. 5개 항목으로 구성되어 있는 이 보고서는 유럽안보방위정책을 강화하기 위해 유럽연합이 독자적인 군사력을 보유해야 하는 당위성과 배경 및 법적 근거를 밝히면서 암스테르담 조약에 포함되어 있는 페테스베르크 임무, 즉 인도적 구제 임무, 평화유지 임무, 그리고 분쟁방지와 위기관리 임무를 수행할 것을 명시했다.

유럽연합이 이러한 임무를 성공적으로 수행하기 위해서는 군사능력을 포함해서 필요한 능력과 효율적으로 의사결정을 할 수 있는 적절한 정책 결정 체계를 갖추어야 한다고 강조했다. 즉, 앞으로 유럽연합이 상황 분석 및 정보 수집 능력을 갖추고 작전 계획을 수립할 수 있도록 되기 위해서는 다양한 기구를 설치하여 통합군지휘체계를 구축할 필요가 있다는 것이다.

우선 회원국 외무장관들로 구성되는 일반이사회(General Affairs Council)가 유럽연합의 안보와 방위에 관한 전반적인 사안들을 다룰 수 있도록 정례화하고 필요한 경우에 한해 국방장관들도 여기

---

12) *Presidency Report on Strengthening of the common European policy on security and defence,* Cologne European Council, 3 and 4 June 1999, https://www.consilium.europa.eu/uedocs/ cmsUpload/Cologne%20European%20Council%20-%20Annex%20III%20of%20the%20Presiden cy%20conclusions.pdf(검색일: 2011. 12. 17).

에 참석할 수 있도록 했다. 또한 이 일반이사회로 하여금 유럽연합 10개국으로 구성된 서유럽연맹을 2000년 말까지 유럽연합 방위기구로 흡수·통합시킬 수 있는 방안을 강구하도록 하였다. 그리고 각 회원국의 정치적·군사적 전문가들로 구성되는 정치안보위원회(PSC)를 브뤼셀에 상주하는 기구로 설치하도록 했다. 이 정치위원회에 권고를 하는 것을 임무로 하는 각 회원국의 군사 대표들로 구성되는 '유럽연합 군사위원회(EUMC)와 상황 센터(Situation Centre)'를 포함하면서 상황 분석을 담당하는 '유럽연합 군사참모부(EUMS)'를 신설한다는 것이다. 그리고 쾰른 유럽이사회는 암스테르담 조약에서 공동외교안보정책을 담당하도록 하기 위해 신설한 고위대표에 북대서양조약기구 사무총장을 맡고 있던 솔라나(Javier Solana)를 임명하기로 결정하면서 안보방위 능력을 증강시키고자 했다.

이 의장 보고서는 위기관리 작전에 투입될 유럽연합 회원국의 군대가 갖추어야 할 군사 능력으로는 배치성, 지속성, 상호 작전 가능성, 유연성, 그리고 기동성 등을 정하면서 군사 작전을 효율적으로 이행하기 위해 유럽연합이 북대서양조약기구의 군사 장비와 능력을 사용할 것인지의 여부를 결정하도록 했다. 만약 북대서양조약기구의 지원을 받는다는 것을 결정하게 되면, 유럽연합은 회원국들이 사전에 정한 바대로 단일 회원국 군대 또는 다수 회원국 군대를 사용할 수 있게 되었다.

이 보고서의 마지막 항목에는 유럽연합 회원국이지만 서유럽연맹의 회원국이 아닌 국가도 유럽연합이 주도하는 작전에 전적으로 동등한 지위를 가지고 참여할 수 있도록 하였다. 또한 유럽연합 회원국은 아니지만 유럽의 북대서양조약기구 회원국도 이 작전에 최대한 참여할 수 있으며, 구공산권국가였던 서유럽연맹 준협력국들의 참여 방안도 강구할 것임을 정하고 있는 등 유럽연합은 '참여와 협력의 방식'을 함께 운영하면서 미국 주도 하에 활동하고 있는 북대서양조약기구와의 차별성을 지닐 수 있게 된 것이다.[13]

서유럽연맹 중심의 유럽 안보방위체제 구축이라는 쾰른 유럽이사회에서 세워진 구체적인 원칙에 따라 유럽연합은 1999년 12월 열린 헬싱키 유럽이사회에서 공동외교안보정책의 효율성과 지속성을 추구하고 유럽연합의 군사적·비군사적 관리 능력 및 자율적 정책결정 능력을 제고시킬 것과 '유럽공동안보방위정책'을 발전시킨다는 것을 결정하였다.[14] 즉, 페테스베르크 임무의 범주 내에서 주어진 새로운 책임을 완수하기 위해 서유럽연맹에 이미 존재하고 있는 정책결정 구조와 유사한 조직을 공동외교안보정책 내에 창설한다는 것으로써, 유럽공동안보방위정책에 관한 내용을 다루고 회원국 외무장관 및 국방장관을 포함하는 일반이사회, 정치안보위원회, 유럽연합 군사위원회, 유럽연합 군사참모부 등이 여기에 해당한다.

특히 헬싱키 유럽이사회는 2003년까지 위기관리를 군사적인 능력을 2003년까지 갖출 것을 주요 목표로 설정하는 소위 '헬싱키 목표(Helsinki Headline Goal)'를 채택했다. 여기에 따르면, 유럽연합

---

13) Colard (Daniel), "Le Partenariat stratégique entre l'Union européenne et la Russie", *Défense nationale*, fév. 2000, p. 61.

14) *Presidency reports to the Helsinki European Council on "strengthening the Common European Policy on Security and Defence" and on "non-military crisis management of the European Union"*, Helsinki European Council, 10 and 11 December 1999, https://www.consilium. europa.eu/uedocs/cmsUpload/Helsinki%20European%20Council%20-%20Annex%20IV%20of% 20the%20Presidency%20Conclusions.pdf(검색일: 2011. 12. 17).

회원국들은 페테스베르크 임무를 수행하기 위해 자발적으로 함께 협력하여 대략 15개 여단으로 구성되는 5~6만 정도의 병력을 신속하게 배치할 수 있도록 한다는 것이다. 또한 이 부대들은 작전 수행이 결정된 후 최대 60일 이내에 투입될 수 있어야 하며, 분쟁지역에서 최소 1년간 작전수행이 가능해야 한다는 것이다. 이러한 사항은 2000년 11월 20일 브뤼셀 유럽연합 국방장관회의에서 좀 더 구체화되었는데, 2003년까지 병력 10만 명에 전투기 400대와 군함 100척을 가진 신속대응군(RRF)을 창설하여 향후 코소보와 같은 유사 사태의 발생에 대비하기로 했다.

이와 관련되는 구체적 사항들은 2000년 12월 니스 유럽이사회에서 채택되어 니스 조약에 포함된 '의장 보고서'에 명시되어 있는 바,15) 독자적 안보방위정책을 운영하기 위해 필요한 정치안보위원회의 조속한 설립, 비군사적 위기관리 목표 및 분쟁예방 임무 설정에 따른 유럽연합 능력제고, 페테스베르크 임무에 속하는 서유럽연맹 기능을 유럽연합에 포함시킬 것에 합의했으며,16) 6만 명 규모의 신속대응군을 창설한다고 결정했다.17) 이로써 유럽연합은 독자적 군사력 사용이 가능해졌으며, 공동외교안보정책의 범주 내에서 유럽공동안보방위정책을 발전시켜 유럽안보방위정책을 수행하는 집

---

15) *Presidency Conclusions. Nice European Council Meeting. 7, 8 and 9 December 2000*, http://www.consilium.europa.eu/uedocs/cms_data/docs/pressdata/en/ec/00400-r1.%20ann.en0.htm (검색일: 2011. 12. 19).

16) Marshall, *The implementation of the Common European Security and Defence Policy and WEU's future role — reply to the annual report of the Council*, Report submitted on behalf of the Political Committee(Document C/1720), Assembly of WEU, 15 November 2000, pp. 42~44.

17) *Treaty of Nice amending the Treaty of European Union, the Treaties establishing the European Communities and certain related Acts*, Official Journal C 80, 10 March 2001, http://eur-lex.europa.eu/en/treaties/dat/12001C/htm/C_2001080EN.000101.html(검색일: 2011. 12. 23).

단안보방위기구로서의 구조를 가질 수 있게 됨에 따라 서유럽연맹은 유럽연합에 통합되어 완전히 소멸되었다.

특히 유럽연합은 이 보고서를 통해 군사적 위기관리를 위해 '유럽통합군' 활용 능력을 갖추고, 쾰른 유럽이사회 이후 줄곧 논의해 온 주요 군사기구인 정치안보위원회, 유럽연합 군사위원회, 유럽연합 군사참모부 등을 설치하기로 확정했다. 회원국 대표로 구성되는 정치안보위원회는 공동외교안보정책의 구조에 따라 유럽연합 군사위원회에 필요한 정치적 지침을 제시하고 작전 실행 감독 등 유럽 안보방위정책 수행의 중심 역할을 담당한다. 또한 유럽연합 군사위원회는 회원국 군사대표로 구성되고 정치안보위원회에 대해 자문과 권고하는 것을 주요 임무로 하며, 유럽연합 군사참모부에 대한 지휘를 맡는다.

이러한 니스 조약의 주요 내용들은 2001년 괴테보르그 유럽이사회와 라에켄 유럽이사회에서 유럽안보방위정책을 더욱 강화하여 유럽연합이 군사적·비군사적 분야에서 북대서양조약기구가 개입하지 않는 경우에 한해 실질적으로 독자적인 작전을 수행할 수 있도록 합의함에 따라 더한층 발전되었다. 또한 중동부유럽 국가들에 대한 가입 협상을 끝내가는 시점인 2002년 12월 16일 유럽연합은 브뤼셀에서 북대서양조약기구와 함께 '유럽안보방위정책에 관한 선언(EU-NATO Declaration on ESDP)'을 채택하면서 안보와 안정을 위한 전략적 협력관계를 공고히 하고 유럽안보방위정책을 실제적으로 운영하는 단계에 이를 수 있도록 하였다.

2004년 6월 17~18일 브뤼셀에서 열린 유럽이사회는 유럽연합의 공동방위 정책에 대한 계속된 노력과 기존 'Helsinki Headline Goal'의 시행 결과 평가를 토대로 2010년까지 유럽연합의 방위력을 제고하기 위한 목표를 설정하는 '헬싱키 목표 2010(Helsinki Headline Goal 2010)'을 채택했다. 이 목표의 주요 내용은 유럽연합의 방위 분야에 대한 공동대응 능력을 향상하기 위해 유럽방위청(EDA)을 신설하고, 군사적 개입을 통해 분쟁을 예방하고 동시에 다수의 작전을 수행할 수 있는 신속 대응 능력을 갖춘 '전투부대(Battle Groups)'를 설치한다는 것이다. 유럽방위청은 당시 25개 유럽연합 회원국 중에서 덴마크를 제외한 나머지 24개 회원국 전원이 참여한 가운데 2004년 7월에 창설되었고, 공동외교안보정책 고위대표, 회원국 국방장관, 집행위원회 대표로 운영위원회가 구성되었다.

특히 유럽연합 공동외교안보 개념의 발전 단계 제3기에 수립된 유럽안보방위정책은 유럽연합으로 하여금 공동외교안보정책 범주 내에서 주어진 목표를 달성하기 위해 실제적인 작전을 수행할 수 있게 해주었다. 이처럼 공동외교안보정책의 핵심적인 요소로 추진되던 유럽안보방위정책은 2009년 발효된 리스본 조약에 따라 작전 수행 능력과 범위를 더욱 강화하면서 공동안보방위정책으로 발전하였다.

유럽연합의 공동안보방위정책은 기존의 페터스베르크 임무에 해당하는 인도적 임무, 평화 유지 및 위기관리라는 작전 영역에다가 '공동무장해제 작전(Joint disarmament operation)과 군사적 자문 제공 및 지원, 테러에 대한 대처 등을 추가하면서 활동 범위를 확대하였고, '연대(Solidarity) 및 상호방위조항(Mutual Defence Clause)'을 신설하였다. 연대 조항은 어느 한 회원국이 자연재해 또는 테러 공격을 당했을 경우 나머지 회원국들이 군사적 수단을 포함한 모든 수단을 동원해서 지원한다는 것이다. 상호방위 조항은 어느 한 회원국이 군사적인 공격을 당할 경우 나머지 회원국들은 모든 수단을 동원하여 지원한다는 것이다. 또한 리스본 조약을 통해 공동 안보방위정책을 실제적으로 실행할 수 있는 정치군사적 기구를 설립하고 연합 외교안보정책 고위대표직을 신설하여 유럽이사회의 관할 하에 두게 됨에 따라 유럽연합이 군사기구로서의 역할을 할 수 있고 '유럽통합군'을 운영할 수 있는 능력을 갖출 수 있게 되었다는 데에 큰 의의가 있다.

이처럼 변화된 안보환경과 북대서양조약기구의 안보범위 포괄성에 직면해서 유럽안보 정체성을 확립하기 위한 유럽연합의 이러한 일련의 노력에 힘입어, 대서양지역 안보기구인 북대서양조약기구와 유럽지역 기구인 유럽연합 사이의 군사협력 관계가 유럽연합 차원에서 보다 분명해질 수 있었다. 이처럼 유럽통합 과정에서 나타난 유럽연합의 군사역할 증대는 유럽 방위문제를 유럽연합이 독자적으로 다루는 단계로 자리 잡게 되었으며, 유럽지역 내에서는 물론 북대서양조약기구가 개입하지 않는 역외지역의 분쟁방지와 위기관리를 위해서도 유럽연합이 주도적 역할을 수행할 수 있는 토대가 마련된 것이다.

2. 유럽안보방위정책의 정치적 함의와 쟁점

   냉전이 종식되는 상황 속에서 경제적 통합뿐만 아니라 정치적
통합까지 추진했던 유럽연합(EU)이 공동외교안보정책(CFSP)를 포
함하고 서유럽연맹(WEU)를 군사적 수단으로 삼으면서 급변하는
유럽질서에 공동으로 대응할 수 있는 토대는 갖추었다고 할지라도,
실질적인 군사적 능력을 제대로 갖추지 못한 상태에서 여전히 북
대서양조약기구(NATO)에 크게 의존할 수밖에 없었다. 특히 대다
수의 중동부유럽 국가들이 사회주의체제에서 민주주의 체제로 전
환되고 시장경제를 도입함에 따라 유럽연합 회원국들과의 정상적
인 협력관계가 형성될 수 있었다고 할지라도, 이 국가들이 유럽연
합의 회원국으로 가입한다는 것은 경제적 수준 및 행정적·재정적
제도의 격차로 인해 여전히 기대하기 어려운 상태였다. 이들 국가
에 대한 성급한 유럽연합 가입이 자칫 얼마 전에 출범한 유럽연합
자체를 와해시킬 수도 있는 다양한 수준의 위험 요소를 내포하고
있었던 것이다.

   그렇다고 해서 유럽연합이 중동부유럽 국가들을 완전히 도외시
하면서 유럽통합을 진전시킬 수 있는 것은 또한 아니었다. 왜냐하
면, 유럽통합의 궁극적인 목적이 '하나의 지붕' 아래에 모든 유럽
국가들을 결집시키고 이들 사이의 연대성을 강화하여 다시는 유럽
대륙이 전쟁에 휩싸이는 것을 방지하기 위한 '영구적 평화체제'를
구축하자는 것이었기 때문이다. 따라서 유럽연합으로서도 중동부
유럽 국가들이 언젠가는, 또는 가능하다면 하루라도 빨리 자신과

함께 이러한 미래지향적인 목적에 동참할 수 있도록 만들어야 한다는 당위성을 부정할 수는 없었다. 유럽연합이 이 국가들을 자신의 미래 파트너로서 인정하고 이들에 대해 적극적으로 지원하게 되는 이유가 바로 여기에 있는 것이다. "도와주라, 그러나 이들로 인해 스스로 자멸하지는 말자"라는 당시 많은 유럽연합 회원국들의 입장이 이러한 측면을 잘 보여주고 있다.

중동부유럽 국가들에 대한 유럽연합의 지원이 강화되는 가운데 1993년 6월 유럽연합이 이들이 유럽연합에 가입하기 위한 요건들을 제시했는데, 이 국가들이 가까운 시일 내에 충족시킬 수 있는 내용들이 아니었다. 그러나 사회주의 진영이 와해되고 러시아의 지배권으로부터 벗어난 상태에서 중동부유럽 국가들이 가장 시급하게 원했던 것은 경제적인 회복이라기보다 예상되는 다양한 국내외적인 위협 요인으로부터 안보를 확보할 수 있는 방안을 강구하는 문제였다. 이와 같은 중동부유럽 국가들의 당시 상황은 탈냉전시대를 맞아 과거 사회주의 진영에 속하면서 적대적인 관계에 있던 바르샤바조약기구(WTO) 동맹국들과의 관계 개선을 통해 집단안보기구에서 협력안보기구로의 성격 변화를 모색하고 있던 북대서양조약기구의 전략과 일치될 수 있는 요소를 지니는 것이었다.

북대서양조약기구가 종전의 군사적 역할에다가 정치적 역할을 스스로 부여하면서 다른 한편으로는 중동부유럽 국가들에 대한 확대를 도모하게 되자 유럽연합 역시 1997년 암스테르담 조약을 통해 자신의 군사적 수단인 서유럽연맹의 유럽 전략을 강화하고자 시도하게 되었다. 또한 1999년 워싱턴 선언에서 북대서양조약기구가 러시아를 비롯한 과거 사회주의 국가들과의 긴밀한 협력관계를 형성할 수 있는 근거를 갖추게 된 직후부터는 유럽연합이 쾰른 및 헬싱키 유럽이사회, 그리고 니스 조약을 체결하면서 유럽안보방위정책(ESDP)을 확고히 수립하고자 시도했다. 이러한 유럽연합의 안보정체성 확립 노력은 결국 서유럽연맹의 역할 강화를 통한 안보영역 확대라는 문제로 귀결되었으며, 북대서양조약기구와 '경쟁적 협력관계'에 점진적으로 진입한다는 정치적 함의를 내포하고 있는 유럽연합의 전략이었던 셈이다.

1) 유럽연합의 회원국 확대 과정과 안보정체성 확립 문제

1980년대 중반부터 형성되기 시작한 미국과 소련의 관계개선에 힘입어 유럽공동체(EC)는 1988년 6월 25일 당시 사회주의 진영의 경제상호원조회의(COMECON)와 함께 상호 인정하고 정상적인 관계를 설정하는 의미 있는 계기가 될 수 있는 소위 '유럽공동체-경제상호원조회의 공동 선언(the Joint EC-COMECON Declaration)'을 룩셈부르크에서 채택했다. 이미 사회주의 진영의 와해가 예상되던 시점에서 채택한 이 선언은 그 이후 유럽공동체가 중동부유럽 국가들의 체제 전환과 안정, 경제적·사회적 발전을 위해 다양한 수단을 통해 적극적으로 지원할 수 있는 토대가 되었다.

이처럼 유럽공동체가 중동부유럽 국가들에 대한 협력관계를 크게 발전시키고자 했던 것은 장차 자신의 회원국으로 가입할 수 있는 대상으로 이 국가들을 간주한 데에 따른 것이다. 특히 유럽공동체를 새로운 단계로 발전시키며 출범한 유럽연합이 경제통화동맹

(EMU)을 비롯한 다양한 공동정책을 심화시키고 공동외교안보정책을 포함하면서 중동부유럽 지역의 잠재적 불안 요소에 대비하기 위해 자신의 안보방위 능력을 제고하고자 지속적으로 노력했던 것도 이러한 측면이 강하게 작용한 결과이다.

이렇게 볼 때, 유럽연합과 중동부유럽 국가들 사이의 관계 발전은 단순한 회원국 확대라는 의미를 넘어 유럽연합이 추구하던 유럽의 안보방위정책과 밀접하게 연관되어 있었으며, 이 국가들의 유럽연합 가입은 북대서양조약기구와 유럽연합, 특히 서유럽연맹 사이의 안보방위전략 발전에 큰 영향을 미치게 되었다. 또한 2001년 발생한 9·11테러는 당시 진행되고 있던 중동부유럽 국가들의 유럽연합 가입 협상을 급진전시키는 계기가 되었으며, 다른 한편 이 국가들의 유럽연합 가입이 확정된 후 북대서양조약기구가 서둘러 중동부유럽 국가들을 자신의 회원국으로 받아들이도록 만드는 결과를 낳기도 했다.

실제적으로 동·서 양 진영에 속하는 유럽공동체와 경제상호원조회의 사이에 유럽공동체 – 경제상호원조회의 공동 선언이 채택된 직후인 1988년 9월 26일 유럽공동체는 헝가리와 교역 및 경제협력을 위한 협정인 '준회원국 협정(Association Agreement)'을 맺었다. 유럽공동체는 연이어 체코, 폴란드, 소련, 불가리아, 루마니아 등 개별국가들과도 같은 내용의 협정을 체결하면서 협력을 위한 쌍무관계를 설정하는 등 이들 사이의 협력관계는 가히 혁명적이라 할 수 있을 정도로 발전하였다. 여기에 포함되는 협력분야는 교역의 활성화와 경제적 협력은 물론 정치적 대화, 법률체계의 조화, 산업 및 환경 문제, 운송체계, 관세협력 등 그야말로 다양한 분야를 포함하는 만큼 과거 양 진영 사이에 존재하던 위협과 대결의 개념은 연대성과 상호이해라는 개념으로 대체되었다고 볼 수 있다.

다른 한편, 이러한 협력관계의 급진전은 당시 경제통화동맹을 추진하고 있던 유럽공동체로 하여금 이 국가들을 고려하지 않은 채 유럽통합의 심화 또는 다른 서유럽국가들의 가입을 추진할 수 있겠는가 하는 딜레마에 직면하도록 했다. 특히 1989년 말부터 대부분의 중동부유럽 국가들이 사회주의체제로부터 민주주의 및 시장경제 체제로 신속하게 전환하면서 유럽공동체에 가입할 수 있는 기본적 여건을 갖추게 되자 이러한 문제는 새로운 국면을 맞게 되었다. 비록 이 국가들이 자유민주주의체제로 전환했을지라도, 여전히 정치적으로 불안정한 상태에 있었을 뿐만 아니라 경제적·사회적 여건도 유럽공동체 회원국들에 비해 매우 미흡한 수준에 있었다. 또한 중동부유럽 국가들에 대한 유럽공동체 차원에서의 논의가 자칫 회원국 간의 통합에 대한 의견대립으로 비화하게 될 경우 경제통화동맹을 비롯한 유럽통합의 심화는 오히려 적지 않은 난관에 봉착할 수 있었다. 따라서 유럽공동체는 이 국가들에 대해 다양한 측면에서 지원할 수 있는 방안은 마련하되, 이들의 유럽공동체 가입을 위해 요구되는 절차를 섣불리 추진할 수 없었던 것이다.

1989년 7월 14~16일 개최된 파리 서방선진 7개국(G7) 정상회담은 사회주의 진영과의 상호협력 증진을 천명하면서 세계적 차원에서의 안보 확립과 경제체제 건설을 위한 중요한 사항을 결정했다. G7에서의 합의에 따라 1989년 12월 19일 공식 수립된 폴란드·헝가리 경제재건지원 프로그램(PHARE)은 중동부유럽 국가들 중에서 가장 먼저 민주주의와 시장경제체제 재건에 착수한 폴란드와 헝가리의

정치적 변화와 경제·사회 분야 개혁을 지원하기 위한 것이며,18)
이 프로그램의 실행을 위해 조성되는 총 400억 달러 중에서 유럽
공동체가 78%를 부담하는 것으로 정해졌다. 폴란드와 헝가리에 대
한 지원으로 시작된 Phare 프로그램은 적용 대상국을 지속적으로
늘려 10개국으로 확대되었으며, 2000년 이래 발칸반도 서부지역
국가들인 알바니아, 보스니아-헤르체고비나, 마케도니아도 이 프
로그램의 수혜를 받게 되었다.

Phare 프로그램 이외에도 유럽연합은 중동부유럽 국가들에 대해
'농업 및 농촌개발을 위한 특별 접근 프로그램(SAPARD)'과 '가입
전 구조적 정책 수단(ISPA)' 등 다양한 분야의 개혁을 지원하면서
이 국가들이 유럽연합 가입을 미리 준비할 수 있도록 했다.

이 두 프로그램은 모두 중동부유럽 10개국에 적용되는 것으로서,
농업 및 농촌개발을 위한 특별 접근 프로그램은 이 국가들의 농업
분야와 농촌지역이 유럽연합의 공동농업정책(CAP)에 잘 적응하고
정책 시행에 차질이 없도록 하기 위한 프로그램이며, 가입 전 구조
적 정책 수단은 경제적·사회적 결속 원칙에 따른 프로그램으로서
특히 환경 및 교통 인프라 개선을 위한 지원책이다.19) 또한 유럽공
동체는 전체 자본금의 51%를 출자하여 유럽재건개발은행(EBRD)
을 설립하였으며, 이 은행을 통해 중동부유럽 국가들이 필요로 하
는 금융 지원을 알선해주기도 했다.

유럽공동체는 유럽연합으로 전환된 이후에도 중동부유럽 국가들

---

18) Phare 프로그램의 성립과정과 주요 내용, 이 프로그램이 지니는 의미 등에 관해서는 *Le Monde*, le 16 juillet 1989 참조.

19) 박홍규, "EU 확대의 의미와 평가-동유럽권 확대를 중심으로-", 외교안보연구원, 『주요국제 문제분석』, 2003. 2. 28, p. 2.

에 대한 경제적·사회적 개혁을 위한 지원은 물론 정치적 협력관계도 더욱 강화했는데, 이것은 서방 진영 중심의 국제기구에 이 국가들이 조속히 참여할 수 없었던 상황에서 주어질 수 있는 하나의 대체 방안적인 성격이 강했다. 바르샤바조약기구의 해체 직후에는 일부 중동부유럽 국가들이 불안정에 대한 우려와 함께 우선 북대서양조약기구 가입을 원했지만 러시아의 눈치를 살피던 북대서양조약기구로서는 받아들이기 어려운 문제였으며, 유럽연합 가입은 이보다 더 까다로운 요건을 갖추어야 했기에 더욱 기대할 수 없는 것이었다. 상황이었다. 이러한 상황에서 유럽연합은 중동부유럽 국가들에 대해 "강화된 정치적 대화"와 같은 긴밀한 협력관계를 발전시키면서 이들이 유럽에서 배제된다고 인식하는 것을 불식시키고자 노력했다.

이처럼 중동부유럽 국가들에 대한 확대는 북대서양조약기구로서는 물론 유럽연합으로서도 상당한 위험과 부담이 뒤따르는 사안임에 분명했다. 이를 좀 더 구체적으로 살펴보면, 첫째, 유럽연합 가입 신청이 예상되는 국가들 중에서 전통적으로 독일과 가까운 폴란드와 헝가리, 체코 등 3개국에 대한 확대는 독일의 강력한 지지를 받을 수 있는 반면, 이 국가들이 유럽연합의 공동안보정책 수행에 있어 독일을 지지할 수 있음에 따라 영국이나 프랑스를 자극할 수 있다. 또한, 사이프러스, 몰타, 불가리아와 루마니아의 경우 지리적으로 서유럽과 멀리 떨어져 있어 유사시 공동으로 대처하는 데에 어려움이 있을 수 있어 향후 공동안보정책을 어느 정도 구별하여 적용해야 한다는 부담감을 줄 수 있는 것이었다.

둘째, 유럽연합 확대로 인한 러시아의 안보 불안감을 지적할 수 있었다. 유럽연합의 국경선이 러시아와 바로 접할 수 있게 됨에 따라 러시아로서는 위협을 느낄 수 있는 가능성으로 인해 향후 유럽연합 회원국들이 러시아의 안보 불안감 불식을 위해 여러 대안을 찾아야 할 것으로 보였다.[20] 한편, 라트비아, 리투아니아, 에스토니아 등 발트 연안 3국은 러시아와 지리적으로 가까움에 따라 러시아에 대한 안보가 불안할 수 있음으로 인해 유럽연합 회원국들의 공동안보정책 수행 시 부담을 가중시킬 가능성이 있었다.

셋째, 터키의 유럽연합 가입 여부 또한 공동안보정책의 수행에 있어 논의되어야 할 주요 문제였다. 북대서양조약기구 회원국으로 터키는 과거 30여 년간 유럽연합에 가입하길 원하였으나, 1999년에 가서야 가입 협상국 대열에 속하게 되는 등 지리적으로나 인종적·종교적으로 터키가 유럽연합에 가입하기에는 많은 무리가 따르는 것으로 대다수 유럽연합 회원국들이 인식하고 있었다. 터키는 유럽연합 가입을 위하여 정치적·법적·경제적 개혁을 필요로 했는데, 가입협상이 진행되는 과정에서 이를 놓고 양자 간에 많은 논란이 제기될 것으로 예상되었다. 이러한 문제는 물론 공동안보정책의 지속적인 발전에 상당한 도전이 될 것으로 유럽연합 회원국들은 인식하고 있었다. 이 점에 대한 염려는 '유럽연합의 공동외교안보정책이 유럽 바깥 지역에 위치한 국가에 의해 좌우될 수 없다'는 점과 '향후 터키에 주어질 수도 있는 특별 지위가 유럽연합 확대 시 비유럽국가로서 북대서양조약기구 회원국에도 주어지게 되면

---

20) 러시아와 유럽연합과의 협력관계와 관련하여 Webber (Mark), Terriff (Terry), Howorth (Jolyon), Croft (Stuart), "The Common European Security and Defence Policy and the 'Third-Country' Issue", *European Security*, Vol.11, No.2, Summer 2002, pp. 88~94 참조.

유럽연합의 안보자주권이 크게 손상될 수 있다'[21]는 인식 등으로 요약될 수 있었다.

끝으로, 유럽연합의 확대 문제에 대해 미국이 향후 어떻게 인식하고 대응할 것인지도 유럽연합의 공동안보정책의 수립에 있어서 중요한 문제가 되었다. 실제로 미국은 북대서양조약기구를 중심으로 안보 측면에서 유럽의 헤게모니를 장악하고 있었으며, 이러한 점은 1999년의 1999년 코소보 사태에 대응하는 북대서양조약기구의 군사적 역할을 통해 유럽인들이 무엇보다 잘 인식하게 되었다. 특히 유럽연합의 가입 신청 예상국들이 프랑스와 독일의 유럽 헤게모니 장악을 견제하고자 하거나 또는 미국과의 협력 강화를 통해 프랑스와 독일의 독주를 견제하길 원하고 있는 실정에서 이러한 문제 또한 유럽연합 내에서 향후 미국을 제외한 유럽의 안보정체성 회복을 위해 해결되어야 할 문제였다.[22]

이러한 다양한 문제점이 대두될 수 있었음에도 불구하고, 1993년 6월 22일 개최된 코펜하겐 유럽이사회는 중동부유럽 국가들이 갖추어야 할 세 가지 가입 요건인 일명 'Copenhagen Criteria'를 제시하면서 확대 방침을 결정했다. 즉, 정치적 기준으로는 민주주의와 권리의 우선권, 인권 존중 및 소수민족 보호 위한 제도를 마련할 것, 그리고 경제적으로는 시장경제 체제를 갖추고 경쟁 압력과 역내 시장 경쟁력에 대응할 수 있는 능력을 지닐 것, 끝으로 유럽의 정치·경제·통화 통합이라는 목적에 부합하고 회원국으로서의

---

21) *Ibid.*, pp. 87~88.

22) Magnuszewski (Pierre), "S'élargir pour s'affaiblir? Non merci!", *Défense Nationale*, décembre 2001, pp. 51~52.

의무 수행 능력을 갖추는 것 등이다.

다수의 중동부유럽 국가들이 이러한 기준을 충족시킬 수 있으리라는 집행위원회의 추천과 유럽의회의 견해에 따라 1997년 12월 12일 개최된 룩셈부르크 유럽이사회는 1998년 11월부터 폴란드, 체코, 헝가리, 슬로베니아, 에스토니아, 사이프러스 등 6개국과 가입 협상을 시작하기로 합의했으며, 1999년 12월 10~12일 헬싱키 유럽이사회는 루마니아, 슬로베니아, 라트비아, 리투아니아, 몰타, 슬로바키아, 불가리아와 개별적인 가입 협상을 개시할 것을 결정했다.

중동부유럽 국가들이 2002년에 대거 유럽연합에 가입할 것으로 예상되는 상황에서 1997년 6월 17일 개최된 암스테르담 유럽이사회는 회원국 확대에 대비하여 회원국별 투표권수와 위원회 위원 수 조정 등 유럽연합의 제도적 개혁을 논의했으나 합의에 이르는 데에 실패했다. 암스테르담조약에서 해결하지 못했던 제도적 개혁에 합의하고 유럽통합을 더한층 심화시킨 것이 2000년 12월 7~11일 니스에서 개최된 유럽이사회이다.[23] 특히 니스 유럽이사회는 새로운 회원국 가입에 대비해서 회원국별 투표권을 크게 조정했다. 대규모 회원국에 속하는 영국·독일·프랑스·이탈리아는 29표,

---

23) 당초 2박 3일의 일정으로 시작된 유럽이사회에서 회원국들이 주요 핵심 사항인 새로운 회원국 가입에 대비한 의사결정방식 결정(즉, 회원국별 투표권 배분 조정)에 대해 합의를 보지 못하게 되자, 당시 의장국이었던 프랑스의 시락(Jacques Chirac) 대통령은 이 문제의 완전한 타결을 주장하게 되었고 11일 새벽에 합의함으로써 회의가 종결되었던 것이다(Le Monde, le 11 décembre 2000). 이렇게 볼 때, 니스 유럽이사회는 마스트리히트 조약 이후 유럽연합의 기본구조를 바꾸기 위한 다양한 의제가 논의되었던 가장 중요한 회담이었으며, 이 회담의 결과는 2001년 2월 26일 회원국 외무장관들이 일명 니스 조약(Treaty of Nice Amending the Treaty of European Union the Treaties Establishing the European Communities and Certain Related Act)에 정식 서명하고 회원국의 비준 절차를 거쳐 2003년 2월 1일부로 발효되었다. 니스 조약에 관한 주요 내용은 Communautés européennes. *Les institutions et orgqnes de l'Union européenne. Qui fait quoi dans l'Union européenne.? Quel est l'apport du traité de Nice?*, Luxembourg, Office des publications officielles des Communautés européennes, 2001 참조.

스페인 27표, 네델란드 13표, 벨기에·그리스·포르투갈 12표, 덴마크·핀란드·아일랜드 7표, 룩셈부르크 4표, 그리고 당시 유럽연합 가입을 위한 협상을 진행하고 있던 국가들이 유럽연합 회원국이 될 경우 행사할 수 있는 투표권수를 폴란드는 27표, 루마니아 15표, 체코·헝가리 12표, 불가리아 10표, 슬로바키아·리투아니아 7표, 라트비아·슬로베니아·에스토니아·사이프러스 4표, 몰타 3표 등으로 최종 결정되었다. 이로써 회원국 확대 시 논란이 야기될 수 있는 주요 사안 중의 하나를 해결한 셈이며,[24] 2001년 6월 14~15일 스웨덴 예테보리에서 개최된 유럽이사회는 확대를 위한 협상이 유종의 미를 거둘 수 있도록 한다는 데에 합의하게 되었다.

이러한 상황에서 중동부유럽 국가들의 유럽연합 가입을 가속화시키고 유럽안보방위전략을 크게 강화시킨 계기가 된 것이 2001년 미국에서 발생한 9·11 테러이다. 당시 가입 협상 중이던 중동부유럽 10개국이 유럽연합에 동시 가입할 경우 여러 가지 경제적 어려움이 생길 수 있었기에 가입 협상은 이러한 측면이 고려되면서 신중하게 진행되고 있었다. 그러나 9·11 테러가 발생한 후 안보방위에 대한 불안이 커지고 북대서양조약기구의 유럽전략 변화가 예상되는 가운데 유럽연합으로서는 지정학적 측면에서 중동부유럽 국가들을 더욱 필요하게 되었으며,[25] 이들에 대한 가입 협상은 급진전을 이루게 되었다. 12월 14~15일 라에켄에서 개최된 유럽이사회는 2004년 6월로 예정된 유럽의회 의원선거를 가입 후보국들에

---

24) Lequesne (Christian), "Le traité de Nice et l'avenir institutionnel de l'Union européenne", *Regards sur l'actualité,* septembre-octobre 2001, No.274, p. 6.

25) Sedivy (Jiri), Dunay (Pal), Saryusz-Wolski (Jacek), *Enlargissement et défense européenne après le 11 septembre, Cahiers Chaillot,* No.53, juin 2002, pp. 58~60.

서도 동시에 치를 수 있도록 하기 위해 2002년 말까지 이 국가들과의 가입 협상을 종결짓기로 하면서 확대 일정을 구체적으로 확정했던 것이다.[26]

　9 · 11 테러가 있은 후 1년 뒤인 2002년 10월 9일 위원회는 2002년 말까지는 가입협상을 끝낼 수 있으리라 예상하면서 유럽연합 가입 신청국과의 협상 결과를 발표하였다. 위원회는 이 국가들 중에서 폴란드, 체코, 헝가리, 슬로바키아, 슬로베니아, 에스토니아, 라트비아, 리투아니아 등 중동부유럽 8개국과 지중해 연안국가인 사이프러스, 몰타 등 총 10개국이 정치적 요건과 공동체적 경험 준수 능력을 갖추었고 경제적 기준도 2004년까지 충족시킬 수 있을 것이므로, 이 국가들을 2004년 초에는 유럽연합에 가입시킬 것을 유럽이사회에 권고했다.

　이러한 위원회의 권고를 받아들여 2002년 10월 24~25일 브뤼셀 임시유럽이사회는 이 국가들에 대해 2004년 100억 유로, 2005년 125억 유로, 2006년 150억 유로를 가입 조건으로 지원할 것을 결정했다. 왜냐하면, 약 1억 명에 달하는 새로운 회원국의 국민은 기존 15개 회원국 국민들에 비해 소득 면에서 40% 정도밖에 되지 못했으며, 이러한 경제적 격차를 조속히 해소해야만 했기 때문이다. 또한 유럽연합은 이 국가들의 구조적 · 지역적 계획, 농업보조금 지급, 농촌 개발, 국내 정치와 행정적 지출에 사용될 수 있도록 2004~2006년 동안 4천만 유로를 대출해 주기로 했다. 같은 해 12월 12~13일 열린 코펜하겐 유럽이사회는 가입 요건을 충족한 것으로

---

26) Joly (Gilles), "Le processus d'élargissement de l'Union Européenne", *Revue du Marché commun et de l'Union européenne*, No.457, avril 2002, p. 245.

평가된 중동부유럽 및 지중해 연안 10개국의 유럽연합 가입 일자를 2004년 5월 1일로 결정했으며, 새로 가입하는 10개국이 공동체적 의무를 수행하기 위해 필요한 과도기를 설정하기로 합의했다. 이 국가들과 가입 협상을 진행했지만 충족 요건을 미달한 것으로 평가된 루마니아와 불가리아에 대해서는 이들이 조속한 시일, 아마도 2007년경에는 유럽연합에 가입할 수 있도록 계속 지원한다는 방침도 아울러 정해졌다.

이처럼 기존 유럽연합 회원국에 비해 경제적인 격차가 매우 클 뿐만 아니라 과도기를 설정하여 새로 가입하는 국가들이 유럽연합에 적응할 수 있도록 계속 지원해 주면서까지 이들을 서둘러 회원국으로 가입시킨 것은 과거 네 차례에 걸친 회원국 확대의 경우와 비교해 볼 때 그야말로 파격적인 결정이 아니라 할 수 없다. 특히 탈냉전 이후 급격한 체제 변화를 겪은 중동부유럽 국가들의 행정력이 약 26,000개에 달하는 공동체적 결과들을 즉각 수용하고 이행하는 것이 불가능하리라는 유럽연합 스스로의 판단에 따라 이러한 과도기적 조치들을 배려해준다는 것은 전례가 없는 일이다. 중동부유럽 국가들의 유럽연합 가입은 이 국가들을 일단 회원국으로 가입시킨 후 진정한 회원국으로서의 역할을 제대로 할 수 있는 능력을 갖추도록 한다는 기존 유럽연합 회원국들의 정치적 의도와 유럽연합 차원에서의 안보방위전략 강화라는 군사적 필요성에서 비롯되었다고 볼 수 있다.[27]

이로써 6개 회원국으로 출발한 유럽통합이 루마니아와 불가리아

---

27) Fontaine (Pascal), 2012, *op. cit.*, pp. 130~133.

가 2007년 1월 1일부로 유럽연합에 가입하게 됨에 따라 과거 사회주의 진영에 속하던 중동부유럽 국가 10개국을 포함하였고 유럽대륙은 명실상부한 '하나의 지붕'을 가지는 모양을 갖추게 되었다. 27개 회원국으로 확대된 유럽연합은 냉전체제로 인해 형성된 유럽의 분단을 완전히 종결짓게 되었으며, 이러한 회원국의 확대를 통해 유럽연합은 인구 약 4억 9천만 명을 가지는 세계 최대 경제공동체로 발전했다는 것뿐만 아니라 범유럽적 차원에서의 공동외교안보정책과 공동방위정책을 추진하고 국제적 영향력을 강화시킬 수 있는 토대를 갖추게 되었다. 또한 2013년 7월 1일부로 발칸반도에 위치하고 있는 크로아티아가 유럽연합에 가입하게 됨에 따라 유럽연합의 회원국은 28개국이 되었다. 이러한 크로아티아의 유럽연합 가입은 탈냉전시대 초기에 과거 유고슬라비아 연방이 해체되는 과정에서 겪었던 분쟁과 갈등이 다시 발생할 수 있는 가능성을 크게 줄여주는 계기로 작용하리라고 예상할 수 있다.

다른 한편, 북대서양조약기구는 1991년 7월 바르샤바조약기구가 공식적으로 해체된 후 초래된 중동부 유럽지역의 안보 공백상태에 대처하기 위해 북대서양협력위원회를 설립하였으며, 공동외교안보정책을 포함한 유럽연합이 출범하면서 서유럽연맹을 군사적 수단으로 삼게 되면서 이 기구들은 물론 다른 유럽 안보기구도 성격의 변화를 겪게 되었다. 특히 서유럽연맹이 자신의 역할 변화와 중동부유럽 지역의 국가들에 대한 안보방위 전략을 적극적으로 구사할 수 있게 된 것은 지속적으로 발전한 유럽연합과 이 국가들 사이의 협력관계에 그 기반을 두고 있었음은 분명하다.

중동부유럽 국가들의 북대서양조약기구 가입 문제는 1992년 4월

1일 처음 열린 북대서양협력위원회(NACC) 회원국 국방장관 회의에서부터 제기되었으며, 1993년 9월 북대서양조약기구의 뵈르너(Woerner) 사무총장이 러시아의 반발과 일부 북대서양조약기구 회원국들의 유보적 입장에도 불구하고 중동부유럽 지역의 안정을 보장하고 북대서양조약기구가 주도하는 유럽안보체제를 확립할 필요성을 강조하면서 이 국가들의 북대서양조약기구 가입에 동조했다.[28]

　이처럼 북대서양조약기구의 확대가 추진되는 가운데 서유럽연맹은 1992년 6월의 페테스베르크 선언을 통해 회원국을 정회원국, 준회원국, 협력국, 참관국 등으로 분류하면서 향후 중동부유럽 국가들을 가입시킬 수 있는 틀을 획기적으로 마련했다. 여기에 힘입어 서유럽연맹은 1994년부터 체코, 폴란드, 헝가리를 준회원국으로, 슬로베니아, 슬로바키아, 에스토니아, 라트비아, 리투아니아, 루마니아, 불가리아 등 7개국은 협력국으로 받아들일 수 있었다. 1995년 3월 체결한 '안정조약(Stability Pact)'을 통해 서유럽연맹은 이 국가들을 유럽안보 유지에 공동으로 임하도록 하면서 미래의 공동안보체제 구축에 동참시키는 데에 주도적 역할을 맡고자 했다. 특히 서유럽연맹은 북대서양조약기구 회원국에 대한 확대를 추진하였을 뿐만 아니라 전통적으로 중립국 지위를 지켜오던 유럽 국가들까지 가입시킴으로써,[29] 유럽에서 폭넓은 협력관계를 가지는 안보포럼의 역할과 평화유지 및 인도주의를 위한 군사 활동을 할 수 있는 토대를 갖추어 유럽안보방위정체성(ESDI) 회복에 크게 기

---

28) Commissariat général du plan, *L'élargissement de l'Union européenne à l'est de l'Europe: des gains à escompter à l'Est et à l'Ouest*, Paris, La documentation française, 1999, p. 178.

29) Plantin (Marie-Claude), *op. cit.*, p. 277.

여할 수 있게 되었다.

이러한 서유럽연맹의 회원국 확대와 유럽안보방위정체성 회복 노력에 직면해서 1996년 6월 열린 베를린 북대서양조약기구 외무장관회의는 유럽안보방위정체성 구축과 서유럽연맹-북대서양조약기구 합동회의 정례화에 합의하였다. 또한 서유럽연맹이 다국적 통합특별군(CJTF)을 통한 군사 활동을 행할 경우 북대서양조약기구의 군수장비를 사용하고 비밀정보를 상호 교환할 것을 결정했다. 이처럼 서유럽연맹의 발전에 대해 유연한 입장을 보이던 북대서양조약기구였지만, 실제적으로 서유럽연맹이 유럽연합에 종속되는 것과 서유럽연맹이 북대서양조약기구와는 독립적으로 군사 활동을 전개하는 문제에 대해서는 반대 입장을 표명했다.[30] 또한 미국은 북대서양조약기구 남부사령부의 지휘권을 유럽국가에 양보하는 것을 단호히 거절하면서 북대서양조약기구를 유럽안보방위정체성 확립에 유리한 방향으로 개혁하기 보다는 오히려 자신의 주도권을 유지하기 위한 방편으로 삼고자 했다.

북대서양조약기구의 개혁은 북대서양조약기구의 확대에 대해 강하게 반대해오던 러시아가 1997년 미국으로부터 각종 경제협력을 약속받은 후 태도를 바꾸게 됨에 따라 중동부유럽 국가들이 북대서양조약기구 가입이 가능해지면서 크게 진전되었다. 북대서양조약기구와 러시아 간에는 1997년 5월 '기본협정(Founding Act)'을 체결하면서 과거 형성되었던 적대관계를 청산할 수 있었으며, 북대서양조약기구가 추진했던 폴란드, 헝가리, 체코 등 3국에 대한 가

---

30) Quilès (Paul), *op. cit.*, pp. 20~23.

입 문제는 그 해 7월 열린 마드리드 북대서양조약기구 정상회담에서 마무리되었다.

북대서양조약기구가 중동부유럽 국가들에 대한 확대를 이루었다는 것은 유럽연합이 그동안 추구해왔던 유럽 안보정체성이 상대적으로 약화될 수 있다는 것을 의미했다. 또한 유럽연합은 구유고슬라비아 사태가 발발했을 때 북대서양조약기구에 크게 의존했을 뿐 공동외교안보정책 차원에서 유럽연합이 적절하게 대응하지 못했다는 사실을 수긍하고 있었다. 이러한 인식을 하고 있던 유럽연합 회원국 정상들이 1997년 6월 암스테르담에서 회의를 열었지만 중동부유럽 국가들의 유럽연합 가입에 대비한 제도적 개혁에는 합의하지 못하고 단지 공동외교안보정책을 강화시켜 서유럽연맹의 지위와 역할을 좀 더 명확하게 정한다는 데에만 합의할 수 있었다. 이를 토대로 체결된 암스테르담 조약에 따르면, 서유럽연맹은 유럽연합이 공동외교안보 분야에서 군사작전 능력을 갖출 수 있도록 유럽연합에 통합되고 공동외교안보정책 범주 내에서 '공동방위정책' 수립을 적극 추진한다는 것이다.

또한 이 조약은 공동외교안보정책에 따른 공동방위정책을 수립하고 이를 관장하는 임무를 지니는 '고위대표(HR)'를 선임하도록 했으며, 서유럽연맹의 역할을 유럽연합의 군사적 수단인 동시에 유럽안보방위정체성을 통해 유럽연합과 북대서양조약기구 사이를 연결하는 매개체가 될 수 있는 실질적인 조치를 취할 것을 명시했다. 1998년 12월 영국과 프랑스가 공동외교안보정책의 범주 내에서 유럽연합이 공동방위정책을 신속하고도 완전하게 이행할 것을 촉구하는 '생말로 선언'을 채택한 것은 이러한 노력이 맺은 하나의 결실이라고 할 수 있다.31) 이처럼 유럽연합과 서유럽연맹 조직과의 관계를 더욱 유기적으로 발전시키고 유럽방위에 관한 결정이나 공동행동을 취하기 위해 서유럽연맹과 적극 협력할 수 있게 되었다.

유럽연합이 공동외교안보정책을 강화시키기 위해 서유럽연맹의 통합을 정하게 되자, 북대서양조약기구 19개 회원국은 1999년 4월 23~24일 워싱턴에서 23개 유럽-대서양 동반자회의(EAPC) 협력국과 함께 북대서양조약기구 창설 50주년 기념 특별정상회담을 개최하였다. 이 정상회담은 코소보 사태에 대한 북대서양조약기구의 군사 개입을 정당화시키기 위한 성명을 채택하고, 21세기 북대서양조약기구의 임무, 역할 및 향후 발전계획, 유럽 방위력 증강을 위한 유럽-북미 간 협력 강화, 회원국 추가 확대 문제 등을 다루는 워싱턴 선언을 발표하였다. 또한 이 선언을 통해 북대서양조약기구는 회원국 행동계획(MAP) 및 방위력 증강계획(DCI)을 포함하는 신전략개념을 천명하고,32) 집단방위기구로서 북대서양조약기구의 본래 목적과 전략을 유지하면서도 역외분쟁 또는 각종 테러와 같은 위협 요소에 적극 대응할 것을 밝혔다. 또한 북대서양조약기구는 자신의 활동 범위 내에서 유럽안보방위정체성을 확립하겠다는 의지를 밝히면서 유럽의 다양한 안보기구와는 물론 러시아를 비롯한 중동부유럽 국가들, 그리고 지중해연안 국가들과도 협력관계를 발전시켜나간다는 것이다. 따라서 북대서양조약기구는 집단 안보뿐만 아니라 '포괄 안보(Comprehensive Security)' 또는 '협력 안보(Cooperative Security)'의 개념을 유럽 지역에 적용하면서 유럽연

---

31) Missiroli (Antonio), *op. cit.*, pp. 498~499; Howorth (Jolyon), *op. cit.*, p. 5.

32) Solana (Javier), *op. cit.*, pp. 3~8.

합 및 서유럽연맹과도 원만한 정치군사적 협력을 이룰 수 있는 근거를 가지게 되었다.

북대서양조약기구가 1999년의 워싱턴 선언을 통해 자신의 역할과 활동 범위를 크게 강화·확대하는 '신전략개념'을 채택함으로써 유럽 안보정체성의 개념이 불분명해지자 유럽연합은 회원국 간의 군사적 통합을 추진하면서 유럽지역에서의 분쟁예방과 위기관리를 위한 서유럽연맹의 독자적 역할과 능력 제고를 모색하게 되었다. 이러한 유럽연합의 움직임은 1999년 6월 쾰른에서 열린 유럽이사회가 공동외교안보정책을 강화하기 위해 지휘체계를 갖춘 유럽통합군을 창설하고 유럽지역 분쟁에 자율적으로 대응할 수 있는 독자적 수단과 능력을 지니는 것을 주요 내용으로 하는 '유럽공동안보방위정책(CESDP)' 수립 방안을 채택함으로써 상당히 구체화되었다. 또한 쾰른 유럽이사회가 2000년까지 서유럽연맹을 유럽연합에 흡수·통합할 것을 촉구하게 됨에 따라 서유럽연맹 활동에 이미 부분적으로나마 참여하고 있는 중동부유럽 국가들은 유럽연합과 더욱 밀접한 관계를 맺을 수 있는 전기를 마련할 수 있게 되었다.

이러한 쾰른 유럽이사회에서 세워진 유럽안보방위체제 구축이라는 원칙은 헬싱키 유럽이사회를 거치면서 사태가 발생할 경우 유럽연합이 운영할 수 있는 유럽통합군을 2003년까지 설립한다는 것을 주요 내용으로 하는 유럽안보방위정책으로 발전되었고, 서유럽연맹의 기능을 유럽연합에 통합시킨다는 것이 결정되었다. 중동부유럽 국가들의 유럽연합 가입을 준비하는 것이 핵심 주제를 이루었던 2000년 12월의 니스 유럽이사회는 공동외교안보정책 차원에서 시행하게 될 유럽안보방위정책을 위한 기구 설립을 결정하게 됨에 따라 유럽연합은 그야말로 다자주의적 안보방위기구로서의 면모를 갖출 수 있게 되었다.

이처럼 서유럽연맹을 통합하여 스스로의 군사적 능력을 보유할 수 있었던 유럽연합은 중동부유럽 국가들을 대거 회원국으로 가입시키면서 유럽의 안보 및 방위를 위한 실제적인 군사기구로서의 역할도 수행할 수 있게 되었다. 아울러 서유럽연맹이 담당했던 페테스베르크 임무를 유럽연합이 그대로 흡수하고 안보정체성을 확립하게 됨에 따라 2003년부터 실제적인 군사적·비군사적 활동을 전개할 수 있었으며, 유럽 이외의 지역인 아프리카, 중동 및 아시아 지역 등에 대해서도 유럽연합이 자율적인 활동을 전개할 수 있었던 것이다.

특히 2003년 6월 20일 유럽연합의 외교안보정책 고위대표인 솔라나가 브뤼셀 유럽이사회에 제출한 '유럽안보전략(ESS)'[33]이 채택됨에 따라 유럽연합은 바야흐로 독자적인 안보전략을 갖게 되었다. 유럽연합의 외교안보에 관한 경험과 정체성 및 전통에 기반을 두고 있는 유럽안보전략은 테러, 대량살상 무기의 확산, 지역 분쟁, 실패국가, 조직범죄 등의 위협에 대처하기 위해 모든 수단을 동원한다는 것으로서 유럽연합의 안보전략과 활동 범위에 큰 변화를 초래했다. 새로운 안보환경에서 거리에 따른 위협의 정도 차이는 사라졌으며, 북한, 남아시아 및 중동지역의 핵 활동은 바로 유럽에

---

33) 유럽안보전략의 주요 내용은 Solana (Javier), *A Secure Europe In a Better World. European Security Strategy*, Tessaloniki, 20 June 2003, http://ue.eu.int/uedocs/cms_data/docs/pressdata/en/reports/76255.pdf(검색일: 2012. 7. 25) 참조.

대해서도 중요한 안보위협 요인이 된다는 것이다. 따라서 유럽연합은 분쟁 및 위험 예방을 위해 적극 노력해야 하며, 새로운 위협에 효율적으로 대처하기 위해서는 유럽이 아닌 해외에서 1차 방어선을 구축하고 사태 발생 시 모든 수단을 동원해서 "혼합된 대응"을 해야 한다는 것이다. 또한 유럽연합은 중동부 유럽 및 지중해 지역 국가들과 긴밀한 협력관계를 만들어야 할 뿐만 아니라 발칸 지역의 안정 유지를 위해 미국, 러시아와 같은 강대국 및 북대서양조약 기구 등과도 공동으로 노력해야 하며, 중동 지역의 분쟁이 해결될 때까지 주변국들과 연계하여 개입한다는 것이다.

유럽연합의 공동외교안보정책을 한층 더 확고히 하는 유럽안보 전략의 채택이 8개 중동부유럽 국가들과 2개 지중해 연안국가들의 유럽연합 가입이 확정된 상태에서 이루어졌다는 것은 매우 중요한 의미를 지니는 것이다. 왜냐하면, 중동부유럽 국가들의 가입으로 '하나의 유럽'을 이루게 된 유럽연합이 유럽 지역에서의 분쟁 해결과 위기관리를 할 수 있게 되는 상황에서 앞으로는 유럽안보전략의 범위를 유럽 차원이 아닌 세계 전 지역으로 확대할 수 있는 근거로서 유럽안보전략이 적용될 수 있게 되었기 때문이다. 특히 유럽연합이 중동부유럽 국가들을 포함하게 되면서 동·서로 분단되었던 유럽이 과거 분열과 대립의 흔적을 완전히 지우고 그야말로 '하나의 지붕' 아래 결집하게 되고, 냉전시대에 적대관계에 있던 국가들이 유럽연합의 안보그룹에 합세하게 됨에 따라 정치군사적인 측면에서의 국제적 위상은 크게 제고될 수 있는 것이었다.

무엇보다도 유럽연합의 확대가 이루어지기 직전인 2004년 3월 북대서양조약기구 역시 에스토니아, 리투아니아, 라트비아, 루마니아, 불가리아, 슬로바키아, 슬로베니아 등 7개 중동부유럽 국가들을 대거 가입시키면서 발칸지역에서는 물론 카스피해 연안 및 중동지역에서의 위기 발생 시 신속히 대응할 수 있는 체제를 마련했다.

이러한 북대서양조약기구의 확대는 유럽연합으로 하여금 2009년 발효된 리스본 조약을 통해 유럽안보방위정책을 공동안보방위정책으로 발전시키는 주요 요인으로 작용했으며, 유럽이 추구하는 안보정체성은 유럽연합－북대서양조약기구 사이의 협력적 경쟁관계 속에서 더욱 강화되는 방향으로 발전될 수 있는 것임을 알 수 있다.

다른 한편, 유럽연합이 어느 국가들까지 가입시킬 수 있는가 하는 경계에 대한 문제는 회원국 확대에 대한 논쟁에서 항상 핵심을 이루어왔다. 기존의 유럽통합 관련 조약들에 따르면, 유럽 국가들만이 유럽연합에 가입할 수 있는 것으로 정해져 있으나 무엇이 유럽인지에 대해서는 어디에도 명시하지 않고 있는 실정이다. 따라서 유럽 국가를 정의하는 데에 있어 전통적으로 인정되고 있는 지리적 기준에 따라 경계를 정해야 하는 것인지, 아니면 지정학적인 요소들까지 포함해서 고려해야 하는지에 대한 논쟁은 발생할 수밖에 없는 것이다. 이러한 논쟁은 특히 2005년 10월부터 터키에 대한 유럽연합 가입 협상이 시작되자 격렬하게 전개되고 있다.

터키와 함께 유럽연합 가입 협상을 진행한 크로아티아가 2013년 7월 1일부로 유럽연합에 가입하는 것이 확정적인 점을 감안하면, 북대서양조약기구 회원국인 터키의 가입은 여전히 불투명한 상태에 있다고 볼 수 있다. 또한 2005년 12월 16일에는 마케도니아가 유럽연합으로부터 가입 후보국의 지위를 부여받았고, 2010년 6월 17일에는 아이슬란드, 2010년 12월 17일에는 몬테네그로, 그리고

2012년 3월 1일에는 2009년 12월 22일에 가입을 신청한 세르비아가 가입 후보국의 지위를 얻었다.

사회주의 진영이 와해된 후 유고슬라비아가 해체되면서 독립하게 된 이러한 발칸 지역의 국가들이 다양하고도 복잡한 요인들로 인해 분쟁에 휩싸인 적이 있었지만, 앞으로 이 국가들이 유럽연합에 가입하게 된다면 이 지역의 안정에 크게 기여할 수 있는 전기를 맞이하게 될 것이다. 또한 거의 모든 유럽 국가들을 포함하게 되는 유럽연합은 회원국이라는 측면에서도 북대서양조약기구보다 우위를 차지하면서 공동안보방위정책을 통해 자신이 추구하는 안보정체성을 더욱 공고하게 확립해 나갈 수 있게 될 것이다.

2) 유럽 안보정체성 강화에 따른 서유럽연맹의 역할 규정과 안보영역 확대

유럽 안보 및 방위의 정체성 회복은 냉전 종식 이후 유럽인들 사이에 유럽안보를 자신들의 손으로 해결한다는 의식이 확산되면서 제기되어왔다. 이러한 유럽안보정체성 개념의 출발은 미국 중심으로 설립된 북대서양조약기구 내에서 유럽인들의 입지가 좁다는 점에 주목하고 탈냉전시대의 유럽 안보질서 변화에 맞추어 대서양동맹체 내에서 유럽인들의 정체성을 확립하자는 데에 있다. 초기에 이루어졌던 유럽안보정체성 회복을 위한 노력은 서유럽 안보협력기구인 서유럽연맹과 북대서양조약기구 간의 관계 재정립을 통해 북대서양조약기구 내의 기구 조직이 유럽인 중심으로 운영될 수

있어야 한다는 점을 강조하면서 진행되었다.[34]

유럽안보방위정체성 문제는 1991년 6월 북대서양조약기구 코펜하겐(Copenhagen) 이사회에서 공식적으로 논의되기 시작했으며, 유럽안보의 강화를 위해 유럽안보방위정체성이 필요하다는 점을 최종 선언을 통해 인정하였다. 이어서 서유럽연맹은 1992년 6월 19일 일명 '페테스베르크 선언'을 발표하여 유럽안보방위정체성의 회복을 본격화하였다.

미국은 유럽인들의 안보정체성 회복 노력과 관련하여 양면적인 반응을 보여 왔다. 미국은 1990년대 초부터 안보정체성 회복을 위한 유럽인들의 노력에 대해 피상적으로 긍정적인 반응을 보였으나, 북대서양 협력과 북대서양조약기구의 지위는 물론 유럽과 미국과의 기존 관계에 악영향을 끼칠 수 있는 가능성에 대한 염려도 동시에 갖고 있었다.[35] 결국 유럽인 자신들의 유럽안보정체성 회복을 위해 북대서양조약기구와 미국이 적극 협력한다는 것은 1994년 1월 브뤼셀에서 열린 북대서양조약기구 정상회담에서 확인되었고, 이러한 결정에 따라 미국은 1989년 당시 235,000명의 미군 주둔 병력을 1995년에는 10만여 명으로 감축하기도 했다.

그러나 유럽안보방위정책의 발전에 따른 유럽의 완전한 안보정체성회복 문제는 유럽연합 회원국들의 노력에도 불구하고 회원국

---

34) Sloan (Stanley R.), *NATO, the European Union, and the Atlantic Community: the Transatlantic Bargain Reconsidered*, Maryland, Rowman & Littlefield Publishers, Inc., 2003, pp. 164~171.

35) 1990년 초 부시 대통령과 안보보좌관들의 최대 관심사는 미국이 북대서양조약기구에서 리더십을 그대로 유지할 수 있을지, 또는 미국이 국제적 리더십을 지속적으로 확보하는 것이 가능할 것인가 하는 문제였다. 특히 그들은 북대서양조약기구 내에서 미국의 리더십이 약화될 경우 유럽 안보를 위한 중심적 역할이 유럽연합으로 이동될 수 있다는 점을 우려했던 것이다 (Stanley R. Sloan, *op. cit.*, p. 164).

간의 미묘한 입장 차이와 미국과 유럽 국가들 간의 기본적인 인식 차이로 인해 순탄하게 전개되지는 않았다. 프랑스와 독일은 안보정 체성 회복에 긍정적인 입장을 취했던 반면, 영국은 유럽연합의 발전에는 긍정적인 반응을 보였으나 유럽연합의 완전한 정치적 통합과 군사기구화에 대해 반대하였다. 또한 스웨덴, 아일랜드, 오스트리아, 핀란드 등 유럽연합 회원 중 중립국들은 영국의 입장을 지지하는 등 유럽안보방위정체성 회복에 대한 기본 인식이 다름에 따라 니스 조약 체결까지 매우 어렵게 진행될 수밖에 없었다.[36]

1997년 체결된 암스테르담조약에서 더욱 구체화된 유럽연합의 공동안보개념 정립을 위해 유럽연합 회원국들에 주요 사안으로 떠오른 문제는 향후 유럽연합 자체의 군사력을 사용할 수 있도록 '유럽안보정체성'을 강화해야 한다는 점이었다. 또한 암스테르담 조약에서 서유럽연맹이 유럽연합에 통합될 수 있도록 한 이후 안보정체성의 회복 문제가 유럽연합과 북대서양조약기구와의 관계 설정으로 바뀌게 되었고, 점차적으로 유럽의 안보정체성을 북대서양조약기구에서 찾는 것을 지양하고 유럽연합 내에서 직접 찾게 되었다.

서유럽연맹은 1992년 마스트리히트 조약에서 유럽연합의 안보를 담당하는 기구로 전환된 이후 정회원국 10개국을 포함하여 다양한 지위를 가지는 28개국으로 확대되어 유럽연합의 협력 하에 유럽 안보문제와 관련된 포럼의 역할을 수행하였다. 유럽연합의 발전 과정에서 서유럽연맹이 유럽연합의 실질적인 안보 축으로서의 역할을 할 수 있도록 규정되는 등 1999년 유럽안보방위정책의 형

---

36) 이승근·황영주, "EU와 유럽안보: EU의 공동안보개념에 대한 분석을 중심으로", 『대한정치학회보』, 제11집 3호, 2004, p. 16.

성과 더불어 서유럽연맹의 유럽연합 편입이 결정되자 최종적인 기구의 향방을 놓고 회원국들 간에 논쟁이 전개된 바 있다.

이에 대한 입장은 크게 2개 그룹으로 구분될 수 있다. 우선 1954년부터 유지되어온 서유럽연맹의 10개 정회원국(벨기에, 룩셈부르크, 네덜란드, 프랑스, 독일, 포르투갈, 그리스, 스페인, 이탈리아, 영국)이 가지는 입장을 들 수 있다. 이에 반해 1992년부터 점차로 확대된 6개 '준회원국(체코, 헝가리, 폴란드, 노르웨이, 아이슬란드, 터키)', 7개 '협력국(불가리아, 루마니아, 에스토니아, 라트비아, 리투아니아, 슬로바키아, 슬로베니아)', 그리고 유럽연합의 회원국들인 5개 '참관국(오스트리아, 아일랜드, 덴마크, 스웨덴, 핀란드)' 등 총 18개국의 입장을 들 수 있다.

서유럽연맹이 유럽연합과 북대서양조약기구 회원국이기도 한 정회원국으로 구성되어 있는 만큼 유럽안보방위정책의 발전과 더불어 서유럽연맹의 역할을 수정해야 하는 경우가 생기더라도 이를 이행하는 데에 큰 어려움이 없어 보일 수도 있다. 여기에 대해 서유럽연맹 10개 정회원국들은 서유럽연맹의 근본 취지인 서유럽 안보의 유지 차원에서 기구의 기본 틀은 존속되어야 하는 것으로 생각하고 있었다. 그러한 반면, 북대서양조약기구의 유럽 가맹국들로 이루어진 6개 '준회원국', 유럽연합 가입 예정국들로 이루어진 7개 '협력국', 그리고 유럽연합 회원국인 5개 '참관국'들은 서유럽연맹 10개 정회원국들의 독주를 견제하고 유럽 전체의 안보 균형을 추구하기 위해 서유럽연맹의 온전한 유럽안보방위정책 편입을 원하고 있었다. 이러한 문제점을 조율하는 차원에서 1999년 6월 쾰른 유럽이사회에서는 유럽연합이 향후 페테르베르크 임무 수행을 위해 새로운 역할을 부여받을 수 있도록 하기 위한 연구를 수행하도록 하는 한편, 서유럽연맹이 기구로서 유럽연합에 완전히 편입될 수 있도록 결정하였다.

그러나 이러한 결정에도 불구하고 여전히 서유럽연맹 회원국들은 기구를 완전히 해체하지 않는 쪽으로 방향을 잡았고, 2000년 11월 서유럽연맹이 발표한 마르세유 선언에서는 여전히 몇몇 임무를 유지하고 이를 수행 할 수 있도록 했다. 즉, 서유럽연맹 회원국 국방장관들은 1948년도에 만들어진 '브뤼셀 조약'의 수정안(1954년 '수정브뤼셀조약')을 폐기하지 않고, 기구의 일부 역할 수행과 기본 골격은 존속될 수 있도록 하였다. 첫째, 유럽에서 무력 도발이 발생하여 회원국들 중 어느 한 국가가 침략을 당했을 때 회원국 상호원조 임무와 관한 수정브뤼셀조약 V조에 따라 서유럽연맹의 나머지 회원국들이 군사력을 포함한 모든 수단을 동원하여 회원국 원조를 할 수 있도록 규정한 서유럽연맹의 임무를 존속시켰다. 둘째, 수정브뤼셀조약 IX조는 유럽에서의 제 문제에 대한 서유럽연맹 의회의 민주적인 통제를 위한 역할 수행을 규정하고 있다. 이러한 내용을 존속시켜서 서유럽연맹 의회가 유럽연합의 확장된 유럽안보방위 차원에서 유럽안보방위정책을 기안하기 위해 유럽연합의 유럽의회가 행할 수 있는 역할을 대리할 수 있도록 하였다. 결국, 10개 정회원국과 유럽 지역에 있는 북대서양조약기구의 회원, 유럽연합 가입 예정국 등 28개국으로 이루어진 서유럽연맹 의회가 유럽안보방위정책과 관련하여 유럽연합의 유럽의회와 함께 임무를 나누어 맡는 것으로 역할이 규정된 것이다.[37] 이외에도 서유럽연맹 각료이사회는 공식적으로는 활동이 종식되었으나 필요할 경우가 발생하면

회합을 할 수 있도록 했고, 서유럽연맹의 무기체계에 관한 협력기구인 '서유럽무기체계그룹(WEAG)'과 '서유럽무기체계기구(WEAO)'[38] 및 각각의 '연구조직(Research Cell)', 문헌보관소, 연금관리국 등도 활동이 그대로 보장되었다.

한편, 서유럽연맹 회원국들이 유럽연합 회원국이냐 아니면 북대서양조약기구 동맹국이냐에 따라 입장이 달리 개진되었으므로 1999년 12월 헬싱키 유럽이사회와 페이라 유럽이사회, 2000년 12월 니스 유럽이사회의 결정에 의해 유럽안보방위정책과 관련된 협의 및 참여 범위가 정해졌다. 즉, 15개 유럽연합 회원국, 유럽연합에 속하지는 않지만 북대서양조약기구 회원국인 6개국(체코, 노르웨이, 헝가리, 아이슬란드, 폴란드, 터키), 유럽연합의 군사작전에 협력할 수 있도록 규정된 10개 유럽연합 가입 예정국에 대해 각각 그룹에 따라 유럽안보방위정책 참여 범위가 적용되도록 하였다.

또한 유럽연합 회원국이 아닌 서유럽연맹 참여국들은 북대서양조약기구가 전적으로 개입하지 않는 문제에 대해 유럽연합이 중대한 결정을 할 경우 유럽안보방위정책 결정에 참여할 수 있도록 하였다. 이에 따라 유럽연합 회원국은 아니지만 서유럽연맹의 회원국인 경우 자신에 부여된 권리는 보장받을 수 있게 되었다. 예를 들어 위기 상황의 경우 북대서양조약기구의 유럽 지역 회원국들은 북대서양조약기구와 유럽연합이 함께 행하는 공동 임무에 대해서 자신이 원하는 경우에 한해 이와 관련된 활동에 참여할 수 있도록

---

37) Maury (Jean-Pierre), "L'édification de la politique européenne commune de sécurité et de défense depuis 1998", Le Morzellec (Joëlle), De Christian (Philip) (eds.), *La défense européenne*, Bruxelles, Bruylant, 2003, p. 8.

38) WEU Secretariat General, *WEU today*, Brussels, January 2000, pp. 35~36.

하였다. 유럽연합이 북대서양조약기구의 수단을 활용하지 않을 경우에는 유럽연합 각료이사회에 의해 참여 여부가 결정된다. 서유럽연맹의 회원국으로서 유럽연합 가입 예정국인 10개국은 유럽연합의 활동에 참여하도록 권유받을 수 있고, 캐나다, 러시아, 우크라이나 및 유럽연합의 대화 상대국인 다른 유럽 국가들도 유럽연합의 안보와 관련된 임무 수행에 참여할 수 있도록 하였다.[39]

이러한 측면은 서유럽연맹 회원국들이 서유럽연맹의 활동 정지에도 회원국으로서 자격은 유지할 수 있도록 한 2000년 마르세유 선언에 따른 것이다. 결국 서유럽연맹의 주요 임무로서 위기관리 분야에 대한 실질적인 활동은 유럽연합의 유럽안보방위정책에 전적으로 위임되었으나, 서유럽연맹이 유지하고자 했던 일부 임무는 부분적으로나마 당분간 유지될 수 있었던 것이다.

다른 한편, 유럽안보방위정책은 유럽연합의 성장에 따른 영향력 확대 차원에서 발전될 수 있었다고 볼 수 있다. 왜냐하면, 유럽연합이 안보방위정책을 실행과정에서 활동 영역을 지속적으로 확장해 온 것은 회원국들의 이익에 부합했기 때문이다. 그러나 유럽연합의 안보영역의 확대 문제는 유럽 안보를 위해 중심적인 역할을 담당하고 있던 북대서양조약기구는 물론 여기에 대해 지배적인 영향력을 행사하고 있던 미국과 대립적인 구도를 낳을 수도 있는 것이었기에 유럽연합이 결코 쉽게 접근할 수 있는 주제는 아니었다고 볼 수 있다.

1998년 12월에 영국과 프랑스가 발표한 생말로 선언부터 2001년

---

39) Maury (Jean-Pierre), *op. cit.*, pp. 8~9.

라에켄 유럽이사회의 결정까지 유럽안보방위정책의 발전과정을 분석하면 유럽연합이 안보적 차원에서 활동한 영역이 지속적으로 확장되어왔음을 알 수 있다. 공동외교안보정책의 안보영역의 확장이라는 차원에서 발전된 유럽안보방위정책은 회원국들의 유로(Euro)화 채택과 같이 회원국 각국의 병력을 대체할 유럽통합군을 당장 창설하는 것을 주요 목적으로 하지 않고 있다. 다만 공동의 정치적 결정을 내리는 데 있어 필요한 수단을 안보적인 차원에서 공유하고 사용할 수 있는 능력을 갖추는 데에 있다. 유럽안보방위정책의 주요 목적은 크게 분쟁방지와 위기관리라는 두 가지 임무로 구별된다. 이를 위해서 유럽연합은 군사적 영역에서뿐만 아니라 비군사적 영역에서 활동할 수 있게 되어 이전의 암스테르담 조약에서 정하고 있던 활동영역보다 훨씬 확장되었다.

헬싱키 유럽이사회에서 결정한 것과 같이 유럽연합이 '평화유지(peacekeeping)' 및 '평화조성(peacemaking)'을 포함한 국제적인 분쟁방지, 위기관리, 필요한 경우 인도주의적 지원 및 재난구호를 위해 군사투사능력을 갖출 뿐만 아니라 비군사 부문의 활동을 할 수 있게 됨에 따라 유럽 내에서의 분쟁방지와 위기관리를 포함한 세계 분쟁지역에 군사적·비군사적 개입의 가능성을 열어 놓고 있어 유럽연합의 개입 영역이 확장된다는 정치적 함의가 있겠다. 분쟁방지와 위기관리 차원에서 유럽안보방위정책의 적용을 위해 유럽연합이 개입할 수 있는 분야로 유럽이사회와 집행위원회의 관할 하에 대테러활동, 에너지 공급 및 비축, 주요 기간산업 보호, 사이버 범죄, 항공수송 및 항공기 안전, 비핵확산과 군축 등을 들 수 있다.[40]

유럽연합은 실질적인 유럽안보방위정책의 운영 차원에서 2003년부터 최초로 분쟁지역에 군사적·비군사적 활동을 전개하게 되었다. 즉, 유럽연합은 북대서양조약기구의 군사수단과 능력을 활용할 수 있도록 한 1996년의 'Berlin Plus' 원칙41)이 그동안 터키의 반대로 합의가 되지 않았으나, 2003년 3월에 결국 합의된 뒤 우선 유럽안보방위정책의 실행 차원에서 보스니아에 유엔을 대신하여 '유럽연합경찰임무(EUPM)'를 수행할 수 있었다. 또한 북대서양조약기구의 임무를 승계하여 유럽연합이 최초로 실시한 실질적인 군사 활동인 마케도니아에 대한 '콩고르디아(Concordia)' 작전과 유럽연합이 독자적으로 콩고 민주공화국에서 실시한 '아르테미스(Artemis)', 그리고 유엔의 지휘 하에 마케도니아 내 '경찰임무수행(Proxima)' 등을 전개하게 되었다. 이러한 측면에서 유럽연합이 점진적으로 전 지구적 차원에서는 유엔과 협력하고 대서양 협력 차원에서는 북대서양조약기구와, 그리고 유라시아 지역에서는 유럽안보협력기구와 협력하면서 앞으로는 더욱 적극적으로 전 지구적 또는 지역적 안보기구로서의 역할을 수행할 수 있게 되었다.

유럽연합은 2000년 니스 조약을 통해 유럽안보방위정책의 실행에 있어 자율적인 결정권을 갖고 이에 필요한 독자적인 군사수단을 보유한다는데 합의하였으나, 군사적·비군사적 활동은 북대서양조약기구가 개입하지 않는 경우에 한해서 시행한다는 단서조항

---

40) Fontaine (Pascal), 2012, *op. cit.*, pp. 181~185.

41) Lefebvre (Maxime), "Quel avenir pour l'Union européenne?", *Ramses*, 2003, p. 90: 1996년 베를린 북대서양조약기구 이사회에서 서유럽연맹이 북대서양조약기구의 수단과 능력을 활용할 수 있도록 하는 결정을 내리고 이에 대한 논의를 시작하였다. 그러나 북대서양조약기구의 회원국이지만 유럽연합의 회원국이 아닌 터키가 특히, 사이프러스가 유럽연합의 회원국이 되었을 경우 터키와의 형평성 문제가 발생한다는 점에서 이를 반대하였다. 결국 터키가 이에 대한 찬성을 하게 되어 2003년 3월부터 'Berlin Plus' 원칙이 실행에 들어갈 수 있게 되었다.

이 니스 조약에 명시되었고 라에켄 이사회에서도 재확인했다. 그러나 장기적으로 볼 때 유럽연합의 정치적 통합이 어느 일정한 수준에 이르게 되는 시점에서는 군사적인 분야에서도 독자적인 영역을 강화하겠다는 정치적 배려가 깔려 있다고 볼 수 있다. 우선에는 유럽연합이 북대서양조약기구의 안보 분야의 조력자로서 역할을 제한적으로 담당할 수 있으나, 점차로 독자적인 노선을 걸을 수 있는 소지가 다분히 있다고 볼 수 있다. 이러한 측면에서 유럽연합은 공동안보방위정책과 관련하여 '고양된 협력', '구조화된 협력'을 강화하기 위해 '유연작전 개념'을 도입할 수도 있을 것이며,42) 주요 무기자산을 북대서양조약기구에 의지하면서 전략적 파트너인 북대서양조약기구와 협력을 강화하는 가운데 공동안보방위정책을 펼쳐 갈 수 있게 되었다.

3. 공동안보방위정책의 수립과 적용 현황43)

유럽안보정체성 확립 문제는 1999년 발발한 코소보 사태에 대해 유럽연합(EU)이 적절하게 대응하지 못했다는 인식과 유럽연합의 군사적 무력함에 대한 불안이 확산되는 가운데 유럽연합 회원국들이 안보정체성 확보를 위한 정치적 결단이 필요하다고 판단함에 따라 크게 대두되었다. 그 결과 1999년 4월 북대서양조약기구(NATO)

---

42) 이규영, "공동외교안보정책과 유럽시민권의 상관성 연구", 『유럽연구』, 제19권, 2004년 여름, pp. 18~19.

43) 이종광, "유럽연합의 공동외교안보정책 발전과 리스본조약에서의 안보전략 강화", 『국제정치연구』, 제15집 1호, 2012, pp. 183-207의 내용을 수정·보완한 것임.

정상회담은 "북대서양조약기구와는 거리를 두지만 북대서양조약기구의 일부분으로서" 유럽안보방위정체성(ESDI) 회복을 북대서양조약기구 내부에서 추진할 수 있다는 것을 인정하게 되었다. 이러한 북대서양조약기구의 입장 변화가 확인되자 유럽연합은 1999년 12월 헬싱키 유럽이사회와 2000년 12월 니스 유럽이사회를 거치면서 북대서양조약기구가 시작한 유럽안보방위정체성 회복 문제를 유럽안보방위정책(ESDP)을 강화하고자 하는 자신들의 의지와 결부되는 것으로 바꾸었다.44) 그 결과 2003년까지 순수 유럽인들로 이루어진 유럽방위군을 창설해서 독자적인 안보방위 정책을 강화하고 서유럽연맹(WEU)의 기능을 유럽연합에 통합시킨다는 것을 결의함에 따라 초기의 서유럽연맹과 북대서양조약기구 간에 제기되었던 유럽안보방위정체성 회복 문제는 일단 유럽안보방위정책 중심으로 추진될 수 있는 근거를 찾게 되었다.

이처럼 유럽연합은 유럽안보방위정책을 추진할 수 있었고, 페테스베르크 임무를 수행하는 데에 필요한 군사 능력과 지휘체계를 갖추고 이를 더욱 강화하면서 유럽 지역뿐만 아니라 그 이외의 지역에 대해서도 군사적·비군사적 활동을 전개할 수 있게 되었다. 유럽연합이 그동안 자신의 군사적 수단이 되어왔고 북대서양조약기구와 긴밀한 관계를 형성해왔던 서유럽연맹을 포함하게 됨에 따라 유럽연합과 북대서양조약기구 사이의 관계는 재정의 되어야 했다. 특히 리스본 조약을 통해 유럽안보방위정책에서 전환된 공동안보방위정책(CSDP)은 연합 외교안보정책 고위대표(HR/VP)직의 신

---

44) Dumoulin (André), Mathieu (Raphaël), Sarlet (Gordon), *La politique européenne de sécurité et de défense(PESD). De l'opératoire à l'identitaire*, Bruxelles, Bruylant, 2003, p. 27.

설과 이를 보좌하는 기구들의 설립으로 자율적인 의사결정 체계와 훈련체계를 지니게 되었으며, 기존의 활동을 승계했을 뿐만 아니라 이를 더욱 발전시킬 수 있는 토대를 갖추게 되었다.

1) 유럽안보방위정책의 강화와 유럽연합 – 북대서양조약기구 간의 관계 재정립

북대서양조약기구와 유럽연합은 유럽 안보체제 건설에 있어 매우 중요한 요소가 되고 있으나, 그 본질이나 발전과정은 크게 다르다. 북대서양조약기구는 처음부터 군사적인 능력을 갖추고 방위를 담당하는 등 엄격한 의미에서 안보기구였다면, 공동외교안보정책(CFSP)을 제2기둥으로 포함하고 있는 유럽연합은 출범 후 상당 기간 동안 경제적·정치적·사회적 안전에 치중해왔던 것이다. 탈냉전시대의 초기에 중동부 유럽지역에서의 분쟁과 위기 발생이 크게 우려되는 상황에 대응하기 위해 북대서양조약기구는 종전의 군사적 역할에서 정치적 임무를 추구하는 방향으로 변화를 꾀했고, 유럽연합은 서유럽연맹을 자신의 통제하에 두면서 군사적 수단으로 보장받고자 했다. 특히 페테스베르크 선언을 통해 구체적인 임무를 띠게 된 서유럽연맹은 북대서양조약기구와 유기적인 관계를 지니면서 북대서양조약기구에 대해 보완적인 기능을 맡게 되었다.

다른 한편, 유럽연합이 추구하고 있던 유럽안보의 정체성 확립 문제는 북대서양조약기구와 직결될 수밖에 없었으므로, 유럽연합과 서유럽연맹 사이의 관계뿐만 아니라 이들 기구와 북대서양조약기구와의 관계가 정립되어야 했다. 1994년 브뤼셀 북대서양조약기구 정상회담에서 발표된 '북대서양조약기구 선언'은 서유럽연맹이 유럽안보방위정체성을 수행하는 것을 지원하고 유럽안보 정체성 회복을 위해 북대서양조약기구가 협력한다는 것을 밝혔지만, 평화를 위한 동반자 관계(PfP)를 통한 중동부유럽 지역으로의 북대서양조약기구 확대를 시도함에 따라 유럽안보질서에 큰 변화가 있으리라 예상되었다. 유럽연합은 여기에 대응해서 1999년 유럽안보방위정책을 수립하고 자신의 안보 전략을 강화하기 위한 방안을 모색하게 되었던 것이다.

이처럼 유럽연합은 1990년대 초반 공동외교안보정책을 수립한 후 안보문제에 대한 발전을 거듭한 가운데 유럽안보방위정책의 실행 단계에까지 이르게 되었고, 리스본 조약에서 유럽안보방위정책의 적용 범위를 확대하면서 공동안보방위정책으로 전환되고 지휘체계를 갖추는 등 더욱 강화하게 되었다. 이러한 유럽연합의 안보정체성 확립 과정에서 유럽연합 회원국들 간에는 북대서양조약기구와의 관계 정립에 대한 문제가 항상 중요한 이슈로 대두되었다. 이 문제와 관련하여 유럽연합 – 북대서양조약기구 관계를 3개의 시나리오로 정립할 수 있다. 첫째, 유럽 안보문제에 한정하여 유럽연합을 북대서양조약기구의 부수적인 수단으로 남게 하는 방안, 둘째, 유럽연합의 유럽안보방위정책을 중심으로 북대서양조약기구에 대한 정책을 강화하여 종국에는 북대서양조약기구를 종식시키는 방안, 셋째, 유럽안보방위정책을 중심으로 유럽연합을 북대서양조약기구의 우위에 두는 방안 등을 들 수 있다.

첫째 시나리오로 유럽 안보문제에 한정하여 유럽연합을 북대서양조약기구의 부수적인 수단으로 남게 하는 방안은 미국뿐만 아니라 북대서양조약기구가 냉전 종식 이후 끊임없이 추구해 온 북대서양조약기구의 대 유럽연합 전략이다. 북대서양조약기구는 냉전기간 동안 미국이 주도하는 가운데 집단방위기구로서 서유럽의 안보유지를 위해 중요한 역할을 해왔다. 그러나 1990년대 초부터 유럽에서 동·서 협력의 논리가 냉전의 논리를 대신하기 시작한 가운데 사회주의 진영이 와해되고 바르샤바조약기구(WTO)가 1991년 7월 해체되자 북대서양조약기구는 존립 근거를 냉전 후 다양한 위기 상황에 대처하는 지역 '집단안보체제'로의 전환에 두고 기본 전략을 수정하게 되었다.

이의 일환으로 북대서양조약기구는 첫째, 1995년 11월 21일 오하이오 데이턴에서 맺은 보스니아-헤르체고비나 평화 협정인 '데이턴 평화협정(the Dayton Peace Agreement)'을 통해 북대서양조약기구를 중심으로 편성된 6만 명 규모의 다국적 '평화유지군(IFOR)'을 보스니아에 파병키로 결정하고 최초로 역외지역에 대한 병력을 파견함으로써 북대서양조약기구의 집단안보기구로서의 전환 가능성을 보여 주었다. 둘째, 냉전시대에 적대적 관계였던 동구권과의 협력 차원에서 1997년 북대서양조약기구는 러시아와 기본 협정을 체결하였고, 1999년 4월에는 폴란드, 헝가리, 체코에 대한 확대를 통해 집단안보체제로의 이행을 위한 행보를 진행하였다.[45] 셋째, 1999년 4월 북대서양조약기구 창설 50주년 기념 워싱턴 정상회담에서 신전략개념을 채택하여 역내 이외의 분쟁에도 개입할 수

---

45) Rosner (Jeremy D), "NATO Enlargement's American Hurdle", *Foreign Affairs*, Vol.75, No.4, July/August 1996, pp. 9~10.

있는 근거를 마련하는 등 보다 적극적인 전략 개념을 수립하였다.46)

이와 같이 미국이 주도하는 북대서양조약기구의 개혁과 확대로 그 임무가 변화되는 가운데 유럽연합이 공동외교안보정책을 통해 유럽인을 중심으로 하는 안보기구로서의 역할을 수행할 수 있게 되자 북대서양조약기구는 유럽연합 및 서유럽연맹과의 관계를 적극적으로 재조정하게 되었다. 이의 일환으로 북대서양조약기구는 1996년부터 적극적으로 유럽안보정체성을 북대서양조약기구 내에서도 구축할 수 있도록 하여 유럽연합의 독자적인 노선 추구를 제어하고자 하였다. 이러한 일련의 행보는 북대서양조약기구가 유럽안보상 주도권을 확보하겠다는 의지를 표방한 것이고, 유럽연합을 안보문제에 있어 북대서양조약기구의 부수적인 수단으로 남도록 하자는 첫 번째 시나리오의 의도에서 비롯된 것이었다.

두 번째 시나리오는 유럽연합의 유럽안보방위정책을 중심으로 북대서양조약기구에 대한 정책을 강화하도록 하고, 종국에는 북대서양조약기구를 종식시키는 방안을 들 수 있다. 이러한 측면은 2001년 9·11테러 사태 이후 미국의 대외정책 수행과 관련하여 미국이 중심으로 있는 북대서양조약기구가 제대로 작동을 하지 못하였다는 점에서 나온 논점이라 할 수 있다. 실제 9·11테러와 관련하여 유럽에서는 "북대서양조약기구는 소멸했다"라는 표현을 공공연하게 쓰면서 유럽연합의 안보 축을 강화해야 한다는 점을 역설하고 있는 실정이었다.47)

---

46) *The Alliance's Strategic Concept*, *NATO Review*, No.2, Summer 1999, pp. 7~13.

47) Hill (Christopher), "Renationalizing or Regrouping?, EU Foreign Policy Since 11 September 2001", *JCMS*, Vol.42, No.1, 2004, pp. 156~157.

유럽연합이 북대서양조약기구의 우위에 있게 되려면, 유럽안보에 있어서 북대서양조약기구의 지배구조가 종식되고 유럽연합이 미국과 일정한 거리를 두게 될 경우에 한해 가능할 수 있는 시나리오라고 할 수 있다. 이 경우 미국이 유럽에서 안보 우선권을 장악하고 있는 상황에서 이를 수용할지 여부와 유럽연합이 군사적인 수단을 완비하지 못하고 있을 뿐만 아니라 북대서양조약기구의 명시적인 동의 없이는 유럽연합이 독자적인 군사 활동을 전개한다는 것이 어렵다는 점에서 두 번째 시나리오는 당분간 실현되기 어려운 것이었다.

세 번째 시나리오로 유럽안보방위정책을 중심으로 유럽연합을 북대서양조약기구의 우위에 두는 방안을 고려해 볼 수 있었다. 이는 앞에서 언급한 시나리오에 따른 부작용을 최소화하여 유럽인으로서 '제3의 길'을 걷는 방법이라 할 수 있다. 이 시나리오에서는 미국과의 대서양 협력을 끝까지 유지하는 가운데 종국적으로 유럽의 안보방위는 유럽인이 책임진다는 데에서 그 특징을 찾을 수 있다. 그러나 과연 미국이 자국 중심으로 이루어져 있는 대서양 협력관계를 포기할 것이며, 자국이 주도하지 않는 이상 북대서양조약기구를 끝까지 유지할 수 있을지 불분명한 것이었다.

유럽인 중심의 안보 우선과 북대서양조약기구의 역할 축소 문제를 두고 유럽연합 회원국들의 입장은 크게 세 그룹의 국가군으로 나누어진다. 유럽연합 내 공동안보정책을 위해 유럽연합 회원국들이 미국을 중심축으로 실현해가야 한다는 대서양주의적 국가군과 순수 유럽인들이 유럽연합의 안보를 책임져야 한다는 유럽주의적 국가군, 그리고 중도적 입장을 취하는 '제3그룹' 국가군이 여기에 해당되었다. 유럽연합 회원국들 중 뚜렷하게 입장이 구별되는 나라들로 특히 영국과 덴마크는 대서양주의를 대변하였고, 스페인과 네덜란드, 포르투갈, 이탈리아가 그 뒤를 따르고 있었다. 그리고 프랑스와 독일은 유럽주의를 대변하였으며, 논쟁의 여지는 있지만 벨기에가 그 뒤를 따랐다. 유럽 소국과 중립국 및 기타 유럽연합 회원국의 입장을 반영하는 제3그룹 국가군은 유럽의 소국(룩셈부르크, 그리스)과 중립국(핀란드, 스웨덴, 오스트리아, 아일랜드), 그리고 새로이 유럽연합에 가입한 중동부유럽 국가 및 지중해 국가가 그 중심을 이루고 있었다.

이러한 현실에서 유럽연합 회원국들은 나름대로 공동외교안보정책 분야의 발전을 위해 많은 노력을 하였으나 유럽연합 내에 대서양주의 국가들이 공동외교안보정책의 실질적인 발전을 방해하고 있는 실정이었다. 즉, 프랑스는 공동안보정책이 유럽인 중심으로 발전해야 한다는데 전적으로 동의하고 있었으나, 영국은 미국의 유럽 주둔을 지지하는 한편 유럽연합과 서유럽연맹의 합병에 반대하였고, 독일은 전적으로 프랑스에 의존하거나 미국과 러시아에도 전적으로 의존하지 않으면서 공동안보정책의 발전에 한계점이 노정되었다.[48]

사실 유럽안보방위정책을 실행하는데 어려운 점으로 아직 초기 단계의 기구조직과 운영상의 미숙이 있을 수 있고, 재정적인 문제로서 북대서양조약기구의 군사자원을 그대로 둔 채 새로이 막대한 재정을 들여 군사력을 재정비할 것인지의 문제와 북대서양조약기

---

48) 이승근·황영주(2004), *op. cit.*, pp. 15~16.

구의 도움 없이 유럽연합이 독자적으로 안보기구로서의 역할을 수
행할 수 있을지 의문이 제기될 수 있는 실정이었다.[49] 특히 기존
회원국 중 해양세력으로 구분되는 덴마크는 강한 대서양주의적 입
장에서 유럽 안보질서를 인식하고 있었고, 유럽소국들과 신회원국
들은 유럽안보방위정책 참여를 반대하지는 않으면서도 영국, 프랑
스, 독일 등 소위 '거대 국가'들의 행보를 북대서양조약기구를 통
해 극복하려는 의도를 가지고 있었던 것이다. 결국 유럽연합 회원
국들 간의 입장 차이로 인해 북대서양조약기구와의 관계에 대한
통일된 정책을 기대할 수 없게 됨에 따라 세 번째 시나리오는 실현
가능성이 희박한 것이었다.

유럽연합이 코소보 사태 기간에 아무런 군사적 행동을 취하지 못
하자 북대서양조약기구는 적극적인 개입을 통해 기구의 필요성을
유럽인들에게 각인시켰고, 1999년 4월 북대서양조약기구가 7개 중
동부유럽 국가들을 동맹국으로 가입시키면서 집단안보기구로서의
역할 범위를 더욱 넓혔다. 이로 인해 유럽 안보의 경계가 희석되고
북대서양조약기구가 크게 강화되는 상황에서 유럽연합은 쾰른 유럽
이사회에서 서유럽연맹 중심의 독자적 안보방위체제를 구축한다는
것을 결정하고, 헬싱키 유럽이사회와 니스 유럽이사회를 거치면서
유럽안보방위정책을 마련하면서 서유럽연맹의 기능을 유럽연합에
편입시킨다는 것을 결정하였다. 이로써 유럽연합은 공동외교안보정
책 차원에서 유럽안보방위정책을 적극 추진하면서 역할 변화를 꾀
할 수 있는 토대를 갖추었고, 북대서양조약기구와의 관계는 물론 북

---

49) Dumoulin (André), Mathieu (Raphaël), Sarlet (Gordon), *op. cit.*, pp. 732~735.

대서양조약기구 내에서의 미 – 유럽관계, 그리고 중동부유럽 국가들에 대해 회원국 확대를 추진하기 위한 긴밀한 협력관계를 도모하게 되었다. 특히 유럽연합의 안보방위전략은 다수 중동부유럽 국가들의 유럽연합 가입이 가시화되고 유럽안보방위정책을 크게 강화시키는 유럽안보전략(ESS)이 채택됨에 따라 유럽 지역은 물론 여타 지역에서 발생하는 위협적인 상황에 개입할 수 있게 되었다.

다른 한편, 북대서양조약기구의 관점에서 보면, 북대서양조약기구가 유럽 안보의 중심축으로서 여전히 그 역할을 수행하고 있으며, 유럽연합의 공동외교안보정책도 북대서양조약기구의 협력 하에서 역할을 할 수 있는 것이었다. 그러한 반면, 유럽연합 회원국들은 유럽 안보를 위한 북대서양조약기구의 중요성을 인정할 수밖에 없는 것이 현실이었다. 이에 따라 유럽연합은 2000년 12월 니스 조약을 통해 북대서양조약기구가 유럽 안보의 중심이며, 향후 유럽연합 내에 창설될 유럽통합군은 북대서양조약기구가 개입하지 않는 인도적 분야를 포함한 평화유지활동만 전개한다는 점을 확인한 바 있다.[50]

그러나 중동부유럽 국가들을 대거 회원국으로 가입시킨 이후 유럽연합과 북대서양조약기구 사이의 관계 발전은 역할의 분담이 가능한 상호보완적인 것이냐, 아니면 전적으로 종속될 수밖에 없는 보조적 관계가 되느냐, 또는 각자의 전략 강화에 치중하면서 서로 충돌하는 상태에 놓이느냐 하는 문제에 달려 있다고 볼 수 있다. 여기에는 세 가지의 변수가 작용할 수 있다고 간주된다. 우선, 유럽연합에 새로 가입한 중동부유럽 국가들의 대부분이 북대서양조약

---

50) Peters (Ingo), "ESDP as a Transatlantic Issues: Problems of Mutual Ambiguity", *International Studies Review*, Vol.6, 2004, pp. 394~395.

기구 회원국이기도 한 만큼 유럽연합의 공동외교안보정책과 기존 회원국들의 안보방위 입장에 대해 어떠한 태도를 취하느냐 하는 점이다. 그리고 유럽연합 또는 북대서양조약기구가 과거 소련에 속했던 러시아 인접국으로 회원국 확대를 시도할 경우 러시아의 안보 불안을 어떻게 해소할 것인가 하는 문제이다. 끝으로, 미국이 주도하고 있는 북대서양조약기구가 미국의 이해관계에 부합하지 않는 군사적 활동을 유럽연합이 행할 경우 어떻게 대처하게 될 것인가 하는 변수이다. 이러한 관점에서 볼 때, 이미 1999년부터 '신전략개념'을 천명하면서 '포괄적 안보'를 추구하고 있는 북대서양조약기구와 회원국 확대를 통해 유럽 지역에서의 안보방위 능력을 갖추었고 유럽안보방위정책을 통해 유럽안보전략을 구사하고 있는 유럽연합 사이에는 경쟁적이고도 상호보완적인 협력관계가 이루어질 수 있었다.

이처럼 유럽연합의 유럽안보방위정책의 강화 문제는 분쟁방지와 위기관리 분야에서 유럽연합의 점진적인 독자성 확보로 이어지고, 유럽연합이 대부분의 중동부유럽 국가들을 회원국으로 가입시키면서 그 당위성을 부여받게 되었다. 따라서 유럽연합의 발전은 안보 및 방위의 측면에서 유럽인 중심으로 유럽안보방위정책을 강화하면서 통합의 심화를 이루는 문제와 직결되는 것이었다. 이러한 유럽안보방위정책의 강화는 미래의 지정학적인 면, 대서양 관계의 정립, 회원국들 간의 입장 차이, 즉 유럽 강대국과 약소국 간의 입장 차이에 따른 고려 등 3개 주제를 중심으로 논의될 수 있다.

첫째, 지리 전략적인 면에서 나타나는 유럽안보방위정책의 강화는 유럽연합의 확대라는 문제와 직접적으로 결부되는 것이었다. 왜냐하면, 유럽연합의 확대에 따라 향후 유럽안보방위정책의 적용 범위가 지리적으로 확대될 수밖에 없을 것이기 때문이다. 유럽연합이 확대되는 가운데 동·서로 분리된 유럽이 하나가 되고 명실공히 냉전시대에 적대관계에 있던 국가들이 유럽연합의 안보 그룹에 합세함에 따라 유럽연합 중심으로 안보 영역의 범위와 국제질서에서의 지위가 더욱 강화될 것이다. 그러나 유럽연합의 확대에 따른 정치·안보적인 측면에서 유럽안보방위정책의 강화는 새로운 문제를 야기할 수 있는 것이었다. 즉, 공동안보의 수행에 있어 기존 유럽연합 회원국들의 입장이 확대 대상 국가들과 지정학적·역사적으로 상이하고, 확대 대상국들의 대외정책 또한 역사적인 관점에서 기존 회원국과 다름에 따라 유럽안보방위정책의 적용에 있어 이들 두 그룹 간에 마찰이 예상되었다.

둘째, 대서양 관계 정립 문제도 중요한 포인트가 되었다. 이 문제는 유럽을 중심으로 볼 때, 대서양 너머에 위치하고 있는 미국이 유럽 안보의 큰 부분을 담당하고 있는 현실에 대해 향후 어떻게 인식하고 대응해야 할 것인지도 유럽안보방위정책의 강화에 있어서 중요한 문제가 될 수 있었다.[51] 실제로 미국은 안보 측면에서 북대서양조약기구를 중심으로 유럽에서 헤게모니를 장악하고 있고, 1999년의 코소보 사태를 통해서 유럽인들은 미국의 실체를 무엇보다 잘 인식하게 되었다. 이러한 상황에서 유럽안보방위정책의 강화는 북대서양조약기구 중심의 유럽 안보의 지배구조가 종식되고 유럽연합이 미국의 의존을 탈피하고 독자적인 안보방위체계를 확립할 수 있을 때에 이루어질 수 있다는 것이었다.

---

51) Thomson (James), "US Interests and the Fate of the Alliance", *Survival*, Vol.45, No.4, Winter 2003~04, pp. 207~220.

특히 2001년 9·11 테러 이후 미국이 북대서양조약기구와의 연계 없이 이라크 전쟁을 치르게 됨에 따라 미국의 대 북대서양조약기구 활용이 약화될 시점에 유럽안보방위정책을 강화하고자 하는 시도가 이루어졌음에서 잘 보여주고 있다.[52] 또한 이라크 전쟁이 일어난 직후 유럽 대륙에 대한 미국의 영향력이 약화될 시점인 2003년 4월 말 프랑스, 독일, 벨기에, 룩셈부르크 4개국이 정상회담을 열고 유럽연합에 대해 '유럽안보방위동맹(European Security and Defense Union)'의 설립과 북대서양조약기구의 개입 없이 군사작전을 지원할 '유럽사령부(European Headquarters)' 창설을 제안하면서 유럽연합의 안보 축인 유럽안보방위정책을 강화시킬 것을 요구했다.[53]

셋째, 유럽안보방위정책의 강화를 놓고 회원국들 간의 입장 차이도 조정해야 할 매우 어려운 문제가 되었다. 전통적으로 벨기에와 룩셈부르크, 네덜란드 등 유럽 소국들은 유럽연합의 메커니즘을 협력적으로 발전시키고, 이를 위해 유럽연합의 기구를 좀 더 조직적으로 만드는데 치중하는 편이었다. 이러한 상황에서 이 국가들은 유럽안보방위정책의 메커니즘을 강화하여 자국의 영향력을 확대하여 유럽안보질서 구축에 있어 유럽 강대국의 독주를 막을 수 있기를 원했다. 이와는 반대로 프랑스와 독일 등 전통적인 유럽 강대국들은 경제력과 군사력을 바탕으로 유럽연합이 추구하는 안보질서를 이들 국가 중심으로 재편하기를 원하면서 안보 문제와 관련된 유럽연합 내 협력 메커니즘에 전적으로 얽매이는 것에 반대하고

---

52) Sedivy (Jiri), Zaborowski (Marcin), "Old Europe, New Europe and Transatlantic Relations", *European Sécurity*, Vol.13. No.3, 2004, pp. 210~211.

53) Sangiovanni (Mette Eilstrup), "Why a Common Sécurity and Defence Policy is Bad for Europe?", *Survival*, Vol.45, Issue 4, 2003, p. 193.

있었다. 또한 안보방위 영역에 있어서 유럽안보방위정책이 좀 더 현실적인 차원에서 강대국 중심으로 운영되는 것을 원하고 있었다.[54] 이에 반해 영국은 북대서양조약기구를 대신하여 유럽연합의 안보축이 강화되는 것에 반대하는 입장을 취하고 있음에 따라 유럽 소국들이 주장하고 있는 안보 메커니즘의 강화뿐만 아니라 프랑스와 독일 등 '유럽주의 국가' 중심의 유럽안보방위정책 강화에도 반대하였다. 이러한 영국의 반대로 인해 2000년 12월 니스 정상회담에서 유럽안보방위정책에 관한 논의에서 크게 진전을 이룰 수 없었던 점을 그 예로 들 수 있다.[55]

이상과 같은 유럽연합의 미래 지정학적인 측면에 대한 고려, 유럽연합과 북대서양조약기구, 특히 미국과의 대서양관계 재정립, 유럽연합 회원국들 간의 입장 차이 극복 등 3개 영역이 유럽안보방위정책의 강화를 위해 중요하게 다루어져야 할 부분이었던 것이다. 이에 대한 다양한 논의가 유럽연합 내부에서 전개되었고, 이를 통해 유럽연합은 북대서양조약기구와의 관계를 재정립하고 유럽안보방위정책을 발전시키면서 안보정체성을 확립하고자 노력하게 되었다. 결국 2009년 12월 발효된 리스본 조약에서는 유럽연합의 제도적 개혁과 함께 유럽안보방위정책을 공동안보방위정책으로 전환시킬 수 있었던 것이다.

---

54) Dumoulin (André), Mathieu (Raphaël), Sarlet (Gordon), *op. cit.*, pp. 736~737.

55) Menon (Anand), "From crisis to catharsis: ESDP after Iraq", *International Affair*, Vol.80, No.4, 2004, p. 637.

2) 리스본 조약에서의 방위 기능 확대

(1) 공동안보방위정책의 수립과 고위대표 신설

1992년 마스트리히트 조약에 의해 출범한 유럽연합은 공동외교안보정책 범주 내에서 유럽안보방위정책을 수립하고 공동외교안보정책의 목표를 달성하기 위한 군사적 역량을 갖추게 되면서 2003년부터는 실제적인 작전을 수행할 수 있었다. 유럽연합이 공동외교안보정책의 범주 내에서 시행하고 있는 유럽안보방위정책의 군사적·비군사적 활동 대상은 그 적용 현황을 볼 때 유럽지역의 위기관리와 분쟁예방을 위한 활동에만 국한되는 것이 아님을 알 수 있다. 따라서 공동외교안보정책의 본질적 요소로 추진되던 유럽안보방위정책은 아시아, 중동, 아프리카 등 세계 도처에서 유럽의 안보를 위협하거나 인도주의에 반하는 다양한 형태의 위기상황이 발생했을 경우 유럽연합이 적극적으로 대처해 나갈 수 있는 군사적 또는 비군사적 수단이 되는 것이다.

유럽연합이 1999년 쾰른 유럽이사회에서 수립하였고 다양한 발전 단계를 거치면서 2001년 니스 조약에 이르기까지 지속적으로 강화해오던 유럽안보방위정책은 2009년 12월 1일 발효된 리스본 조약에 힘입어 공동안보방위정책으로 전환되었다. 리스본 조약은 유럽연합이 공동안보방위정책에 따른 임무를 충실히 수행할 수 있도록 하기 위해 회원국들로부터 군사적 및 비군사적 수단에 의거한 작전 능력을 제공받도록 하였다. 이처럼 공동안보방위정책은 기존 유럽연합의 주요 군사 활동 영역인 페테스베르크 임무의 적용

범위를 더욱 확대하고 여기에 덧붙여 유럽연합으로 하여금 공동방위기구로 활동할 수 있는 근거를 마련해주고 있다. 이를 위해 리스본 조약은 "어느 회원국이 영토에 대한 무력 침공을 받을 경우 다른 회원국들이 해당 회원국을 의무적으로 지원해야" 하는 상호 지원 의무 조항을 두고 있다.[56]

이와 같은 공동안보방위정책에 따른 작전을 원활히 수행하고 이사회가 정한 목표를 달성하기 위해 회원국들은 항상 유럽연합에 이용 가능한 군사적 및 비군사적 능력을 제공해야 하므로, 그들은 "자신들의 군사적 능력을 점진적으로 향상시킬 책임"을 지게 된다. 이를 위해 공동안보방위정책 차원에서 진행되는 훈련은 다음과 같은 내용과 체계에 따라 이루어진다.

〈그림 4〉 공동안보방위정책의 훈련 체계도

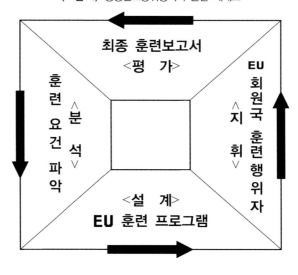

---

56) Treaty of Lisbon(TEU) 제42조 7항.

위의 그림은 공동안보방위정책에 따라 유럽연합이 연중 내내 행하는 훈련 개념을 상황 분석, 프로그램 설계, 훈련 행위자의 지휘, 최종 평가라는 4단계로 나누어 전체 훈련과정을 나타내고 있다. 1단계에 해당하는 "분석"에서는 유럽연합 회원국들이 공동안보방위정책의 이행이 필요한 상황을 구체적으로 확인하고 여기에 필요한 임무를 수행하기 위해 요구되는 군사적 능력을 갖출 수 있는 훈련 요건을 파악한다. 이러한 분석을 토대로 2단계인 "설계"에서는 유럽연합 회원국 차원에서 실시할 훈련 프로그램을 설계하고, 공동안보방위정책 범주 내에서 이루어지는 모든 훈련 행위자들이 행한 훈련 리스트를 작성하도록 한다. 3단계 "지휘"에서는 훈련 프로그램 운영에 관련되는 모든 회원국의 훈련 행위자들이 공동안보방위정책을 이행하는 데에 필요한 군사 능력을 제공할 수 있도록 해주는 훈련 프로그램을 지휘하고 시행하도록 한다. 마지막 단계에 해당하는 "평가"인 4단계에서는 다음 연도의 훈련 프로그램을 시행하는 새로운 사이클을 시작할 때 고려할 수 있는 훈련 요건을 분석하고 준비하기 위해 지난 1년 동안 시행한 학습 내용을 평가해서 최종 훈련보고서를 작성하도록 한다.57)

이와 같은 공동안보방위정책의 훈련 사이클은 국제연합(UN), 유럽안보협력기구(OSCE), 북대서양조약기구는 물론 아프리카 연합(African Union) 등을 포함하여 훈련에 필요할 경우 다양한 국제기구들과의 협력 하에 투명하고 개방적으로 진행된다. 이러한 투명성과 개방성은 유럽안보방위정책 차원에서 제3국 또는 국제기구들과

---

57) *CSDP Training*, http://www.consilium.europa.eu/eeas/security-defence/csdp-structures-and-instruments/esdc/csdp-training?lang=en(검색일: 2012. 4. 8) 참조.

긴밀한 협력 하에 이루어지는 모든 유럽연합의 위기관리를 위한 작전 지휘에서 기본원칙이 된다.

이처럼 다양한 국제기구들과 유기적인 관계 속에서 공동안보방위정책을 추진하고 대외관계의 효율성을 제고하기 위해 유럽연합은 리스본 조약을 통해 임기 5년의 연합 외교안보정책 고위대표직을 신설하는 제도적 개혁을 이루어냈다. 집행위원회의 대외관계 담당 부위원장을 겸하는 이 고위대표는 유럽연합의 대외적 행동의 개별 분야 간 또는 기타 정책 분야 간의 일관성을 확보하는 것은 물론 공동외교안보정책을 주도적으로 추진하면서 유럽연합을 대표하도록 했다.

리스본 조약 이전에도 유럽연합은 이사회의 사무총장을 겸하는 공동외교안보정책 고위대표직을 두고 북대서양조약기구 사무총장을 역임한 솔라나(Javier Solana)를 임명하기도 했다. 그러나 유럽연합의 전체적인 대외정책을 추진하는 측면에서 볼 때, 마스트리히트 조약 체결 당시 대두되었던 기존의 대외관계와 공동외교안보정책을 '제2기둥'으로 둠에 따라 유럽연합이 추진하게 되는 대외관계에서의 업무 분담 불확실성 문제가 현실로 나타났다. 즉, 집행위원회의 대외관계 담당 집행위원과 공동외교안보정책 고위대표 사이의 분할된 대외관계 권한 행사에는 중복되고 비효율적이거나 일관성이 결여되는 경우가 허다하게 발생되었던 것이다.[58] 따라서 리스본 조약에 따라 신설된 연합 외교안보정책 고위대표직은 유럽연합의 대외관계 업무 영역을 통합하여 대외적 대표성을 강화하는 동

---

58) Angel (Benjamin) et Chaltiel-Terral (Florence), *Quelle Europe après le traité de Lisbon?*, Paris, L.G.D.J., 2008, pp. 148~149.

시에 일관성을 확보하고 유럽연합이 주도적으로 수행하는 군사 작전에 관해 공동안보방위정책의 적정성과 효율성을 제고하기 위한 것이라고 할 수 있다.

이러한 고위대표는 유럽연합의 대외관계 창구를 일원화하기 위해 리스본 조약에 따라 신설된 유럽대외관계청(EEAS)의 보좌를 받으면서 주어진 임무를 수행한다. 이를 위해 유럽대외관계청은 회원국의 외무 관련 부서와 협력하고, 이사회와 집행위원회의 사무국에서 대외관계를 담당해오던 공무원들과 회원국의 외교 담당 기관이 파견하는 외교관으로 구성된다. 이처럼 다양한 부서에서 일하던 인력이 유럽대외관계청이라는 단일 기관에서 근무하게 되는 것인만큼 유럽대외관계청이 얼마나 회원국 정부와 다양한 유럽연합 기구들의 의견을 잘 조정하고 외교안보를 포함한 대외정책들을 효과적으로 수행하느냐 하는 것은 유럽대외관계청의 향후 역할과 위상 정립에 매우 중요하게 작용할 것이다. 또한 유럽대외관계청의 조직 및 운영에 관한 사항은 연합 외교안보정책 고위대표의 제안에 따라 유럽의회와 협의를 거치고 집행위원회의 동의를 얻은 후 각료이사회가 정하도록 되어 있다.[59]

집행위원회와 각료이사회 등의 유럽연합 기구로부터 독립적인 지위를 가지는 유럽대외관계청은 집행위원회와 각료이사회에 속하는 대외관계 업무부서와 각 회원국의 외무부서 사이의 협력을 촉진하면서 연합 외교안보정책 고위대표의 공동안보방위정책을 포함한 대외관계 업무를 독자적으로 보좌하는 것이 임무이다. 공동안보

---

59) Treaty of Lisbon(TEU) 제27조 3항.

방위정책을 담당하는 고위대표로 임명된 애쉬튼(Catherine Ashton)의 권위 하에 놓이게 되는 유럽대외관계청은 2010년 12월 1일 공식적으로 출범했으며, 구성원은 유럽대외관계청으로 자리를 옮긴 집행위원회 대외관계총국(DG RELEX)에 속했던 585명, 집행위원회 개발협력총국(DG DEV)에서 93명, 각료이사회에서 411명, 그리고 회원국 파견 외교관들인 집행위원회 대외관계 대표단 436명과 새로 신설된 직책에 118명이 충당됨에 따라 총 1,643명의 상근 직원으로 이루어졌다.[60]

이처럼 리스본 조약은 페터스베르크 임무의 적용 범위를 더욱 확대하고 유럽연합으로 하여금 안보방위 능력 제고는 물론 공동의 군사체계를 확립하도록 함으로써 이 분야에서 명실상부한 공동기구로 거듭 태어날 수 있게 했다. 특히 이 조약은 공동안보방위정책을 실제적으로 실행할 수 있도록 하기 위해 연합 외교안보정책 고위대표직을 신설하고, 독자적 정책 수행 능력을 가지는 유럽대외관계청의 지원을 받아 유럽연합의 외교안보 및 방위정책을 수립·이행할 수 있도록 하였다.

(2) 공동안보방위정책의 운영 체계

공동외교안보정책의 범주 내에서 위기관리와 분쟁예방 임무를 수행해오던 유럽안보방위정책이 리스본 조약에 따라 명칭이 공동안보방위정책으로 바뀌면서 활동 범위가 확대되고 새로운 기구가

---

60) *A new step in the setting-up of the EEAS: Transfer of staff on 1 January 2011*, http://europa.eu/rapid/-pressReleasesAction.do?reference=IP/10/1769&format=HTML&aged=1&language=EN&guiLanguage=en(검색일: 2012. 3. 13).

설립되기도 했다. 이러한 공동안보방위정책의 수립으로 인해 유럽 안보방위정책을 운영하던 체계는 어느 정도 변화하게 되었지만, 종전의 주요 기구인 정치안보위원회(PSC), 유럽연합 군사위원회(EUMC), 그리고 유럽연합 군사참모부(EUMS)를 중심으로 하는 기본적인 운영 골격은 그대로 유지하게 되었다. 다른 한편, 연합 외교안보정책 고위대표가 신설되어 종전의 대외관계 업무를 통합하고 유럽연합이 이행하는 공동안보방위정책의 효율성을 확보할 수 있는 모든 방안을 강구할 수 있게 하였다.

공동안보방위정책의 활동 범위를 군사적 또는 비군사적 위기관리와 분쟁예방으로 크게 나누고, 여기에 필요한 기능을 담당하는 기구들을 우선 개괄적으로 살펴본 후에 각 기구들의 고유 활동 영역에 대해 고찰하고자 한다. 첫째, 군사적 위기관리는 고위대표와의 긴밀한 협력 하에 2000년 12월 니스 유럽이사회에서 유럽연합이 유럽안보방위정책을 수행하는 집단안보방위기구로서의 정치적·군사적 구조를 갖추고 위기관리를 위한 책임을 완수할 수 있게 하기 위해 유럽이사회 내에 설치한 정치안보위원회와 유럽연합 군사위원회, 그리고 유럽연합 군사참모부의 지원을 받게 된다. 여기서 각 회원국의 대사급으로 구성되고 고위대표와 긴밀한 관계를 가지는 정치안보위원회는 유럽연합 군사위원회에 필요한 정치적 가이드라인을 제시하고 작전실행을 감독하는 등 공동안보방위정책 수행의 중심적인 역할을 하게 된다.[61] 유럽연합 군사위원회는 회원국의 고위급 장성으로 이루어지고 정치안보위원회에 대해 군사적인 자문과

---

61) Annex III (Political and Security Committee) of Presidency Report on the European Security and Defense Policy.

권고를 하는 임무를 띠며, 유럽연합 군사참모부에 대한 지휘를 맡는다.[62] 유럽연합 군사참모부는 '페테르스부르그 임무' 수행을 위해 조기경보, 상황판단 및 전략수립의 임무를 띠고, 유럽연합 군사위원회의 지휘 하에 정책 및 결정사항들을 실행에 옮긴다.[63]

둘째, 비군사적 위기관리는 1999년 5월 페이라 유럽이사회에서 정한 가이드라인을 기본으로 니스 유럽이사회에서 구체화된 것으로서 여기에는 경찰력 활용, 법의 지배 강화, 시민행정 및 시민보호의 강화 등 4개 분야에 해당한다. 비군사적 위기관리의 총괄은 집행위원회와의 협력 하에 유럽이사회가 맡는다. 특히 유럽이사회 내에 설치된 '비군사 부문 위기관리위원회(CIVCOM)'는 군과 경찰 등 비군사적인 자원 간의 협력을 유지하는 역할을 맡게 되고 집행위원회와 협력하여 주로 경찰력 활용과 법치 강화를 주요 임무로 삼고 있다.[64]

셋째, 분쟁예방 임무를 위해서는 유럽이사회를 중심으로 집행위원회와 각료이사회, 그리고 새로 신설된 고위대표가 담당할 수 있도록 하였다. 특히 집행위원회의 부위원장으로서 대외관계까지 맡게 된 고위대표가 분쟁예방 임무를 위한 주요 역할을 맡게 되는데, 주요 영역은 분쟁방지를 위해 유럽연합 제수단의 활용 및 연계, 분쟁 발생 초기에 분쟁의 원인 식별 및 분쟁억제, 발생과정 중에 있

---

62) Annex IV (European Union Military Committee) of Presidency Report on the European Security and Defense Policy.

63) Annex V (European Union Military Staff Organization) of Presidency Report on the European Security and Defense Policy.

64) Crowe (Brian), "A common European foreign policy", *International Affairs*, Vol.79, No.3, 2003, p. 553: 비군사 부문에 대한 발전은 특히 2001년 전반기 스웨덴이 의장국으로 활동할 당시에 많이 이루어졌다.

는 분쟁에 대한 개입 능력 향상, 분쟁예방 분야에 대한 국제협력 강화 등이 여기에 해당한다.

이처럼 공동안보방위정책 수행에서 핵심적인 역할을 수행하는 연합 외교안보정책 고위대표는 유럽대외관계청의 보좌와 지원을 받게 된다. 또한 유럽대외관계청은 정치안보위원회, 유럽연합 군사위원회, 위기관리계획총국(CMPD) 등으로부터 지원을 받게 된다. 또한 이들을 보좌하거나 이들로부터 지휘를 받는 하위 기구로 유럽연합 군사참모부와 비군사부문계획과 수행능력(CPCC) 등을 두고 있다.[65] 이러한 기구들을 중심으로 공동안보방위정책이 운영되는 측면을 개괄적으로나마 그림으로 표시하면 아래와 같은 체계도로 나타날 수 있다.

정치안보위원회는 공동안보방위정책을 포함하여 공동외교안보정책 전반에 관해 각료이사회에서 토의할 주제들을 준비하는 유럽연합 내의 상설기구로서 유럽연합 회원국을 대표하는 대사급으로 구성된다. 통상적으로 매주 2회 회동하는 정치안보위원회는 국제적 상황을 항상 예의주시하면서 파악하고, 공동안보방위정책을 포함하는 공동외교안보정책의 범주 내에서 유럽연합 정책들을 명확히 정의하는 것을 지원한다.

---

65) *CSDP structures and instruments*, http://www.consilium.europa.eu/eeas/security-defence/csdp-structures-and-instruments?lang=en(검색일: 2012. 3. 13).

<그림 5> 공동안보방위정책의 운영 체계

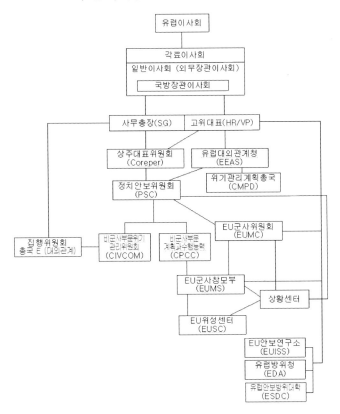

참고: Dumoulin(André), Mathieu(Raphaël), Sarlett(Gordon), *op. cit.*, p. 287을 참조하고 공동안보방위정책에 따른 구조를 추가하여 완성하였음.

　따라서 정치안보위원회는 유럽연합으로 하여금 위기에 대해 일관성 있게 대응할 수 있도록 해주고 이를 위해 정치적 통제와 전략적 지휘를 행사하게 되는 기구이다. 이러한 주된 임무를 수행하기 위해 정치안보위원회는 유럽연합 군사위원회와 유럽연합 군사참모부, 위기관리민간부문위원회, 유럽연합 안보문제연구소(EUISS) 등에 대해 가이드라인을 제시하거나 이 기구들로부터 조언과 의견을 구하기도 한다.[66] 그리고 정치안보위원회는 공동외교안보정책에 관해 다양한 실무그룹에서 이루어지는 토의를 청취하고 조정·감독하며, 실무그룹의 토의를 위해 지침을 내리거나 이들이 제출하는 토의 결과보고서를 검토해야 한다. 이처럼 유럽연합 회원국 대표들의 상설기구인 정치안보위원회가 다양한 유럽대외관계청 기구들을 통해 공동외교안보정책에 관한 정보를 수집하고 이사회에서 다룰 주제에 대한 초안을 작성하게 되는 만큼 정치안보위원회는 공동안보방위정책을 추진하는 데에 있어서 중심적인 역할을 하는 기구라고 볼 수 있다.

그리고 유럽연합 회원국들이 그들의 군사 대표들을 파견하여 상시적으로 유럽연합에서 활동할 수 있도록 구성된 유럽연합 군사위원회는 이사회 내에 설치된 고위 군사 기구로서 정치안보위원회와 연합 외교안보정책 고위대표에게 군사 분야에 관한 조언을 제공하고 유럽연합 군사참모부를 감독한다.[67] 이와 유사한 군사위원회가 북대서양조약기구 내에도 존재하게 되는 바, 유럽연합 회원국이자 동시에 북대서양조약기구 회원국인 경우 동일한 인물을 이 두 상설 군사기구의 대표로 파견하는 경우가 대부분이다.

연합 외교안보정책 고위대표의 개인 사무실에 직속되어 있으나

---

66) *Council Decision of 22 January 2001 setting up the Political and Security Committee(2001/78/CFSP, Official Journal of the European Communities*, L 27/1, 30. 1. 2001. http://www.consilium.europa.eu/uedocs/cmsUpload/l_02720010130en00010003.pdf(검색일: 2012. 11. 27).

67) *Council Decision of 22 January 2001 setting up the Military Committee of the European Union (2001/79/CFSP), Official Journal of the European Communities*, L 27/4, 30. 1. 2001. http://www.consilium.europa.eu/uedocs/cmsUpload/l_02720010130en00040006.pdf(검색일: 2012. 11. 27).

유럽연합 군사위원회의 지휘도 받는 유럽연합 군사참모부는 유럽 대외관계청의 공식 기구로서 공동안보방위정책 범주 내에서 추진 되는 작전들을 감시하는 임무를 지닌다. 유럽연합 군사참모부는 고 위대표에게 작전에 관한 조언을 하는 이외에 유럽연합 군사위원회 에 보고할 의무를 지닌다. 또한 이 기구의 주요 임무는 "페테스베 르크 임무를 위한 조기 경보, 상황 평가 및 작전 계획"을 수행하고 챠드 또는 콩고와 같은 국가에서 실시되고 있는 공동안보방위정책 에 따른 임무를 이행하는 것이다. 따라서 유럽연합 군사참모부는 유럽연합으로 하여금 "군사적인 존재가 될 수 있는 힘을 제공받아" 정치적 목적을 달성할 수 있도록 준비하고 군사적 행동으로 옮기 며, 이를 통해 외교적 영향력을 강화할 수 있도록 해주는 역할을 하고 있다.[68]

위기관리계획총국은 공동안보방위정책의 민간 임무와 군사적 작 전에 관해서 다양한 활동을 하고 있는바, 정치적·전략적 계획 수 립, 공동안보방위정책 임무와 작전 이행에 대한 전략적 평가, 공동 안보방위정책 파트너십 개발, 민간과 군사 능력발전을 위한 조직 화, 공동안보방위정책 정책과 개념 개발, 공동안보방위정책 훈련 실시와 개발 이행 등이 여기에 해당된다.[69]

또한 민간계획과 수행능력은 공동안보방위정책의 민간 부문 작

---

68) *Council Decision of 2008/298/CFSP of 7 April 2008 22 January 2001 amending Decision 2001/80/CFSP on the establishment of the Military Staff of the European Union, Official Journal of the European Communities*, L 27/1, 30. 1. 2001. L102/25, 12. 4. 2008. http://eur-lex.europa.eu/LexUriServ/LexUriServ.do?uri=OJ:L:2008:102:0025:0033:EN:PDF(검 색일: 2012. 11. 29).

69) *Crisis Management and Planning Directorate (CMPD)*. http://www.consilium.europa.eu/eeas/ security-defence/csdp-structures-and-instruments/cmpd(검색일: 2012. 11. 29).

전을 독자적으로 계획하고 수행하는 것을 임무로 지니면서 이 작전들에 대해 조언하고 지원할 뿐만 아니라 감독하고 평가하기도 한다. 민간계획과 수행능력에 의해 현재 지원되고 있는 민간 부분 공동안보방위정책 임무로는 EULEX Kosovo, EUMM Georgia, 팔레스타인에서의 EUPOL COPPS와 EUBAM Rafah, EUJUST LEX Iraq, EUPOL Afghanistan, EUPOL RD Congo 등과 2012년부터 시행된 남수단 EUAVSEC(European Union Aviation Security), 소말리아와 그 인근 지역에 대한 EUCAP NESTOR, EUCAP SAHEL Niger 등을 들 수 있다.[70]

공동안보방위정책의 정책 결정 과정에 참여하는 기구 이외에도 유럽방위청(EDA), 유럽연합 위성센터(EUSC), 유럽연합 안보연구소, 그리고 유럽안보방위대학(ESDC)과 같은 기구들은 연합 외교안보정책 고위대표를 필요로 하는 자문이나 자료 등을 제공하게 된다.

현재 애쉬튼 고위대표가 청장직을 맡고 있는 유럽방위청은 덴마크를 제외한 유럽연합 26개 회원국 모두가 참여하고 있다. 이 회원국들이 매년 배정된 예산을 제공하기 때문에 이들이 유럽방위청의 주주와 같은 지위를 가지고 있으며, 이들 회원국의 전문가들이 유럽방위청의 활동에 참여하고 여기서 얻은 결과는 이 회원국들에 혜택으로 돌아가게 된다. 유럽방위청으로 하여금 "방위 능력의 개발과 연구, 조달 및 장비 운용"을 담당하도록 했다.[71] 유럽방위청은 방위비 지출의 효율성을 더 높이고 방위력을 강화하기 위한 조

---

70) *Civilian Planning and Conduct Capability (CPCC)*. http://www.consilium.europa.eu/eeas/ security-defence/csdp-structures-and-instruments/cpcc?lang=en(검색일: 2012. 11. 29).

71) 리스본 조약 제42조 1항 및 3항; 유럽방위청의 임무에 관해서는 이 조약 제45조에 구체적으로 명시되어 있다.

정 역할을 수행하는데, 군비에 관해 협력하고 유럽연합의 방위 산업 발전 및 연구·개발을 촉진시키며 유럽연합의 방위 능력을 제고하는 것을 주된 임무로 삼았다.

유럽연합 위성센터는 지구 관측 이미지를 분석하여 도출된 정보를 개발하고 생산하여 공동외교안보정책 차원에서 유럽연합이 취하는 의사결정을 지원하도록 하기 위해 2001년 6월에 설립된 기구이다. 이처럼 유럽연합 위성센터는 위기 관측과 분쟁예방을 위해 공동외교안보정책의 범주 내에서 이행되는 공동안보방위정책을 강화하는 임무를 지니게 되는 것이다.

유럽연합 안보연구소는 공동안보에 대한 문화를 촉진하고 공동외교안보정책을 육성·발전시키면서 이에 관한 전략적인 토의가 활발히 전개될 수 있도록 하기 위해 2002년 설립된 유럽연합 외교정책의 산실이다. 운영 경비는 유럽연합으로부터 지원받지만, 완전히 자율적으로 운영되는 기구로서 유럽연합 안보에 관한 주요 이슈를 다루는 학술회의를 개최하거나 ≪Chaillot Papers≫라는 간행물을 출판하기도 한다.

유럽안보방위정책 차원의 전략 수준을 교육하기 위한 목적으로 2005년 설립된 유럽안보방위대학은 공동안보방위정책을 위해서도 유럽안보 문화를 증진시키기 위한 훈련과 교육을 담당하는 기구이다. 유럽연합 회원국의 자발적인 노력을 토대로 하는 유럽안보방위대학의 강좌에는 회원국과 협력국가, 다른 국제기구 및 공동안보방위정책에 포함된 기구에 종사하는 민간 공무원, 외교관, 경찰, 군인 등이 참여할 수 있다.

이러한 운영 체계를 갖추고 있는 공동안보방위정책에 힘입어 연합 외교안보정책 고위대표는 "자신의 제안을 토대로 공동외교안보정책의 결정에 기여하고, 유럽이사회 및 이사회가 채택한 결정의 시행을 보장"하고, 공동외교안보정책에 관해 유럽연합을 대표하면서 유럽연합의 이름으로 제3자와 정치 대화를 진행할 임무를 지닌다.[72] 따라서 고위대표는 대내적으로는 회원국 외무장관들의 회의인 외무장관이사회의 의장을 맡아 회원국들의 대외정책에 대한 다양한 입장을 조율하고, 또한 집행위원회의 부위원장직도 겸하게 되는 만큼 이사회와의 의견 차이가 있을 경우 이를 조정하여 유럽연합의 대외정책을 일관성 있고 효율적인 방향으로 이끌고 나가도록 해야 할 것이다. 또한 대외적으로는 고위대표가 공동외교안보정책에 관한 분야에서 유럽연합을 대표함에 따라 다양한 국제조직 또는 국제회의에서 유럽연합의 입장을 대변하고, 역외 국가를 비롯한 제3의 정치세력과 대화를 진행하게 되는 만큼 유럽연합은 고위대표를 통해 공동안보방위정책을 추진할 수 있는 능력을 갖추게 된 것이다.

3) 유럽연합의 군사적·비군사적 활동 현황

유럽연합이 실제적으로 공동외교안보정책의 범주 내에서 유럽안보방위정책을 수립하였지만, 북대서양조약기구가 여전히 지배적인 역할을 담당하고 있던 유럽 안보구도에서 유럽안보방위정책을 이행한다는 것은 북대서양조약기구와의 협력관계 속에서 가능한 것

---

72) 리스본 조약 제27조 1항, 2항.

이었다. 1997년 체결된 암스테르담조약에서 유럽안보방위정책에 대한 구상이 제시된 후 쾰른 유럽이사회와 헬싱키 유럽이사회를 거쳐 2000년 니스조약에서 유럽연합이 유럽안보방위정책을 통해 군사투입 능력을 갖출 뿐만 아니라 비군사 부문에서도 활동할 수 있게 되었다. 그렇지만, 북대서양조약기구의 군사수단과 능력을 유럽연합이 활용할 수 있도록 한 1996년의 소위 'Berlin Plus' 원칙에 대한 터키의 반대로 유럽연합은 유럽안보방위정책을 실행에 옮길 수가 없었다. 따라서 유럽연합이 실질적으로 유럽안보방위정책 운영 차원에서 군사적·비군사적 부문에서의 활동을 위해 분쟁지역에 개입하게 된 것은 터키가 입장을 바꾼 후인 2003년부터였다.

유럽안보방위정책에 따른 작전이 실제적으로 2004년부터 개시되면서 유럽연합은 명실공히 국제 안보를 위한 행위자로 정의될 수 있었으며, 2009년 발효된 리스본 조약에 따라 유럽안보방위정책은 공동안보방위정책으로 전환되었다. 현재 보스니아－헤르체고비나, 남수단 및 소말리아 해역 등 3개 지역에서 유럽연합이 군사활동을 하고 있으며, 약 4,000명의 비군사적 전문가들이 공동안보방위정책에 따른 위기관리를 위해 8개의 임무를 수행하고 있다. 특히 유럽연합의 비군사적 활동은 연합 외교안보정책 고위대표와 유럽대외관계청의 창설에 힘입어 외교정책에서 일관성 있고 포괄적인 접근을 가능하게 해주면서 크게 확대되고 있는 실정이다. 이러한 공동안보방위정책에 따른 유럽연합의 군사적·비군사적 활동은 유럽에 속하는 발칸 지역에 대해서는 물론 아프리카, 중동 및 아시아 지역에 대해서까지 진행되었는데, 현재 임무를 수행 중이거나 임무가 완료된 작전들을 살펴보면 아래와 같다.

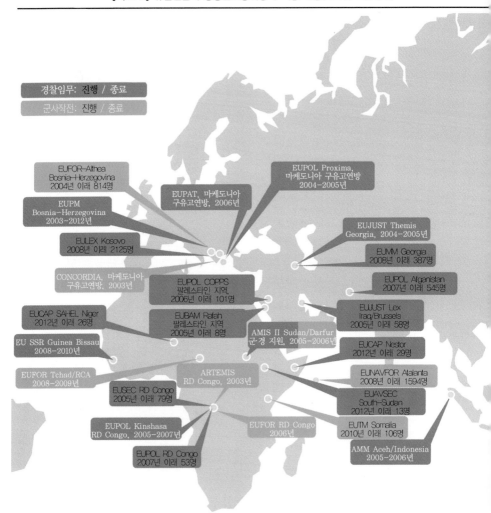

경찰임무: 진행 / 종료

군사작전: 진행 / 종료

EUFOR-Althea
Bosnia-Herzegovina
2004년 이래 814명

EUPM
Bosnia-Herzegovina
2003-2012년

EULEX Kosovo
2008년 이래 2125명

CONCORDIA, 마케도니아
구유고연방, 2003년

EUCAP SAHEL Niger
2012년 이래 26명

EU SSR Guinea Bissau
2008-2010년

EUFOR Tchad/RCA
2008-2009년

EUSEC RD Congo
2005년 이래 79명

EUPOL Kinshasa
RD Congo, 2005-2007년

EUPOL RD Congo
2007년 이래 53명

EUPAT, 마케도니아
구유고연방, 2006년

EUPOL COPPS
팔레스타인 지역,
2006년 이래 101명

EUBAM Rafah
팔레스타인 지역
2005년 이래 8명

ARTEMIS
RD Congo, 2003년

EUFOR RD Congo
2006년

EUPOL Proxima,
마케도니아 구유고연방
2004-2005년

EUJUST Themis
Georgia, 2004-2005년

EUMM Georgia
2008년 이래 387명

EUPOL Afganistan
2007년 이래 545명

EUJUST Lex
Iraq/Brussels
2005년 이래 58명

AMIS II Sudan/Darfur
군·경 지원, 2005-2006년

EUCAP Nestor
2012년 이래 29명

EUNAVFOR Atalanta
2008년 이래 1594명

EUAVSEC
South-Sudan
2012년 이래 13명

EUTM Somalia
2010년 이래 106명

AMM Aceh/Indonesia
2005-2006년

(1) 중동부유럽 지역에 대한 군사적·비군사적 활동

2003년 1월 보스니아-헤르체고비나에 대해서 유럽연합 치안임무군 (EUPM)이 1995년 이래 이 지역의 안정과 법치 강화를 위해 작전을 수행하고 있던 유럽연합 국제치안임무군(IPTF)으로부터 업무를 인계받고 투입되면서 유럽연합 역사상 최초로 유럽안보방위정책에 따라 역외 지역에 대한 개입이 시작되었고 3년간 이 지역에 주둔하게 되었다.[73] 특히 보스니아-헤르체고비나가 향후 유럽연합에 가입하게 될 경우 요구되는 안정을 확보하기 위해 지원한다는 목적하에 2004년 12월 2일 유럽연합 치안임무군과는 별도로 약 7,000명을 투입하여 유럽안보방위정책 범주의 군사 활동인 "EUFOR-Althea" 작전을 개시하였으며, 주둔 기간을 연장하면서 조직범죄에 대항하고 경찰 개혁을 지원하기도 했다.[74]

발칸 지역에서 또 다른 분쟁지역인 코소보에 대해서는 유럽연합 안보리의 결정에 따른 법치국가로서의 지위를 유지하고 경찰, 사법 및 관세 업무의 정상적인 운영을 감독·지원하기 위해 유럽연합이 2008년 2월 민간계획과 수행능력에 의해 지원되는 "EULEX Kosovo"를 실시했다. 약 1,900명이 투입된 이 작전은 다인종으로 구성된 코소보의 법치 및 안정과 인종 간 평화적 협력을 도모하기 위한 것이었으므로, 유럽연합 회원국 중 소수민족 문제를 안고 있기에 코소보를 인정하지 않고 있던 사이프러스, 스페인, 그리스, 루마니아, 슬로바키아와 같은 회원국에는 민감한 사안이었지만 유럽연합 차원

---

73) *Declaration by the Presidency on behalf of the European Union on the launch of the EU Police Mission in Bosnia and Herzegovina http://www.consilium.europa.eu/uedocs/cms_data/* docs/pressdata/en/cfsp/74015.pdf(검색일: 2012. 3. 14).

74) Terpan(Fabien), *La politique étrangère, de sécurité et de défence de l'Union européennee,* Paris, La documentation française, 2010, p.83.

에서의 일체성을 입증한 중요한 의미를 지니는 것이었다.

유럽연합 최초의 실질적인 군사 활동은 2003년 3월부터 12월 사이에 북대서양조약기구와의 협력 아래 마케도니아의 평화를 유지하기 위해 유럽연합 방위군을 투입한 "Concordia" 작전이며, 이 군사작전이 완료된 직후부터 2005년 12월까지 마케도니아 내의 경찰 임무 수행을 지원하는 "EUPOL Proxima(European Union Police Mission in the former Yugoslav Republic of Macedonia)"가 실시되었다. Proxima가 2005년 말 종료된 후에는 유럽연합 경찰자문단 (EUPAT)으로 대체되었지만, 2006년 1월 1일에는 유럽연합이 유럽연합 경찰자문단의 임무를 종료시키고 유럽연합 집행위원회의 계획에 따라 마케도니아 경찰의 개혁을 추진하게 되었다.[75)]

특히 발칸지역 국가들에 대해서 뿐만 아니라 소련이 와해되면서 독립한 국가들에 대해서도 마찬가지로 유럽안보방위정책은 적용될 수 있었다. 2004년 7월 유럽연합이 유럽안보방위정책 범주 내에서 그루지아 공화국에 대해 실시한 장관과 중앙 정부 고위 관료들의 법률 자문과 지도를 위한 "EUJUST THEMIS(EU Rule Law Mission to Georgia)"와 그루지아와 인근 지역의 안정 회복을 위해 2008년 10월 민간계획과 수행능력 차원에서 전개한 "EUMM Georgia" 등을 들 수 있다.

(2) 아프리카 지역에 대한 군사적 · 비군사적 활동

유럽연합은 자신과 인접한 위치에 있는 중동부유럽 지역의 위기

---

75) *EU Police Advisory Team in Former Yugoslav Republic of Macedonia(EUPAT)*, *http:// www.consilium.europa.eu/* cms3_fo/showPage.asp?id=994&lang=eu&mode=g(검색일: 2012. 3. 16).

관리와 분쟁예방 임무를 수행했을 뿐만 아니라 유럽을 벗어난 지역인 아프리카에 대해서도 유럽안보방위정책을 적용하였다. 특히 리스본 조약에 따라 유럽안보방위정책이 공동안보방위정책으로 전환된 이후에는 유럽연합이 기존의 군사적·비군사적 활동을 지속했을 뿐만 아니라 민간계획과 수행능력에 따른 새로운 비군사적 활동을 전개하면서 공동안보방위정책의 적용 범위를 더욱 확대해 나가는 모습을 볼 수 있다.

유럽연합의 역외지역에 대한 유럽안보방위정책의 첫 번째 군사적 개입은 2003년 6월 유엔 동의하에 콩고민주공화국(Democratic Republic of Congo)의 위기관리와 평화유지를 위해 완전히 독자적으로 작전을 수행한 "Artémis"이다.[76) Artémis가 비록 기간이 4개월도 되지 않아 너무 짧았고 작전 내용도 제한적이었다는 비판을 받았지만, 콩고민주공화국의 안정을 추구하는 내부 세력과 유럽연합이 협력할 수 있다는 좋은 사례를 남기게 되었다. 이러한 Artémis를 시작으로 아프리카에서 실시된 유럽안보방위정책 작전 활동은 콩고 킨샤사의 통합된 경찰조직 구성 지원을 위해 2005년 2월부터 2007년 6월까지 유럽연합 개발기금의 지원을 받으면서 아프리카지역에 처음으로 경찰병력이 투입된 "EUPOL Kinshasa"와 2005년 6월 체계적인 군사조직 지원 및 자문을 위해 실시한 "EUSEC RD Congo", 2006년 선거의 안전을 보장하기 위한 "EUFOR RD Congo", EUPOL Kinshasa를 승계하여 민간계획과 수행능력 차원에서 활동을 계속

---

76) 이처럼 유럽연합이 역외지역에 대해 인도주의적 구조, 위기관리 및 평화유지를 위해 독자적인 군사적·비군사적 활동을 할 수 있게 된 것은 2003년 12월 테러, 대량살상 무기의 확산, 지역 분쟁, 실패국가, 조직범죄 등 유럽지역 밖의 모든 위협에 대해서도 적극 대처한다는 것을 주된 내용으로 하는 유럽안보전략을 채택한 이후부터이다.

하게 된 "EUPOL RD Congo" 등을 들 수 있다.

콩고민주공화국 이외의 지역에 대해서도 유럽안보방위정책에 따른 유럽연합의 위기관리 및 분쟁예방 활동은 이루어졌는데, 2005년 7월에는 수단의 다르푸 지역의 위기관리를 위한 "AMIS Ⅱ"를 시행했다. 그리고 2012년부터는 공동안보방위정책에 따른 민간계획과 수행능력 차원에서 남수단의 수도인 주바 공항에 대한 안전확보를 위해 남수단 EUAVSEC를 실시하기도 했다.

유럽연합 역사상 첫 해군 작전은 2008년 12월 실시된 "EU NAVFOR-Aatlanta"를 들 수 있는데, 이 작전은 유럽연합 안보리의 결의하에 소말리아 해역 운항 선박의 안전을 보호하기 위한 것이었다.[77] 그리고 2012년부터 민간계획과 수행능력에 따라 '아프리카의 뿔(Horn of Africa)'이라고도 불리는 아프리카 대륙 북동부의 소말리아 공화국과 그 인근 지역 및 서부 인도양 지역에 대한 해상 안전 확보를 지원하기 위한 EUCAP NESTOR, 나이지리아의 안전과 발전 전략을 지원하고 특히 사헬 지역에서의 테러와 조직범죄에 대항하기 위해 지역적·국제적 협력을 증진시키기 위한 EUCAP SAHEL Niger 등이 유럽연합의 비군사적 지원으로 이루어지게 되었다.[78]

(3) 중동 및 아시아 지역에 대한 비군사적 활동

유럽연합이 중동 및 아시아 지역에 대해 유럽안보방위정책 또는

---

77) Cammilleri-Subrenat (Anne), *Le droit de la politique européenne de sécurité et de défense*, Paris, Lavoisier, 2010, pp. 248~253.

78) *Civilian Planning and Conduct Capability (CPCC)*. http://www.consilium.europa.eu/eeas/ security-defence/csdp-structures-and-instruments/cpcc?lang=en(검색일: 2012. 11. 29).

공동안보방위정책에 따라 군사적으로 개입한 경우는 없으나 비군사적으로 개입한 사례들은 다수 있다. 이라크 임시정부가 요청해서 2005년부터 유럽연합이 법질서 유지와 범죄 수사 지원을 위해 민간계획과 수행능력에 의해 현재 지원되고 있는 민간 부분 공동안보방위정책 임무로 "EUJUST LEX Irak", 그리고 이라크의 경우와 마찬가지로 민간계획과 수행능력에 따라 팔레스타인 영토의 치안 유지를 위해 3년 동안의 활동을 목표로 2006년 1월 1일 개시된 "EUPOL COPPS"와 이집트와 가자지구 사이의 국경에 있는 Rafah 검문소의 작전을 감시하기 위해 2005년 11월 30일 시작된 "EU BAM Rafah", 인도네시아 정부와 아체 자유운동(Free Aceh Movement) 사이의 평화협정 준수를 감시하기 위해 2005년 실시한 "AMM(Aceh Monitoring Mission)", 아프가니스탄의 효율적이고 견고한 치안업무 수행을 최소 3년간 지원할 목적으로 2007년 6월 중순 투입된 "EUPOL Afganistan" 등을 들 수 있다.[79]

---

79) Terpan (Fabien), *op. cit.*, pp. 86~89.

맺는말

유럽통합을 추진하게 된 것은 유럽 대륙에서의 안보체계 확립이라는 문제와 직결되어 있다. 20세기 전반에 20년의 간격을 두고 일어난 두 차례의 세계대전은 세계 모든 사람들에게는 물론 특히 거의 모든 지역이 전쟁터가 되었던 유럽 국가의 국민들에게 전쟁으로 인한 폐해를 절감하고 평화에 대한 염원을 실현하도록 만들기에 부족함이 없었다. 또 다른 분쟁의 요인을 제거하고 '영구적인 평화체제를 구축하자'는 근본 취지에 따라 추진된 유럽통합에서 '유럽안보'는 항상 중심적인 위치를 차지하는 개념이었으나, 1954년 유럽방위공동체 설립이 실패한 이후 적어도 1980년대 중반까지는 제대로 논의조차 될 수 없는 상황에 놓여 있었다. 그러나 탈냉전시대를 맞으면서 출범한 유럽연합이 중동부 유럽지역에서의 분쟁과 위기 발생이 크게 우려되는 상황에서 공동외교안보정책을 포함하고 서유럽연맹을 자신의 통제하에 두면서 군사적 수단으로 삼게 되었다. 뿐만 아니라 북대서양조약기구 역시 종전의 군사적 역할에서 정치적 역할을 부여하게 되고 영역을 확장하게 됨에 따라 유럽안보질서는 북대서양조약기구-유럽연합-서유럽연맹이라는 틀 속에서 논의될 수밖에 없었다.

이처럼 유럽연합이 서유럽연맹을 중심으로 구축하고자 했던 유럽 안보정체성 확립 문제는 북대서양조약기구가 유럽연합과 서유럽연맹 사이의 관계를 어떻게 설정하고, 특히 이 기구들과 자신과의 관계를 어떠한 방향으로 재정립하는가 하는 문제와 직결될 수밖에 없는 것이었다. 이러한 상황에서 북대서양조약기구와 유럽연합은 중동부유럽지역으로의 회원국 확대와 유럽연합이 서유럽연맹을 통합하면서 추구하고자 했던 유럽의 안보정체성 확립이라는 두 가지 측면에서 '경쟁적 협력관계'를 형성하게 되었다. 1997년 북대서양조약기구가 폴란드·헝가리·체코 등을 회원국으로 가입시킬 것을 결정하고, 1999년에는 '신전략개념'을 채택하면서 군사적이라는 자신의 본질적인 역할과 함께 정치적인 임무를 규정하게 되자 유럽연합은 1999년 쾰른 유럽이사회에서 서유럽연맹 중심의 독자적 안보방위체제를 구축한다는 데 합의했다. 그 이후 헬싱키 유럽이사회와 니스 조약을 거치면서 공동외교안보정책 차원에서 유럽 안보방위정책을 적극 추진할 수 있는 체계를 갖추게 되자 서유럽연맹은 유럽연합에 통합되어 2001년에는 완전히 소멸되기도 했다.

2003년부터 실제적으로 군사적 및 비군사적인 작전을 수행하기 시작한 유럽안보방위정책은 유럽에서 대표적인 분쟁지역인 발칸지역의 보스니아-헤르체고비나와 마케도니아 등에 대해 적용되었다. 이러한 유럽안보방위정책에 따른 작전은 유럽지역에 국한된 것이 아니라 유럽의 안보에 악영향을 미칠 수 있다고 판단되는 모든 지역에서의 분쟁이 그 대상이 될 수 있었고, 이미 완수되었거나 현재에도 임무 수행 중인 군사적 또는 비군사적 작전은 모두 약 25개에 달하고 있다.

이러한 유럽안보방위정책은 2009년 리스본 조약이 발효됨에 따라 공동안보방위정책으로 전환되었으며, 그 적용 범위를 확대하여 유럽연합으로 하여금 공동방위기구로 활동할 수 있는 틀을 마련해 주고 있다. 리스본 조약은 공동안보방위정책을 원활히 수행하기 위해 필요한 회원국들의 의무를 규정하면서 유럽연합에 이용 가능한 군사적 및 비군사적 수단을 항상 제공할 수 있도록 해야 한다는 것을 명시하고 있다. 이에 따라 공동안보방위정책은 분석, 설계, 지휘, 평가라는 4단계로 이루어지는 구체적인 훈련 체계를 가지게 되는바, 이는 유럽연합 회원국들과 다양한 국제기구들과의 협력 하에 실행될 수 있는 내용들이다.

리스본 조약에 따라 유럽연합이 공동외교안보정책 범주 내에서 공동안보방위정책을 주도적으로 추진할 수 있기 위해 신설한 연합 외교안보정책 고위대표는 유럽대외관계청의 보좌를 받으면서 대외정책에서뿐만 아니라 안보방위 분야에서 회원국들에 대해서는 물론 유엔, 북대서양조약기구, 유럽안보협력기구 등에 대해 협의를 강화해 나가는 역할을 부여받았다. 이처럼 유럽안보방위정책을 승계한 공동안보방위정책을 통해 유럽연합이 체계적인 조직과 군사 능력을 갖추게 됨에 따라 유럽지역 내에서뿐만 아니라 역외지역에 대해서도 페테스베르크 임무에 따른 분쟁 예방과 위기관리 외에 공동방위 기능을 대폭적으로 확대할 수 있게 되었다.

이처럼 유럽연합이 자신의 안보와 방위를 위한 독자적인 군사 능력을 갖추고, 이를 토대로 군사적 또는 비군사적 지원이 필요하다고 결정되는 경우 다양한 국제기구들과 긴밀한 협력관계를 유지하면서 세계 어느 지역이건 개입할 수 있는 가능성을 지니게 되었다. 물론 아직까지 유럽 내에서도 분리운동에 따른 분쟁이 발생할 가능성도 있고, 특히 발칸 반도와 같은 지역에서 불안 요소들이 완전히 제거된 것은 아니라고 볼 수 있다.

그렇지만 유럽연합이 공동안보방위정책을 더욱 강화하면서 다양한 위험요소에 대해 선제적인 방안을 강구할 수 있게 되고, 발칸지역에서는 2013년 7월 1일부로 크로아티아가 유럽연합에 가입하게 됨에 따라 매우 긍정적인 파급효과를 불러올 것으로 예상된다. 특히 남북으로 분단된 사이프러스의 유럽연합 가입이 내부적인 갈등을 크게 완화시키는 결과를 가져왔던 것처럼, 현재 마케도니아도 유럽연합에 가입하기 위해 준비하고 있는 상황에 비추어 볼 때 유럽연합이 추구하는 '영구적 평화체제 구축'을 위한 노력이 이 지역에서의 분쟁 가능성을 최소화하는 데 크게 기여할 수 있으리라 기대된다. 과연 유럽통합이 유럽에서의 '영구적 평화'라는 이상을 실현하고자 하는 도전을 궁극적으로 성공시킬 것인가? 아울러 유럽연합이 세계 평화유지를 위해 과연 얼마나 기여할 수 있을 것인가? 이는 결국 유럽연합이 추진하는 공동안보방위정책을 얼마나 잘 강화시키고 발전시켜 나가는가 하는 문제와 직결된다고 여겨진다.

참고문헌

1. 개설서

강원택·조홍식, 『하나의 유럽. 유럽연합의 역사와 정책』, 서울, 푸른길, 2009.

김계동, 『현대유럽정치론: 정치의 통합과 통합의 정치』, 서울, 서울대학교 출판부, 2007.

이종광, 『유럽통합의 이상과 현실』, 서울, 일신사, 1996.

이종원, 『새유럽통합론』, 서울, 도서출판 해남, 2004.

Cohen-Tangui, Laurent, *L'Europe en danger*, Paris, Fayard, 1992.

Commissariat général du plan, *Perspectives de la coopération renforcée dans l'Union européenne*, Paris, La documentation française, 2004.

De Foucauld, Jean-Baptiste, *La France et l'Europe d'ici 2010. Facteurs et acteurs décisifs,* Paris, La documentation française, 1993.

Delors, Jacques, *Le nouveau concert européen*, Paris, Eds. Odile Jacob, 1992.

de Teyssier, François et Baudier, Gilles, *La construction de l'Europe*, Paris, PUF, 2000.

Duverger, Maurice, *L'Europe dans tous ses Etats*, Paris, PUF, 1996.

Fontaine, Pascal, *12 leçons sur l'Europe*, Luxembourg, Office des publications officielles des Communautés européennes, 2003.

Fontaine, Pascal, *L'Union européenne. Histoire, institutions, politiques*, Paris, Editions du Seuil, 2012.

Gerbet, Pierre, *La construction de l'Europe*, Paris, Imprimerie nationale, 2004.

Grandguillot, Dominique, *L'Union européenne après le Traité de Lisbonne,* Paris, Gualino, 2008.

Larat, Fabrice, *Histroie de l'intégration européenne(1945~2003)*, Paris, La documentation française, 2003.

Lorson, Pierre, "Vers l'unité politique de l'Europe", *Europe. Utopie et réalisme(Préface de Jacques Delors)*, *Etudes,* Hors série, 2011.

Macé, Laurent(sous la dir.), *Quelles solidarités pour l'Europe?*, Paris, La documentation française, 2003.

Monnet, Jean, *Memoires*, Paris, Fayard, 1976.

Moreau Defarges, Philippe, *Relations internationales. 1. Questions régionales*, Paris, Editions du Seuil, 2011.

Morgenthau, Hans J., *Politics among Nations: The Struggle for Power and Peace*, New York, Alfred A. Knopf, 1949.

Nugent, Neill, *The Gouvernment and Politics of the European Union*, London, Macmillan, 1994.

Reynié, Dominique, *Les européens en 2004*, Paris, Odile Jacob, 2004.

Toulemon, Robert, *La construction européenne*, Paris, Eds. de Fallois, 1994.

Touraine, Marisol, *Le bouleversement du monde. Géopolitique du XXIe siècle*, Paris, Eds. du Seuil, 1995.

2. 유럽통합의 역사적 발전

박홍규, "EU 확대의 의미와 평가-동유럽권 확대를 중심으로-",『주요국제문제분석』, 외교안보연구원, 2003. 2. 28.

이승근·황영주, "초기 유럽통합 과정에서 냉전의 영향: 마셜 플랜과 슈만 플랜을 중심으로",『국제지역연구』, 제7권 1호, 2003. 6.

Adenauer, Konrad, *Mémoires*, Paris, Hachette, 1965.

Agence Europe, le 29avril 1990.

Bitsch(Marie-Thérèse), *Histoire de la construction européenne: De 1945 à nos jours*, Paris, Eds. Complexe, 2008.

Bloch-Lainé, Amaya et Boyer, Yves, "Europe Occidentale", Boniface, Pascal(eds.), *L'Anée Stratégique,* Paris, Edition Stock/Iris, 1991.

Capul, Jean-Yves, "L'Europe monétaire et financière", *L'Europe des Communautés*, (Notice 15), Paris, La documentation française, 1992.

Commissariat général du plan, *L'élargissement de l'Union européenne à l'est de l'Europe: des gains à escompter à l'Est et à l'Ouest*, Paris, La documentation française, 1999.

Commission des Communautés européennes, "La Communauté des Douze: bienvenue à l'Espagne et au Portugal", *Le dossier de l'Europe*, n° 17-17/85.

Communautés européennes, *Les institutions et orgqnes de l'Union européenne. Qui fait quoi dans l'Union européenne? Quel est l'apport du traité de Nice?*, Luxembourg, Office des publications officielles des Communautés européennes, 2001.

Cloos, Jim, "La RFA et l'intégration européenne", in Fritsch-Bournazel (Renata), *Les Allemands au coeur de L'Europe,* Paris, Harmattan, 1984.

Cloos, Jim, Gaston Reinesch, Daniel Vignes et Joseph Weyland, *Le traité de Maastricht, Genèse, analyse, commentaires*, Bruxelles, Bruylant, 1993.

Coolsaet, Rik, *Histoire de la politique étrangère belge*, Bruxelles, Vie Ouvrière, 1988.

Decaux, Emmanuel, "La politique étrangère et de securité commune", Labouz, Marie-Françoise(sous la dir.), *Les accords de Maastricht et la construction de l'Union européenne*, Paris, Montchrestien, 1992.

De la Gorge, Paul-Marie et Schor, Armand-Denis, *La Politique étrangère de la Ve République,* Paris, PUF, 1992.

De la Serre, Françoise, "La Communauté européenne en 1991: L'enjeu du traité de Maastricht", Alfred Grosser(sous la dir.), *Les pays d'Europe occidentale,* Paris, La documentation française, 1992.

De la Serre, Françoise, "Le traité d'Union européenne", *Regards sur l'actualité,* n° spécial 180, Paris, La documentation française, 1992.

De Schoutheete, Philippe, *La coopération politique européenne,* Paris, Nathan, (Collection "Europe"), 1980.

Dinan(Desmond), *Europe Recast: A History of European Union,* London, Lynne Reinner, 2004.

Doutriaux, Yves, *Le traité sur l'Union européenne,* Paris, Armand Colin, 1992.

Drevet, Jean-François, *Histoire de la politique régionale de l'Union européenne,* Paris, Belin, 2008.

Duff, Andrew, John Pinder and Roy Pryce, *Maastricht and Beyond. Building the European Union,* London and New York, Routledge, 1994.

Dumoulin, Michel, "La Belgique et les débuts de la construction européenne: zones d'ombre et de lumière", Dumoulin(Michel) (dir.), *La Belgique et les débuts de la construction européenne, de la guerre aux traités de Rome,* Louvain-la-Neuve, CIACO, 1987.

Eben-Moussi, Karine, "L'élargissement de la Communauté", *L'Europe des Communautés,* Paris, La documentation française, 1992.

Europe 1984. Les cahiers d'éducation civique, Paris, Union féminine civique et sociale, 1994.

Fabre, Christine, "L'éducation et la culture", *L'Europe des Communautés,*

(Notice 20), Paris, La documentation française, 1992.

Favret, Jean-Marc, *L'essentiel de l'Union européenne et du Droit communautaire*, Paris, La documentation française, 2009.

Fontaine, Pascal, *L'Union européenne*, Paris, Eds. du Seuil, 1994.

George, Stephen and Bache, Ian, *Politics in European Union*, Oxford, Oxford University Press, 2001.

Gerbet, Pierre, *La construction de l'Europe*, Paris, Impr. Nationale, 1994.

Germanangue, Marc, "Le renforcement de la Communauté européenne", *L'Europe dans le monde. Cahiers français*, n° 257; Paris, La documentation française, juillet-septembre 1992.

Giolitto, Pierre, *Profession enseignant. Construire l'Europe à l'école*, Paris, Hachette, 1993.

Grosser, Alfred, "L'échec de la CED(30 août 1954)", *Le Monde*, 30 août 1984.

Haywood, Elizabeth, "The European Policy of François Mitterrand", *Journal of Common Market Studies*, vol. 31, n° 2, June 1993.

History of WEU. http://www.weu.int/History(검색일: 2012. 8. 23).

Irondelle, Bastien et Vennesson, Pascal(sous la dir.), *Politique européenne. L'Europe de la défense: Institutionalisation, européanisation*, Paris, L'Harmattan, 2002.

Jacqué, Jean-Paul, *Droit institutionnel de l'Union européenne*, Paris, La documentation française, 2009.

Joly, Gilles, "Le processus d'élargissement de l'Union Européenne", *Revue du Marché commun et de l'Union européenne*, No.457, avril 2002.

Joly, Marc, *Le mythe Jean Monnet*, Paris, CNRS éditions, 2007.

Khan, Sylvain, *Histoire de la construction de l'Europe depuis 1945*, Paris, PUF, 2011.

Legoli, Paul, *Konrad Adenauer et l'idée d'uneification européenne*.

jqnvier 1948-mai 1950, Berne, Peter Lang, 1989.

Les traités de Rome, Maastricht, Amsterdam et Nice. Textes comparés. Paris, La documentation française, 2002.

Leuvrey, Bernard, *Le rôle de l'Assemblée commune de la CECA*, Thèse, Strasbourg Ⅲ, 1993.

Melissen, Jan and Zeeman, Bert, "Britain and Western Europe, 1945~51: opportunities lost?", *International Affairs*, vol.63, No.1, 1987.

"Mémorandum adressé par J. Monnet à G Bidault et à R Schuman, 3 mai 1950", *Le Monde*, 9 mai 1970.

Millon-Delsol, Chantal, *Le principe de subsidiarité*, Paris, PUF, 1993.

Mitterrand, François, *Réfléxions sur la politique extérieure de la France*, Paris, Fayard, 1986.

Olivi, Bino, *L'Europe difficile. Histoire politique de l'intégration européenne*, coll. Folio histoire, Paris, Gallimard, 2001.

Philip, Christian, *La constitution européenne*, Paris, PUF, 2004.

Poidevin, Raymond, *Robert Schuman, homme d'Etat 1886~1963,* Paris, Imprimerie Nationale, 1986.

Quermonne, Jean-Louis, "L'Europe peut-elle inventer un fédéralisme spécifique?"; *Revue international et stratégique*, n° 42, été 2001.

Rabier, J.-R., "L'opinion publique et l'intégration de l'Europe dans les années 50", in Serra(Enrico), *La relance européenne et les traités de Rome*; Milan, Giuffré, 1989.

Raux, Jean, "De la CEE à la Communauté européenne: ce qui change dans le traité de Rome", *Regards sur l'actualité*, n° Spécial 180, Paris, La documentation française, 1992.

Schwabe, Klaus, "The Cold War and European Integration, 1947~1963", *Diplomacy & Statecgaft*, Vol.12, Issue 4, 2001.

Soutou, Georges, "Le général de Gaulle et le plan Fouchet", Institut Charles de Gaulle, *De Gaulle en son siècle*, Actes du colloque de Paris(novembre 1990), Paris, 1992.

Tizzano, Antonio, "Quelques observations sur le développement des compétences communautaires", *Pouvoirs*, n° 48, 1989.

Touraine, Marisol, *Le bouleversement du monde. Géopolitique du XXIe siècle*, Paris, Eds. du Seuil, 1995.

Treaty of Amsterdam amending the treaty on European Union, the treaties establishing the European Communities and certain related Acts, Official Journal C 340, 10 November 1997, http://eur-lex.europa.eu/en/treaties/dat/11997D/htm/11997D.html#0001010001(검색일: 2012. 2.13).

Ziller, Jacques, *La nouvelle Constitution européenne*, Paris, Eds. La découverte, 2004.

Zorgbibe, Charles, *Histoire de la construction européenne*, Paris, PUF, 1993.

3. 유럽연합의 제도 및 운영

박홍규, "EU 통합현황: 개혁 조약을 중심으로",『주요국제문제분석』, 외교안보연구원, 2007. 10. 4.

방청록, "유럽헌법조약 부결과 유럽통합 심화에의 함의 연구",『유럽연구』, 제23권, 2006.

오상식, "EU 헌법 채택과 향후 전망",『주요국제문제분석』, 외교안보연구원, 2004. 11. 10.

이종광, "유럽연합의 리스본조약 체결과 제도적 개혁",『유럽연구』, 제26권 1호, 2008.

이종광, "유럽연합의 제도적 개혁과 주요 쟁점: 유럽헌법조약과 리스본조약을 중심으로",『국제정치연구』, 제12집 1호, 2009.

Angel, Benjamin et Chaltiel-Terral, Florence, *Quelle Europe après le traité de Lisbon?*, Paris, L.G.D.J., 2008.

Bertrand, Geneviève, *La prise de décision dans l'Union européenne*, Paris, La documentation française, 2002.

Civilian Planning and Conduct Capability (CPCC). http://www.consilium. europa.eu/eeas/security-defence/csdp-structures-and-instruments /cpcc?lang=en(검색일: 2012. 11. 29).

Commission des Communautés europeénnes, *Réforme l'Europe pour le 21e siècle*, (Communication de la Commission au Conseil), COM(2007)412 final, Bruxelles, le 10 juillet 2007.

Commission européenne, *Comment fonctionne l'Union européenne? Petit guide des institutions européennes*, Luxembourg, Office des publications officielles des Communautés européennes, 2006.

Commission of the European Communities, *European Union*, Luxembourg, Office for Official Publications of the European Communities, 1992.

Communautés européennes. *Les institutions et orgqnes de l'Union européenne. Qui fait quoi dans l'Union européenne,? Quel est l'apport du traité de Nice?*, Luxembourg, Office des publications officielles des Communautés européennes, 2001.

Council Decision of 22 January 2001 setting up the Military Committee of the European Union(2001/79/CFSP), Official Journal of the European Communities, L 27/4, 30. 1. 2001. http://www.consilium.-europa.eu/uedocs/cmsUpload/l_02720010130en00040006.pdf (검색일: 2012. 11. 27).

Council Decision of 22 January 2001 setting up the Political and Security Committee(2001/78/CFSP, Official Journal of the European Communities, L 27/1, 30. 1. 2001. http://www.consilium. europa.eu/uedocs/cmsUpload/l_02720010130en00010003.pdf (검색일: 2012. 11. 27).

Council Decision of 2008/298/CFSP of 7 April 2008 22 January 2001 amending Decision 2001/80/CFSP on the establishment of the Military Staff of the European Union, Official Journal of the European Communities, L 27/1, 30. 1. 2001. L102/25, 12. 4. 2008. http://eur-lex.europa.eu/LexUriServ/LexUriServ. do?uri=OJ:L:2008:102:0025:0033:EN:PDF(검색일: 2012. 11. 29).

Crisis Management and Planning Directorate (CMPD). http://www.consilium. europa.eu/eeas/security-defence/csdp-structures-and-instruments /cmpd(검색일: 2012. 11. 29).

Crowe, Brian, "A common European foreign policy", International Affairs, Vol.79, No.3, 2003.

CSDP structures and instruments, http://www.consilium.europa.eu/ eeas/security-defence/csdp-structures-and-instruments?lang=en (검색일: 2012. 3. 13).

Dauvergne, Alain, L'Europe en otage? Histoire secrète de la Convention, Paris, Eds. Saint-Simon, janvier 2004.

Delcourt, Christine, "Les acteurs institutionnels", (Notice 5), L'Europe des Communautés, Paris, La documentation française, 1992.

Delors, Jacques et Quermonne, Jean-Louis, L'Union européenne dans le temps long, Paris, Presses de Sciences Po., 2008.

Dewost, Jean-Louis, "La Commission ou comment s'en débarrasser", Mélanges Boulois, Paris, Dalloz, 1991.

Doutriaux, Yves et Lequesne, Christian, Les institutions de l'Union européenne, Paris, La documentation française, 2008.

Duhamel, Olivier, Pour l'Europe: le texte intégral de la Constitution, expliqué et commenté, Paris, Seuil, 2003.

Duroselle, Jean-Baptiste, Histoire diplomatique de 1919 à nos jours; Paris, Dalloz, 1985.

Ecole nationale d'administration(ENA), Mise en oeuvre du traité de Maastricht et construction européenne, Paris, La documentation française, 1994.

European Commission, Post-referendum survey in Irland. Analytical

Report. Flash Eurobarometer #245, July 2008.

Frank, Robert, "La construction de l'Europe: une histoire cyclique", *L'Europe à 25, Questions internationales*, No.7. mai-juin 2004.

Gazier, Anne, "Une démocratie parlementaire à l'européenne", *Pouvoirs*, n° 106, septembre 2003.

Gerbet, Pierre, "Georges Pompidou et les institutions européennes", Association Georges Pompidou, *Georges Pompidou et l'Europe*, Bruxelles, Actes du Colloque de Paris(novembre 1993), 1995.

Kahler, Miles, "Multilateralism with Small and Large Numbers", Ruggie(John Gerard) (eds.), *Multilateralism Matters: The theory and Praxis of an Institutional Form*, New York, Columbia University Press, 1993.

Keohane, Robert O., Macedo Stephe, Moravcsik Andrew, "Democracy-Enhancing Multilateralism", *International Organization*, No.63, Winter 2009.

Lequesne, Christian, "Le traité de Nice et l'avenir institutionnel de l'Union européenne", *Regards sur l'actualité*, n° 274, septembre-octobre 2001.

Magnette, Paul, *Le régime politique de l'Union européenne*, Paris, Presses de Sciences Po., 2009.

Moreau-Defarges, Philippe, *Les institutions européennes*, Paris, A. Colin, 2001.

A new step in the setting-up of the EEAS: Transfer of staff on 1 January 2011, http://europa.eu/rapid/pressReleasesAction.do?reference=IP/10/1769&format=HTML&aged=1&language=EN&guiLanguage=en(검색일: 2012. 3. 13).

Nugent, Neill, *The Gouvernment and Politics of the European Union*, London, Macmillan, 1994.

Philip, Christian, *La constitution européenne* Paris. PUF, 2004.

Quermonne, Jean-Louis, *L'Europe en quête de légitimité*, Paris,

Presses de Sciences Po., 2001.

Quermonne, Jean-Louis, *Le système politique de l'Union européenne* . *Des Communautés économiques à l'Union politique,* Monchrestien, 2009.

Rabkin, Jeremy A., *Law Without Nations? Why Constitutional Government Requires Sovereign States*, Princeton, Princeton University Press, 2005,

Raux, Jean, "De la CEE à la Communauté européenne, ce qui change dans le traité de Rome", *Regards sur l'actualité*, n° Spécial 180, Paris, La documentation française, 1992.

Reynié, Dominique, *Les européens en 2004*, Paris, Odile Jacob, 2004.

Rischard, Jean-François, *High Noon: twenty Global Problems, Twenty Years to Solve Them*, New York, Basic Books, 2002.

Ruggie, John Gerard, "Multilateralism: the Anatomy of an Institution", *International Organization*, vol.46, No.3, Summer 1992.

Scotto, Marcel, *Les institutions européennes,* Paris, Eds. Le Monde, 1994.

Sedivy, Jiri, Dunay, Pal, Saryusz-Wolski, Jacek, *Enlargissement et défense européenne après le 11 septembre, Cahiers Chaillot*, No.53, juin 2002.

Terrenoire, Alain, *Le Parlement européenne, cet inconnu*, Paris, Le cherche midi, 1994.

Trépant, Inès, *Pour une Europe citoyenne et solidaire. L'Europe des traités dans la vie quotidienne*, Bruxelles, Eds. De Boeck Université, 2002.

Zarka, Jean-Claude, *L'essentiel des institutions de l'Union européenne,* Paris, Odile Jacob, 2009.

4. 유럽 안보질서

박홍규, "NATO 변환의 현황과 전망: 역할 확대를 중심으로", 『주요 국제문제분석』, 외교안보연구원, 2006. 9. 6.

이규영, "공동외교안보정책과 유럽시민권의 상관성연구", 『유럽연구』, 제19권, 2004.

이승근, "유럽안보방위정책(ESDP)의 형성과 NATO의 대응", 『유럽연구』, 제25권 3호, 2007.

이승근·황영주, "초기 유럽통합과정과 냉전의 영향: NATO의 성립과 EDC의 실패를 중심으로", 『대한정치학회보』, 제13집 1호, 2005.

이승근·황영주, "EU와 유럽안보: EU의 공동안보개념에 대한 분석을 중심으로", 『대한정치학회보』, 제11집 3호, 2004.

이종광, "마스트리히트 조약 이후 유럽안보체제의 변화", 『유럽연구』, 제8호, 1998.

이종광, "유럽연합의 회원국 확대와 안보 개념의 변화", 『대한정치학회보』, 제14권 1호, 2006.

이종광, "유럽안보질서 변화와 EU의 안보전략 강화", 『유럽연구』, 제27권 1호, 2009.

이종광, "유럽연합의 공동외교안보정책 발전과 리스본조약에서의 안보전략 강화", 『국제정치연구』, 제15집 1호, 2012,

Albert, Mathias, Diez, Thomas, Stetter, Stephan, *The European Union and Border Conflicts: The Power of Integration and Association*, London, Cambridge University Press, 2008.

The Alliance's New Strategic Concept, http://www.nato.int/cps/en/natolive/official_texts_23847.htm(검색일: 2011. 3. 18).

The Alliance's Strategic Concept, NATO Review, No.2, Summer 1999.

Andersson, Jan Joel, Biscop, Sven, *The EU and the European Security*

Strategy: Forging a Global Europe, Routledge, 2006.

Assemblée de l'Union de l'Europe occidentale, "Déclaration de Petersberg, Bonn, 19 juin 1992", *La Lettre de l'Assemblée*, No.12, juillet 1992.

Bengtsson, Rikard, *The EU and the European Security Order: Interfacing Security Actors*, Routledge, 2009.

Bloch-Lainé, Amaya et Yves Boyer, "Europe Occidentale", Pascal Boniface(eds.), *L'Anée Stratégique*, Paris, Edition Stock/Iris, 1991.

Bloed, Arie & Ramses A. Wessel, *The Changing Fuctions of the Western European Union(WEU), Introductions and Basic Documents*, Dordrecht, Martinus Nijhoff Publishers, 1994.

Borawski, John, *From the Atlantic to the Urals . Negotiation Arms Control at the Stockholm Conference*, London, Brasseys Defense Publishers, 1988.

Burgelin H., "L'Union de l'Europe occidentale et la défense européenne", *Relations internationales*, 1983.

Cahen, Alfred, "L'Union de l'Europe occidentale(UEO) et la mise en oeuvre de la future défense commune de l'Union européenne", *Marché commun et de l'Union Européenne*, No.394, janvier 1996.

Cammilleri-Subrenat, Anne, *Le droit de la politique européenne de sécurité et de défense*, Paris, Lavoisier, 2010.

Cartou, Louis, *L'Union européenne, Traité de Paris-Rome-Maastricht*, Paris. Dalloz, 1996.

Castiglione, Gian Fausto, *La dimension sécurité de l'intégration européenne: le reveil et le rôle de l'UEO dans le traité de Maastricht*, Research Paper 2/94, Québec, The University of Hull, 1994.

Civilian Planning and Conduct Capability (CPCC). http://www.consilium.

europa.eu/eeas/security-defence/csdp-structures-and-instruments/ cpcc?lang=en(검색일: 2012. 11. 29).

Colson, Bruno, *Europe: Repenser les alliances*, Paris, Economica, 1995.

Crag, Anthony, "A new Strategic Concept for a new era", *NATO Review*, Vol.47, No.2, Summer 1999.

Colard, Daniel, "Le Partenariat stratégique entre l'Union européenne et la Russie", *Défense nationale*, fév. 2000.

CSDP Training, http://www.consilium.europa.eu/eeas/security-defence/ csdp-structures-and-instruments/esdc/csdp-training?lang=en(검색일: 2012. 4. 8).

Declaration by the Presidency on behalf of the European Union on the launch of the EU Police Mission in Bosnia and Herzegovina http://www.consilium.europa.eu/uedocs/cms_data/docs/pressdata/ en/cfsp/74015.pdf(검색일: 2012. 3. 14).

Declaration of the Heads of State and Government participating in the meeting of the North Atlantic Council ("The Brussels Summit Declaration", Press Release M-1(94)003, Issued on 11 Jan. 1994, http://www.nato.int/cps/en/SID-73364D74-3144351F/ natolive/official_ texts_24470.htm?mode=pressrelease(검색일: 2011. 8. 27).

De la Serre, Françoise, "De la Coopération politique européenne à la politique étrangère et de sécurité commune", *L'Europe des Communautés*, (Notice 15), Paris, La documentation française, 1992.

Derisbourg, Jean-Pierre, "L'élargissement de l'Union européenne après le sommet d'Helsinki", *La Revue internationale et stratégique*, n° 37, printemps 2000.

Dumoulin, André, "Le Conseil de cooperation nord-atlantique (CCNA)", *Défense nationale*, juillet 1992.

Dumoulin, André, Mathieu, Raphaël et Sarlett, Gordon, *La politique européenne de sécurité et de défense(PESD): De l'opératoire à l'identitaire*, Bruxelles, Bruylant, 2003.

Einvardsson, Johann, *Papport intérimaire de la sous-commission sur les mesures de confiance et de sécurité*, Bruxelles, Assemblée de l'Atlantique Nord, Secrétariat International, Octobre 1989.

EU Police Advisory Team in Former Yugoslav Republic of Macedonia (EUPAT), http://www.consilium.europa.eu/cms3_fo/ showPage.asp?id= 994&lang=eu&mode=g(검색일: 2012. 3. 16).

Final Communiqué, Defence Planning Committee and the Nuclear Planning Group of the North Atlantic Treaty Organisation, Brussels, 28-29 May 1991. http://www.nato.int/docu/comm/ 49-95/c910529a.htm (검색일: 2011. 7. 18).

Founding Act on Mutual Relations, Cooperation and Security between NATO and the Russian Federation, Paris, 27 May. 1997, http://www.nato.int/cps/en/natolive/official_texts_25468.htm(검색일: 2011. 11. 27).

Ganzle, Stefan, Sens, Allen G., *The Changing Politics of European Security: Europe Alone?*, Palgrave MacMillan, 2007.

Gardner, Hall, *NATO and the European Union: New World, New Europe, New Threat*, Ashgate, 2004.

Ghebali, Victor-Yves, *La diplomatie de la détente. La CSCE d'Helsinki à Vienne: 1973~1989*, Bruxelles, Bruylant, 1989.

Ghebali, Victor-Yves, *L'OSCE dans l'Europe poste-communiste, 1990~1996. Vers une identité paneuropéenne de sécurité*, Bruxelles, Etablissement Emile Bruylant, 1996.

Grosser, Alfred, "L'échec de la CED(30 août 1954)", *Le Monde*, 30 août 1984.

Ghebali, Victor-Yves, "L'après-guerre froide a éclaté", *Le Monde diplomatique*, décembre 1990.

Gnesotto, Nicole, "La politique étrangère et de sécurité commune", *L'Union européenne*, Paris, La documentation française, 1999,

Grandpierre, Catherine, *Le nouveau concept de l'OTAN et la défence de l'Europe*, Paris, L'Harmattan, 2011.

Guicherd, Catherine, "La sécurité collective en Europe", *Etudes*, T. 378, No.1, janvier 1993.

Ham, Peter Van, "Europe's Precarious Centre: Franco-German Co-operaton and the CFSP", *European Security*, vol. 8, n° 4, Winter 1999.

Hill, Christopher, "Renationalizing or Regrouping?, EU Foreign Policy Since 11 September 2001", *JCMS*, Vol.42, No.1, 2004.

Hook, Steven W. and Richard, Robyn, "Regional Collective Security in Europe: Past Patterns and Future Prospects", *European Security*, Vol.8, No.3, Autumn 1999.

Houben, Guido, Pollan, Thomas, *European Interests: A 2020 Vision of the Union's Foreign And Security Policy*, Nomos Verlasgesellschaft, 2005.

Howorth, Jolyon, *European integration and defence: the ultimate challenge?*, *Chaillot Papers*, No.43, Paris, Institute for Security Studies of WEU, November 2000.

Hudson(Daryl Jack), *Perspectives on the Vandenberg Resolution*, Thesis, University of Texas at Austin, 1975.

Joint Statement on European Security (Fourth Clinton-Yeltsin summit), Moscow, 9-10 May 1995, http://www.bits.de/NRANEU/US-Russia/A%20Official%20Docs/MoscowDecl_EuropSec.html (검색일: 2011. 11. 27).

Joint Statement on European Security(Sixth Clinton-Yeltsin summit), Helsinki, 20-21 March 1997, http://www.bits.de/NRANEU/US-Russia/A%20Official%20Docs/Clint%20Yelt%206th%20sum.htm(검색일: 2011. 11. 27).

Joly, Gilles, "Le processus d'élargissement de l'Union Européenne", *Revue du Marché commun et de l'Union européenne*, n° 457, avril 2002.

Keohane, Daniel, *10 years after St. Malo*, ISS Analysis, Paris, EUISS, October 2008.

Kirchner, Emil and Sperling, James, "Will Form Lead Function? Institutional Enlargement and the Creation of a European Security and Defence Identity", *Contemporary Security Policy*, Vol.21, No.1, April 2000.

Klein, Jean, "La CED et l'UEO", *L'Europe dans le Monde, Cahiers français*, No.257, Paris, La documentation française, juillet – septembre 1992.

Kesselman, M., *European Politics in Transition*, 4/ed., London, Houghton, 2002.

Lee, Seung-Keun, *Deux politiques dans le processus de la CSCE: La France et les Etats-Unis face aux problèmes de la sécurité et du désarmement en Europe. D'Helsinki à Charte de Paris*, Thèse, Université de Paris I, vol.1, 1997.

Lefebvre, Maxime, "Quel avenir pour l'Union européenne?", *Ramses*, 2003.

Lellouche, Pierre, *L'Europe et sa sécurité*, Rapport d'information, No.1294, Paris, Assemblée nationale, 1994.

London Declaration on A Transformed North Atlantic Alliance. Issued by the Heads of State and Government participating in the meeting of the North Atlantic Council, North Atlantic Council (Updated: 27 October 2000), http://www.nato.int/docu/comm/49-95/c900706a.htm(검색일: 2011. 7. 16).

Madrid Declaration on Euro-Atlantic Security and Cooperation. Issued by the Heads of State and Government, Press Release M-1(97)81, Madrid, 8th July 1997, http://www.nato.int/docu/pr/1997/p97-081e.htm(검색일: 2011. 11. 30).

Magnuszewski, Pierre, "S'élargir pour s'affaiblir? Non merci!", *Défense Nationale*, décembre 2001.

Malici, Akan, *The Search for a Common European Foreign and Security Policy: Leaders, Cognitions, and Questions of Institutional Viability*, Palgrave MacMillan, 2008.

Marshall, *The implementation of the Common European Security and Defence Policy and WEU's future role-reply to the annual report of the Council*, Report submitted on behalf of the Political Committee(Document C/1720), Assembly of WEU, 15 November 2000.

Matlary, Janne Haaland, *European Union Security Dynamics: In the New National Interest,* MacMillan, 2009.

Maury, Jean-Pierre, "L'édification de la politique européenne commune de sécurité et de défense depuis 1998" in Le Morzellec et De Christian Philip(eds.), *La défense européenne*, Bruxelles, Bruylant, 2003.

Mélandri, Pierre, *Les Etats-Unis face à l'unification de l'Europe 1945~1954*, Paris, Pedone, 1980.

Menon, Anand, "From crisis to catharsis: ESDP after Iraq", *International Affair*, vol. 80, n° 4, 2004.

Menudier, Henri, "Problèmes actuels de la cooperation franco-allemande", Secrétariat général de la Défense national, *L'Europe face aux défis mondiaux. Actes des journées d'études de Lille,* Paris, Presses du SGDN, 1992.

Merand, Frederic, *European Defence Policy: Beyond the Nation State*, Oxford University Press, 2008.

Merlingen, Michael, Ostrauskaite, Rasa, *European Security and Defence Policy: An Implementation Perspective*, Routledge, 2007.

Missiroli, Antonio, "European Security and Defence: The Case for Setting Convergence Criteria", *European Foreign Affairs Review*, n° 4, 1999

Moreau Defarges, Philippe, "L'Europe, un continent parmi d'autres",

L'Europe dans le monde, Cahiers français, No.257, Paris, La documentation française, juillet-septembre 1992.

Paris Declaration, WEU Council of Ministers, Paris, 13 May 1997, http://www.weu.int/documents/970513en.pdf(검색일: 2011. 12. 7).

Peters, Ingo, "ESDP as a Transatlantic Issues: Problems of Mutual Ambiguity", *International Studies Review*, vol.6, 2004.

Petiteville, Franck, *La politique internationale de l'Union européenne*, Paris, Presses de Sciences Po., 2006.

Plantin, Marie-Claude, "L'élargissement de l'UEO: un processus lié, une gageure pour l'identité européenne de sécurité et de défense", *Revue Etudes internationales*, Vol. XXVIII, No.2, juin 1997.

Poidevin, Raymond., "La France devant le problème de la CED: incidences nationales et internationales(été 1951-été 1953)", *Revue d'histoire de la 2e guerre mondiale*, 1983.

Presidency Conclusions. Nice European Council Meeting. 7, 8 and 9 December 2000, http://www.consilium.europa.eu/uedocs/cms_data/docs/pressdata/en/ec/00400-r1.%20ann.en0.htm.(검색일: 2011. 12. 19.).

Presidency Report on Strengthening of the common European policy on security and defence, Cologne European Council, 3 and 4 June 1999, https://www.consilium.europa.eu/uedocs/cmsUpload/Cologne%20European%20Council%20-%20Annex%20III%20of%20the%20Presidency%20conclusions.pdf(검색일: 2011.12.17).

Presidency reports to the Helsinki European Council on "strengthening the Common European Policy on Security and Defence" and on "non-military crisis management of the European Union", Helsinki European Council, 10 and 11 December 1999, https://www.consilium.europa.eu/uedocs/cmsUpload/Helsinki%

20European%20Council%20-%20Annex%20IV%20of%20the
%20Presidency%20Conclusions.pdf(검색일: 2011. 12. 17).

Quilès, Paul, "L'OTAN et la défense européenne", *Relations internationales*,
No.23, automne 1996.

Remacle, Eric, "La CSCE, mutations et perspectives d'une institution
paneuropéenne", *Courrier hebdomadaire*, No.1348~1349, 1992.

Remacle, Eric, "L'élargissement de l'Union européenne: une réponse
au différentiel de sécurité Est-Ouest" in Fondation Paul-Henri Spaak,
*L'élargissement de l'Union européenne: enjeux et implication
politico-institutionnelles*, Bruxelles, Fondation Paul-Henri Spaak,
Octobre 1994.

Rosner, Jeremy D., "NATO Enlargement's American Hurdle", *Foreign
Affairs*, Vol.75, No.4, July/August 1996.

Rutten, Maartje, *From St-Malo to Nice. European defense: core
documents*, Chaillot Papers, No.47, Paris, Institute for Security
Studies of WEU, May 2001.

Sangiovanni, Mette Eilstrup, "Why a Common Security and Defence
Policy is Bad for Europe?", *Survival*, Vol. 45, Issue 4, 2003.

Sanguinetti(Antoine), "Dès les années 50, l'hypothèque de l'OTAN",
Le Monde diplomatique, juillet 1993.

Schmidt, Peter, "ESDI: 'Separable but not separate?'", *Nato Review*,
Web edition, Vol.48, No.1, Spring-Summer 2000.

Schwok, René, *L'union européenne et la sécurite internationale,*
Paris, La documentation française, 2009.

A Secure Europe in a Better World. European Security Strategy,
Tessaloniki, 20 June 2003, http://ue.eu.int/uedocs/cms_data/
docs/pressdata/en/reports/76255.pdf(검색일: 2012. 7. 25).

Sedivy, Jiri and Zaborowski, Marcin, "Old Europe, New Europe and
Transatlantic Relations", *European Security*, Vol.13. No.3, 2004.

Sénat, "La rénovation de l'Alliance atlantique et le développement de l'Union de l'Europe occidentale", *Les rapports du Sénat*, No.257, 1994~1995.

Shalikashvili, John M., Sloan, Stanley R., *Nato, the European Union, And the Atlantic Community: The Transatlantic Bargain Challenged*, MacMillan, 2005.

Sloan, Stanley R., *Nato, the European Union, and the Atlantic Community: the Transatlantic Bargain Reconsidered*, Maryland, Rowman & Littlefield Publishers, Inc., 2003.

Smith, Michael E., *Europe's Foreign and Security Policy: The Institutionalization of Cooperation*, Cambridge University Press, 2003.

Solana, Javier, "A defining moment for NATO: The Washington Summit decisions and the Kosovo crisis", *NATO Review*, Vol.47, No.2, Summer 1999.

Terpan, Fabien, *La politique étrangère, de sécurité et de défense de l'Union européenne*, Paris, La documentation française, 2010.

Thomson, James, "US Interests and the Fate of the Alliance", *Survival*, vol.45, n° 4, Winter 2003-04.

Treaty of Nice amending the Treaty of European Union, the Treaties establishing the European Communities and certain related Acts, Official Journal C 80, 10 March 2001, http://eur-lex.europa.eu/en/treaties/dat/12001C/htm/C_2001080EN.000101.html(검색일: 2011. 12. 23).

Tursan, Huri, "La sécurité collective : chimère, éphémère ou mutante?", *Res Publica*, Vol.36, No.1, 1994.

Van Ackere, Patrice, *L'Union de l'Europe Occidentale*, Paris, PUF, 1995.

Vial P., "Jean Monnet, un père pour la CED", in Girault(René) et Bossuat(Gérard), *Europe brisée, Europe retrouvée; Nouvelle réflexion sur l'unité européenne au XXe siècle*, Paris,

Publications de la Sorbonne, 1994.

The Washington Declaration. Signed and issued by the Heads of State and Government participating in the meeting of the North Atlantic Council in Washington D.C. on 23rd and 24th April 1999, Press Release NAC-S(99)63, 23 April 1999, http://www.nato.int/docu/pr/1999/p99-063e.htm(검색일: 2011. 11. 30).

Washington Summit Communiqué. Issued by the Heads of State and Government participating in the meeting of the North Atlantic Council in Washington, D.C. on 24th April 1999. An Alliance for the 21st Century, Press Release NAC-S(99)64, 24 Apr. 1999, http://www.nato.int/docu/pr/1999/p99-064e.htm (검색일: 2011. 11. 30).

Webber, Mark, Terry Terriff, Jolyon Howorth and Stuart Croft, "The Common European Security and Defence Policy and the 'Third-Country' Issue", *European Security*, Vol.11, No.2, Summer 2002.

Western European Union, *Platform on European Security Interests,* Hague, 27 October 1987.

Western European Union, *Erfurt Declaration*, Erfurt, 18 November 1997.

Whitman, Richard G., "Creating a Foreign Policy for Europe? Implementing the Common Foreign and Security Policy from Maastricht to Amsterdam", *Australian Journal of International Affairs*, Vol. 52, No. 2, 1998.

5. 기타 참고자료

Cahiers de droit européen.

EUR-OP News.

Journal of Common Market Studies.

Journal officiel des Communautés européennes.

Le Monde.

기타 유럽안보 관련 인터넷 자료.

이종광

- 1978년 고려대학교 정치외교학과를 졸업하고, 프랑스 리용3대학교 정치학석사를 거쳐 1988년 프랑스 파리1대학교(팡테옹-소르본느)에서 프랑스 사회주의와 노동운동을 연구하여 정치학박사 학위를 받았다.

- 현재 계명대학교 유럽학과 교수로 재직하고 있으며, 국제학연구소장을 맡고 있다. 한국 정부(교육부) 해외파견교수로 두 차례 선발되어 파리1대학교에서 초빙교수로 재직하였으며, 한국정치학회 및 한국국제정치학회 부회장, 동아시아국제정치학회 회장, 그리고 한국유럽학회 회장을 역임하였다. 또한 다양한 국가시험 출제위원과 민주평통자문회의 자문위원 등으로도 활동하였다.

- 주요 저서로는 『혁명・사상・사회변동』, 『유럽통합의 이상과 현실』, 『21세기 유럽통합과 안보질서』 등이 있으며, 주요 논문으로는 「사회주의와 민족주의」, 「Deux experiences françaises de la cohabitation dans un regime 'semi-presidentiel'」, 「뷔셰의 사회주의 사상」, "마스트리히트 조약 이후 유럽안보체제의 변화", 「유럽연합의 회원국 확대와 안보 개념의 변화」, 「유럽연합의 리스본조약 체결과 제도적 개혁」, 「프랑스 지방자치단체의 선거제도 현황과 문제점」, 「프랑스 정치세력의 형성과 정치체제의 변화」 등 다수가 있다.

유럽통합과 안보질서
'영구적 평화'를 향한 도전

초판인쇄　2014년 6월 25일
초판발행　2014년 6월 25일

지은이　이종광
펴낸이　채종준
펴낸곳　한국학술정보㈜
주소　경기도 파주시 회동길 230(문발동)
전화　031) 908-3181(대표)
팩스　031) 908-3189
홈페이지　http://ebook.kstudy.com
전자우편　출판사업부　publish@kstudy.com
등록　제일산-115호(2000. 6. 19)

ISBN　978-89-268-6669-6　93340